教师教育系列教材

学前教育评价

费騄闯 主　编

宋婉昱　王　瑜 副主编
刘秋凤　时　代

清华大学出版社
北京

内 容 简 介

本书从学前教育工作者的角度出发，遵循《幼儿园教育指导纲要(试行)》和《3—6 岁儿童学习与发展指南》的基本精神与原则来讲解教育评价的基本理论，也试图反映教育评价实践操作。通过本书的学习，让学前教育专业师范生在职业培养阶段获得系统的学前教育的相关理论知识与实践经验。

全书共分为六章。第一章为教育评价的基本问题；第二章为学前教育评价的基本问题；第三章为学前教育评价的方法技术；第四章为学前儿童发展评价；第五章为学前教师评价；第六章为幼儿园教育活动评价。每章设计拓展阅读，能帮助读者更深刻地理解本章的内容，同时达到拓宽读者视野的目的。

本书可以作为全日制及成人教育学前教育专业本、专科生的教材，也可以作为各类学前教育的培训资料。

本书封面贴有清华大学出版社防伪标签，无标签者不得销售。
版权所有，侵权必究。举报：010-62782989，beiqinquan@tup.tsinghua.edu.cn。

图书在版编目(CIP)数据

学前教育评价/费騋闯主编. —北京：清华大学出版社，2024.4
教师教育系列教材
ISBN 978-7-302-65832-0

Ⅰ.①学… Ⅱ.①费… Ⅲ.①学前教育—教育评估—师资培训—教材 Ⅳ.①G610

中国国家版本馆 CIP 数据核字(2024)第 059343 号

责任编辑：	陈冬梅
封面设计：	刘孝琼
责任校对：	么丽娟
责任印制：	宋　林
出版发行：	清华大学出版社
网　　址：	https://www.tup.com.cn, https://www.wqxuetang.com
地　　址：	北京清华大学学研大厦 A 座　　邮　编：100084
社 总 机：	010-83470000　　邮　购：010-62786544
投稿与读者服务：	010-62776969, c-service@tup.tsinghua.edu.cn
质量反馈：	010-62772015, zhiliang@tup.tsinghua.edu.cn
课件下载：	https://www.tup.com.cn, 010-62791865
印 装 者：	北京同文印刷有限责任公司
经　　销：	全国新华书店
开　　本：	185mm×260mm　　印　张：12　　字　数：289 千字
版　　次：	2024 年 5 月第 1 版　　印　次：2024 年 5 月第 1 次印刷
定　　价：	45.00 元

产品编号：093274-01

前　言

为了适应我国学前教育的发展和高等学校学前教育专业教学的需要，本书从学前教育工作者的角度出发，既反映教育评价领域的共性问题，也反映学前教育评价的特殊问题；既反映国内学前教育评价的探索成果，也反映国际学前教育评价的经验教训；既注重对学前教育评价基本问题的探讨，也注重对学前教育前沿问题、争论问题的探讨；既有大量的理论介绍，也有丰富的实践训练。与此同时，每章设计的拓展阅读，帮助读者更深刻地理解本章的内容，同时达到拓宽读者视野的目的。本书具有以下四个特点。

(1) 指导思想的时代性。本书为满足时代发展的教学需要，遵循《幼儿园教育指导纲要(试行)》和《3—6岁儿童学习与发展指南》的基本精神与原则，将理论与实践相结合，尊重时代的多样性和文化的多元化，真正做到与时俱进。

(2) 理论体系的新颖性。本书系统地阐述了学前教育评价的有关理论、实施过程、模式等问题，从理论到实践，介绍了大量的研究成果及最新信息，全书有理有据，自成体系，适用面广，适合不同层次的读者阅读。

(3) 教学的实用性、应用性强。教育是一个永恒的话题，如何将复杂的学习概念用简单易懂的方式教授给学生，是一项重要的挑战。本书在遵从知识逻辑框架的基础上增加了实际案例，将知识点转化为引人入胜的故事情节，以让学生更轻松地理解和吸收。本书每节增加了知识点练习，设计了富有启发性的问题，引导学生主动参与，最大限度地增强了教学的实用性与应用性，从而收到更好的学习效果。

(4) 趣味性强。本书通过真实案例将学习内容与实际生活场景相结合，创造真实、可感知的情境，并附有图片、教学文件、视频等辅助呈现教学内容，这样可以增加视觉和听觉的刺激，提升学生的参与度与记忆力。与此同时，教师要鼓励学生参与实践活动，通过亲身体验和合作交流来学习，增加学习的趣味性和互动性。

本书共分为六章。第一章为教育评价的基本问题；第二章为学前教育评价的基本问题；第三章为学前教育评价的方法技术；第四章为学前儿童发展评价；第五章为学前教师评价；第六章为幼儿园教育活动评价。本书第一章由宋婉昱编写，第二章由费騄闯、时代编写，第三章由刘秋凤编写，第四章由王瑜编写，第五章、第六章由费騄闯编写。另外，李则昊、李璐佳等参与了本书前期编写、案例收集和文字整理工作。本书可以作为全日制及成人教育学前教育专业本、专科生的教材，也可以作为各类学前教育的培训资料。

本书在编写过程中引用了大量的研究资料，限于篇幅，在此恕不一一列出，特此说明，并向相关作者表示致谢！本书的编写也得到了清华大学出版社的大力支持，在此表示深深的谢意！

由于编者水平有限，书中难免存在疏漏之处，敬请广大读者批评指正。

编　者

目 录

第一章 教育评价的基本问题 1

第一节 评价的含义及其相关概念辨析 1
 一、评价的本质、含义 2
 二、评价及其相关概念辨析 2
第二节 教育评价的概念界定 3
第三节 中外教育评价发展的历史沿革 5
 一、中国教育评价发展的历史沿革 5
 二、国外教育评价发展的历史沿革 15
第四节 教育评价实施的基本准则 29
 一、评价标准的科学性 29
 二、评价目标的明确性 30
 三、评价方案的可行性 30
 四、评价信息收集的全面性 30
 五、评价方法中量与质的并行性 31
第五节 典型的教育评价模式 31
 一、行为目标模式 32
 二、诊断性评价、形成性评价与
  总结性评价 33
 三、应答评价模式 36
思考练习 37

第二章 学前教育评价的基本问题 39

第一节 学前教育评价的概念、范围与类型 39
 一、学前教育评价的概念 40
 二、学前教育评价的范围 41
 三、学前教育评价的类型 42
第二节 学前教育评价历史回顾 45
 一、西方学前教育评价发展的历史回顾 46
 二、我国学前教育评价发展的历史回顾 52
第三节 学前教育评价的功能与作用 55
 一、鉴定功能与保障学前教育目标实现 55
 二、诊断功能与明晰关键问题之所在 56
 三、矫正、激励功能与托幼机构教育质量的提升 56
 四、指引功能与改进方向的明确 57
第四节 学前教育评价方案 57
 一、情境学习理论指导下的表现性评价 58
 二、多彩光谱评价方案 58
 三、作品取样系统评价方案 62
思考练习 68

第三章 学前教育评价的方法 69

第一节 评价信息收集方法 69
 一、观察法 70
 二、访谈法 78
 三、问卷法 80
 四、测验法 83
 五、教育测量法 84
 六、其他方法 87
第二节 评价信息处理方法 89
 一、质性法 89
 二、量化法 92
 三、质性法与量化法在教育中的优化结合 95
第三节 评价信息的处理工具 96
 一、Excel 统计软件 96
 二、SPSS 统计软件 98
思考练习 100

第四章 学前儿童发展评价 102

第一节 学前儿童体格发展评价 102
 一、学前儿童身体健康发展评价 102

二、学前儿童动作发展评价 108
第二节 学前儿童心智发展评价 110
　一、学前儿童语言发展的评价 110
　二、学前儿童认知发展的评价 113
第三节 学前儿童学习品质评价 115
　一、学前儿童好奇心与学习兴趣的
　　　评价 115
　二、学前儿童学习主动性的评价 117
　三、学前儿童坚持与专注的评价 118
　四、学前儿童想象与创造的评价 120
　五、评价学习品质应注意的一些
　　　问题 121
第四节 学前儿童的社会性与情绪发展
　　　评价 121
　一、学前儿童的社会性与情绪发展
　　　评价指标 122
　二、学前儿童的社会性与情绪发展
　　　评价的标准 123
　三、学前儿童的社会性与情绪发展
　　　评价的方法 124
思考练习 126

第五章　学前教师评价 127

第一节 学前教师评价 127
　一、学前教师评价的内涵及价值 128
　二、学前教师评价的内容及模式 128
　三、学前教师评价的方法 130
第二节 家园沟通合作评价 137
　一、家园沟通合作的内涵及价值 137
　二、家园沟通合作评价的内容 138
　三、家园沟通合作评价的方式
　　　及工具 142
思考练习 145

第六章　幼儿园教育活动评价 146

第一节 教育活动评价 146
　一、正规教育活动评价 146
　二、非正规教育活动评价 154
第二节 班级常规管理评价 155
　一、幼儿常规细则 155
　二、教师班级常规教育方式 157
　三、教师常规管理中需要注意的
　　　问题 157
第三节 生活活动评价 158
　一、教师在生活活动环节应遵循的
　　　基本要求 158
　二、教师行为细则 158
第四节 游戏活动评价 162
　一、游戏活动评价的原则 163
　二、对教师游戏活动中的材料提供的
　　　评价 163
　三、对教师游戏活动中的观察记录的
　　　评价 164
　四、对教师游戏活动中的组织
　　　与指导的评价 164
第五节 保育活动评价 166
　一、幼儿园保育评价的要求 166
　二、幼儿园保育评价的内容 167
　三、幼儿园保育工作标准内容
　　　示例 172
第六节 教育活动评价 176
　一、幼儿园的集体教育活动评价 176
　二、区角活动评价 179
思考练习 183

参考文献 184

第一章 教育评价的基本问题

本章学习目标

- 能够辨析评价及其相关概念之间的区别。
- 清楚界定教育评价的概念,能够将其与教育测量、教育评估等概念区分。
- 了解国内外教育评价的历史沿革和发展趋势。

重点与难点

- 明确评价及其相关概念的辨析。
- 掌握教育评价的概念。

幼儿园评价的现状

一位学前教育专业的本科生在实习记录中写道:"在我实习的幼儿园,幼儿教师对幼儿的评价方式呈现以下情形:在教学活动中'宝宝你真棒!''宝宝你太厉害了!'类似的评语不时可以听到;教师为了完成教学任务,有时会从幼儿手中拿走尚未完成的作品,并修改后放入档案袋中;教师忙于在幼儿未完成的练习册上补充遗漏,并在评语栏中写下让家长满意的话语……"

(资料来源:由作者本人整理编写.)

在实际的教育评价工作中教师为了完成评价任务而进行评价,导致教育评价工作具有很强的被动性和随意性,评价结果往往更多地反映了教师的主观印象,脱离了幼儿发展的真实情境。因此,所做出的教育评价缺乏严谨性和真实性。

第一节 评价的含义及其相关概念辨析

评价,即价值判断。"评价"一词在不同的领域有不同的含义,但其核心总会与"价值"一词相关联。评价的主体、评价的对象和评价的目的、评价的内容不同,对"评价"一词的界定也有所不同。因此,本节将探讨评价的本质、含义及其相关概念。

评价的含义及其相关概念辨析

一、评价的本质、含义

"评价"一词在日常生活中使用非常广泛。现实生活中,每个人都有可能是评价的主体或被评价的对象,每个人都会有意识或无意识地参与评价活动,比如在学校里,学生进行考试这是教师对学生的学习成果进行的一种评价,教师此时就是评价的主体,评价的对象是学生的学习成果。

《现代汉语词典》(第7版)中分别依据"评价"的动词词性和名词词性给出了解释,即"评定价值高低"和"评定的价值"。由此可见,评价与价值密不可分,评价具有揭示被评价对象是否具有价值并对其价值的大小做出判断的作用。

就"评价"动词的本身意义而言,评价是指对人和事物的价值做出主观判断或客观判断的过程,但过分依赖主观的评价会损害其科学性,无法真正揭示评价对象的价值,而科学的评价应当通过仔细的评估和研究来确定通常的意义、价值或状况。

本书所指的"评价"是指"科学的评价",即依据一定的标准,通过收集多方面的资料和证据并对其进行定量描述或定性描述,从而对被评价对象做出价值判断的过程。

二、评价及其相关概念辨析

(一)评价与评估

评价(evaluate/evaluation)与评估(assess/assessment)一般被人们当作两个意思相近的词语使用,二者都具有动词与名词两种词性。尽管评价与评估的内涵略有区别,但实际上,国内外的学者对二者概念的区分并不是十分严格。

从教育的角度来看,"assessment"一词进入人们的视野大约在20世纪80年代左右。此前,"evaluation"一词仅代表用量化的研究方法所进行的评价,而质性评价取代量化评价成为新的研究热点后,"evaluation"开始被赋予量化评价与质性评价相结合的双重含义,而"assessment"便成为质性评价的代表。评价与评估的这种区分直至21世纪才逐渐模糊,但各国研究者仍有自己的使用习惯。比如,英国的研究者在对学生学习进行判断时常用"assessment",而当判断课程本身的价值或授课过程时,则更倾向于使用"evaluation"。但毫无疑问的是,在教育评价的领域,"evaluation"一词的涵盖范围与"assessment"相比更加广泛,前者除了针对学生,还可以对教育中的教学、政策、计划等方面作出评价,其标准相对更加稳定,且"evaluation"所判断的是学生在整个群体中的相对位置,相比之下"assessment"则属于一种个体比较。

有学者认为,评价与评估的区别在于把握和衡量对象价值的严格与准确程度不同,前者需进行有效的测量,以便做出较为严格和准确的价值判断,后者的严格和准确程度相对较低,所做出的是较为模糊的评判。从理论上而言,的确可以进行这样的区分,若用拆词法"评估"中的"估"字也含有估量、估计之意。但是在实际的评价过程中,如果评价的对象涉及因素过多、复杂程度较高,则很难做出非常精确的判断,此时评价与评估的概念就无限接近。但从使用习惯上看,"评估"一词多用于经济学方面,如资产评估等,在《韦氏大词典》中"assess"一词的五个释义，有四个都与经济有关，而评价的用法则更广泛，可指对一切人或事物的价值进行衡量或判断的过程。

(二)评价与测量

相比评估，测量与评价的区别就更加明显。所谓测量，是指按照一定的标准或程序，通过采集数据与整理数据，对非量化的事物或现象进行定量描述并做出事实判断的过程，其目的在于取得数据并做出客观描述，是一种为做出科学评价而采取的重要手段，可以为评价者提供事物做出价值判断的依据。然而，仅有测量还不能称为评价，因为测量所获得的仅仅是客观的数据，评价者通过测量获取数据后，需要在一定原则的指导下，以一定的规定或标准为准绳对事物做出价值判断，从而形成一个完整的评价过程。测量所做出的是一种对人或事物的客观描述，而评价则是由测量所做出的事实判断以及评价者主观上的价值判断构成。

第二节 教育评价的概念界定

对"评价"一词有所了解后，我们将探讨教育评价的含义。

教育是一种人类社会所特有的活动，是生产力、生产关系和政治的反映，受社会发展规律、经济和政治制度的制约，与社会发展有着密切的联系。例如，我国封建社会时期的教育具有明显的阶级性和等级性，是统治阶级用以维护其封建统治的工具，其目的是培养维护统治阶级利益的官吏与人才；当代中国，教育的目的是培养"全面发展的社会主义现代化事业的服务者与接班人"，由此可见，教育虽具有一定的独立性，与社会经济和政治制度的变革并不同步，但其始终是在变化的，且有学者指出，教育的概念是对教育活动的概括，所以并非一成不变。因此，对教育活动进行价值判断的教育评价的概念也随之不断丰富、扩展。

教育评价的概念界定

西方的教育评价是伴随着20世纪初期心理测量理论与智力理论的发展而发展的。英国心理学家查尔斯·爱德华·斯皮尔曼(Charles Edward Spearman)发表的有关智力的经典论文与法国心理学家比纳(Binet)发表的智力量表激发了人们使用智力测验的热情，人们通过智力测验为学生分配学校、班级与小组。但这一时期，"教育评价"一词尚未出现，对学生的评价仅通过考试、测验来进行，评价的内容主要是学生的学习成果。因此，这一时期的教育评价等同于教育测量或教育测验，其目的是筛选而非评价价值。

20世纪30年代，"教育评价之父"泰勒(Taylor)首次提出"教育评价"，并将之界定为"教育评价在本质上是确定目标与课程在教学方案实际实现情况的过程"。一直以来，学界对于教育评价的概念与内涵的争议从未停歇。争议初期，泰勒所提出的"行为目标模式"(objectives model，又称"泰勒模式")一直占据统治地位，一直到1957年，美国开始反思本国教育问题并加快教育改革进程后，单一的"行为目标模式"的地位受到了动摇，学者开始重新看待并定义教育评价。

1963年，李·克隆巴赫(Lee Joseph Cronbach)在其论文 *Course Improvement Through Evaluation* 中提出，评价的重点应该放在教育过程中而不是过程结束后，并将教育评价界定为"评价是一个通过收集和报告对课程设计有意义的信息，从而促进课程发展的过程"。1966年，CIPP评价模式的斯塔弗尔比姆(D. L. Stuffiebeam)认为，评价不是为了证明而是改进。因此，他与一些认同此观点的研究者将评价界定为：评价是一种划定、获取和提供叙述性和判断性信息的过程。这些信息涉及研究对象的目标、设计、实施和影响的价值及优缺点，以便指导教育工作者如何决策，满足教学效能核定需要，并增加对研究对象的了解。但这一时期的研究者依然追求纯粹、客观的科学化的评价，还没有认识到评价的价值特性。

伴随着对以往评价的反思，质性评价(quality assessment)逐渐进入人们的视野成为新的研究热点，教育评价也进入了建构时代。这一时期的研究者认为，评价在于对被评价事物赋予价值，本质是评价者与评价对象进行交互以形成共同的心理建构的过程。

综观教育评价概念的更新变化，可以看出，教育评价概念界定的不同实际上是研究者对评价主体、客体及目的的看法与价值取向不同导致的。有的学者更重视评价的效果，例如，我国台湾学者李聪明认为，教育评价是利用一切可能的评价技术评量教育所期望的一切效果；而日本的长谷川荣则从评价的方法出发，将教育评价定义为"教育评价就是系统地、有步骤地从数量上测量或者从性质上描述儿童学习的结果与过程"。

尽管教育评价的概念随着教育活动的发展、教育改革的需要、社会需求的改变也随之变化，但对于它的界定也应注意以下几点。

(1) 教育评价的目标。自教育评价正式被提出以来，其活动目标始终与教育目标息息相关，且是以教育目标为标准、以推动教育活动改进为最终目的的价值判断过程。但应该注意的是，教育评价的目标虽以教育目标为标准，但并不局限于判断决策者教育目标所达到的预期效果的程度。

(2) 教育评价的对象。任何教育评价活动都有一定的对象，教育中的一切要素，如教育者、受教育者、教育媒介(课本)、教育环境(学校的教育设施建设程度)、教育计划(课程标准)等都可以成为教育评价的对象。对不同的对象进行教育评价可以衍生出不同的教育评价模式，比如，布鲁姆的教学评价理论，其评价对象是教学的三个阶段，即教学活动开始、教学过程与教学目标，从而生成了诊断性评价、形成性评价与终结性评价三种模式。

(3) 教育评价的方法与手段。不同的教育评价模式有不同的评价方法与手段，以布鲁姆的教学评价理论中的终结性评价为例，为了保障编制题目的可信性(使用同一试题进行测试时，测试结果前后的一致程度)，可采用再测法或等式法进行测验。所谓再测法，是指在不同场合使用同一试题测试学生；等式法，则是在同一领域选择两个形式相同的测试题。除此以外，一般的教育评价方法还有相对评价法、绝对评价法等，但无论是什么评价法，最终都可以归为测量或非测量(量化或非量化)两类。

(4) 教育评价本质上是价值判断的过程，强调为教育决策的改革与进步以及学生发展服务。

综上所述，本书对教育评价的概念做出如下界定：所谓教育评价，是指以一定的价值标准和教育目标为依据，利用测量与非测量(量化与非量化)的方法，系统地、科学地收集所需的资料信息，对教育活动所包含的一切要素、过程和结果进行价值判断，并为相关人员提供教育决策所需的依据的过程。

第三节　中外教育评价发展的历史沿革

前文我们从教育评价的目标、对象、方法与手段以及本质等几个方面对教育评价有了初步的了解。本节我们在追溯中西方教学评价发展来源的同时，对教育评价又会产生新的看法和见解。

一、中国教育评价发展的历史沿革

(一)古代中国——以西周选士制度为开端的中国考试制度

中国作为世界文明古国，历史悠久，文化是博大精深，许多现代的教育思想在古代伴随着学校的产生初见萌芽，比如，我们现在提倡的"促进学生个性发展"源自千年前孔子所说的"因材施教"，教育评价亦然也不例外，虽然在中国古代并没有文献典籍将"教育评价"一词明确提出，其前身考试制度从西周时期就已崭露头角。

1. 考试制度的萌芽：选贤举能，尚礼重德

公元前1046年，武王灭商，建立西周。天下初定，统治阶级亟须进行政权建设，为了选用人才，西周的统治者除了初期起用殷商旧人外，还建立了以"三有宅心、三有俊心"为标准的人才选拔制度，这种制度比较侧重对人内心思想品德的考查，但这并不能满足统治阶级稳定政权的需要，尤其是"武庚叛乱"后，人才选拔制度的落后与统治阶级逐步健全的、急需新人才的政治制度之间的矛盾日益突出，因此选士制度的完善迫在眉睫。以此为起点，西周的统治者创立了较为完备的选士制度，主要包含乡里选士、诸侯贡士以及学校选士三个部分。乡里选士的"乡"，是指西周时期行政区域划分。

乡里选士一年举办一次，三年一大考，《周礼·乡大夫·地官》有云："三年则大比，考其德行道艺，而兴贤者能者。"乡里选士，最重要的即"乡射之礼"，分为三次，第一次称"和"与"容"，《乡射五物考》中说，"但取其容体比于乐"，意思就是射箭者的仪态要与"掌六乐声音之节奏的乐器"所奏的音乐相和；第二次称"主皮"，皮就是兽皮制成的箭靶，"主皮之礼"是西周射礼中最低的层次，说明乡选是以庶民为对象的；而第三次称"和容""兴舞"，和容即进退有度、合乎礼节，兴舞则是指射箭时步伐和发射还要合乎音乐节奏。由此可见，乡射虽名为射，但仍以礼乐的节制为主，是选拔符合统治者标准的，统治阶级所认可的思想和道德行为俱佳的人。

诸侯贡士，顾名思义，是由各地诸侯向周天子举荐、进贡有才能的人。《礼记·射义》有云："诸侯岁献贡士于天子。"就是诸侯国有义务按时向周天子贡献人才，根据汉代教育家郑玄的注释来看，诸侯贡士的人数由其国家的大小决定，大的国家进贡三人，中等国家进贡两人，小的国家进贡一人。除此以外，对贡士的质量、时间等均有要求，且设有奖惩制度，若诸侯接连几次举荐的人都符合要求则可以论功行赏，如果不符合要求就要受到处罚，所谓"三不适谓之诬"，且所贡之士由周天子亲自考核，考核的方式依然是射礼。先令所贡之士射于泽宫(专门的习射取士之所)，然后在大射典礼上进行比试，同样设有奖惩机制。

　　学校选士，即从西周时期所设立的"乡学"与"国学"中选拔人才。乡学是由大司徒掌管的地方学校，平民亦可入学。国学是专为王公贵族设立的，分小学、大学两级。在乡学，乡大夫定期对学生进行考查，而后向大司徒举荐优秀之人，再由大司徒进行考查，脱颖而出者即可进入国学成为"俊士"，由国学培养，称"造士"，再由西周时期掌乐且主管大学的大乐正考核，优异者呈报给王，再交由大司马考核，成为"进士"，最后由王来考核和试用，一切合格后，"任官然后爵之，位定然后禄之。"

　　从上述的选士与贡士制度可以看出，西周时期的选士制度以《周礼》为指导，具有明显的阶级性和等级性，注重对德行与技艺的考查。德有知、仁、圣、义、忠、和；行有孝、友、睦、姻、任、恤；艺则是我们常说的礼、乐、射、御、书、数，这就是大司徒所宣教的"乡三物"，它鲜明地体现了统治者选拔人才时"德艺双馨"的要求，贯穿于整个人才选举过程，但应当注意的是，西周的统治者在德行与技艺之间更重视德行，考查时以德行为重。《大戴礼记·哀公问》有云，"以一技之长而进者，入于祝史百工之流，虽在待选之中，但不与士齿"，只能担任一些比较低贱的职务，因此可见统治者的重德轻艺。除此以外，西周的选士制度还具有"育士与选士相衔，选士与选官相接"的特点，其时学校制度完备，为贫寒的平民提供了进入国学与贵族一道学习、成为官员的机会，虽然入选的平民数量极少且要求极其严格，但依然鼓舞了贫寒的学生。且"士有所举则必有所官"，这也极大提高了读书人的积极性，而国学弟子虽为贵族，却也要经过考校才能分出才能的高低，做到因材而用。

　　及至春秋战国时期，礼乐崩坏，社会变革，私家讲学之风盛行，考校任官的制度逐渐遭到破坏，但对人才的评价标准也更加多元化。对学生的考评更加注重日常的考查，如大教育家孔子就在日常生活中了解弟子的长处，并因材施教。各诸侯国也有不同的用人标准，实施不同的选官制度。比如，齐国的齐桓公以"举荐"法选拔人才，其标准是"有居处好学，慈孝于父母，聪慧质仁，发闻于乡里者"，经"乡—官—君"三层选拔，成为官员，另设养士制度，即由政府、高官储备具有特殊知识或技能的人，为己所用；而秦国自商鞅变法以后，则以军功为标准选士，设"二十级军功爵位制"，即设有最低等的"公士"至最高等的"彻侯"共二十级爵位，每升一级加50石岁俸，以此来提高国家的战斗力。

2. 考试制度的确立：察其贤能，举以授官

　　公元前205年，汉高祖刘邦颁布诏令，"举民年五十以上，有修行，能帅众为善，置以为三老，乡一人"。这就是"察举制"的开端。此后，吕后与汉惠帝也曾多次诏举"孝悌力田"，使"察举制"有了科目，这也是我国考试制度正式确立的时期。"察举制"是一种自下而上的人才选拔制度。由皇帝颁布诏令，命三公九卿等高级官吏以一定的标准将各地学识渊博、才干出众的平民或下级官吏举荐给朝廷，或直接任官，或考核、面试后择优录用，其科目甚多，含孝廉、茂才、贤良方正等，甚至还会有临时规定的科目，但尤以孝廉、茂才为主。

　　所谓察举孝廉，是指"孝子"与"廉吏"两种人，即孝敬父母、清廉勤政。汉代帝王重视儒家思想，尤其是汉武帝实施"罢黜百家，独尊儒术"之后，儒家思想从百家中脱颖而出，成为占据统治地位的思想，其所提倡的"为人立身以孝为本，任官从政以廉为方"

自然就成为选拔人才的重要标准,察举孝廉也就成了汉代选拔人才最重要也最有代表性的途径。"孝廉"之设,始于汉武帝元光元年(公元前134年),"初令郡国举孝廉各一人",后又设立"岁举孝廉"的制度,令各郡国每年都要向朝廷推荐一定数量的人才,被举者可以不参加"对策"(主考官提出一个问题,笔试加以作答,也可用口试的方式进一步加以考察)与"射策"(先出一些题目,由学生随机抽取作答)而直接成为官员,而到了东汉和帝时期,先前所采用的察举方式因各地人口多寡不同产生了矛盾,于是改成以人口数量为标准,不满10万人的三年推荐一人,不满20万人的两年推荐一人,20万人口的则一年推荐一人,40万人口的每年推荐两人,且被推荐者也要加以笔试,在了解品性的基础上考察其能力。

察举制的确为国家提供了大批德才兼备的人才,但东汉时期逐渐出现"舞弊"的现象,为了被举荐而伪装孝顺之人数不胜数,而一旦被察举,就原形毕露,因而其时民间有"举孝廉,父别居"的童谣。

察举制的另一个重要的科目是举茂才。公元前106年,汉武帝下诏,"其令州郡察吏民有茂才异等",这是此科之始,后又有多位皇帝陆续下诏,令"各州举茂才异等",但此时茂才并不是岁举常科,而是特科,"光武中兴"之后才成为常设科目。东汉光武帝建武十二年(公元36年)诏令,"三公举茂才各一人","监察御史、司隶、州牧,岁举茂才各一人"是其与孝廉并举,成为常设科目的开端。但与郡举孝廉不同的是,茂才为州举,数量上与孝廉相比要少,且被举者多为现任官吏,故其规格较孝廉更高。

除了选官制度外,两汉时期的学校也具有了相当的规模,官学开始设有各类考试科目,成绩优异者可升为补官,成绩较差者"留级",甚至还出现了"补考",另外,想要入官学做老师者也要通过考评方能选用。

汉代的考试选官制度在初期承接周时旧制,更加看重德行,而到了东汉开始向能力倾斜,最明显的表现就是被举孝廉者也要参加"策试",同时随着乱世的终结、君主休养生息政策的推行也为学校考试制度的发展、完善提供了良好的社会环境。因此,也可以说汉代是中国考试制度正式确立的时期。

到了魏晋南北朝时期,三国鼎立,疆土分裂,战乱不断,因此文教不兴,学校的考试制度也未出现大的发展,甚至有衰退的迹象,而在选官制度上,比较著名的也只有"九品中正制",此制度上承两汉察举制,下启隋唐之科举,自曹魏起至隋唐科举确立前共绵延400余年,在中国古代政治制度史上占有十分重要的地位,是中国封建社会三大选官制度之一。

所谓九品中正制,是指由各州郡分别推选大中正一人,且所推举者必须是德名俱高且在中央任职者,被推举出的大中正掌管一州之中数郡的人才选拔,各郡则另设小中正。值得注意的是,中正最初由地方长官推举产生,晋以后则由司徒选授,中正也是该制度的核心。确立中正后,由中正依据家世(家庭出身和背景)、行状(品德评语)进行定品,共分"上上、上中、上下、中上、中中、中下、下上、下中、下下"九品,而后逐级向吏部推荐,由吏部按品授官,同时中正还有权对其所管辖的人依据其言行品德的变化而升降进退。该制度实施之初,是为了打破世家大族的垄断,为寒门士子提供晋升之路,其也的确选拔了有才有德之士,但后期逐步沦为世家豪门掌控用人的工具,尤其是门阀制度建立后,出现了"上品无寒门,下品无士族"的局面。这一选拔人才的方法有较强的主观性,定品除了依据门第之外,还要取决于主考官,即中正的喜好,而主考官本身又出身士族,因此并无太多可取之处。

3. 考试制度的发展：开科取士，广选人才

中国古代的科举制度对世界各国的考试制度产生了重要影响。作为封建时代所采取的最公平的人才选拔形式，科举制度始于隋炀帝大业二年(公元 606 年)，终于光绪三十一年(1905 年)，它经由国家统一设立的科目来选拔人才，破除了先前"以门第为凭"的迂腐之气，吸收了大量出身中下层社会的人士进入上层社会，在漫长的 1300 余年里始终是我国封建社会最重要的选官考察制度。

公元 606 年，隋炀帝设立进士科，这是科举制的开端，当时仅设有"时务策"一科。除了参加考试外，考生也可以将自己所作的优秀诗文递交给名家甚至是主考官以获青睐。而唐朝承袭隋制，唐高祖李渊登基之初便开科取士，广纳人才，及至唐太宗时，科举制成为定制，并日臻完善，对参与考试的人、流程、科目都作出了精细划分，其考试内容兼顾多类别人才，得以吸纳大批人才入仕，使之后的各个时期纷纷效仿，虽在科目、制度等方面有所改革，但从整体上而言都大同小异。

宋代时的科举制在承袭唐朝的基础上进一步发展，取士名额与科目增多，且逐渐抛却门第身份，哪怕是出身于"工商"的人士，只要有才能亦可应试。考试分为"贡举"与"制举"两种，前者由礼部主办，设立进士、九经等科目，先由本州考试，合格者送至礼部，称"发解"，礼部考试及格者可参加殿试，合格者称"及第"，并按排名先后称为状元、榜眼与探花。这也是殿试制度的确立。后者则是前者的补充，因为宋英宗时期贡举被确定为三年一次，但又恐遗漏人才，因此设立"制举"，即由皇帝临时下诏考试，赴考者不必经由地方保送。此外，为防止舞弊，宋太宗规定，历代逐步设立殿试试卷糊名、更换主考官并增加副考官若干人等制度。

及至明朝，科举制已历经 700 多年，成为一套相当完备的制度，且在明朝极盛，出现"卿相皆由此出""科举必由学校"的情况，其时学校种类繁多，除官学外，还有社学、武学等，但却仅为科举制度的附庸。此时的科考重视"四书五经"，并有固定的格式，即八股文，其约束极多，迂腐而不知变通，成为科举制没落的祸根。清朝基本沿用明代旧制，且将其作为维护满族统治、拉拢汉族知识分子的手段，考试内容更加僵化，学子参加考试的唯一目的就是"朝为田舍郎，暮登天子堂"，其所选取的官员思想僵化，只知做奴才。到了近代社会，八股取士的种种弊端日益凸显，只知读圣贤书的官员根本无法救中国于水火，正如顾炎武所说："八股之害等于焚书，而败坏人才有甚于咸阳之郊所坑者。"因此，1905 年，袁世凯、张之洞等多人上书，时任统治者慈禧太后最终下定决心废除了科举制。

尽管科举制最终没落，但不可否认的是，它是一种与中国古代社会生产力水平相适应的、十分公平的考试制度，它促进了中国古代社会政治、经济的发展，还促进了文化的繁荣，涌现出许多文采斐然的大家；而且，相对于原本就出身士族的官员而言，出身贫寒的学子更了解百姓的生活，提出的建言更切合实际；另外，中国的科举制对西方文官考试制度的建立与现代教育测量与评价的发展起到了重要的作用。1570—1870 年，英国曾出版有关中国文官制度的书籍多达 70 余本，这些书介绍了中国的科举制度，并极力主张将其在英国推行，1855 年，英国最终建立了与中国相似的文官考试制度，并流传至美国等多个国家。

中国的考试制度虽然对世界多国选取官员的制度产生了重要影响，中国因此成为考试

制度的发源地，但严格意义上讲，考试制度缺乏心理学、统计学等因素，因此并非严格意义上的教育测量与评价，而我国现在的教育测量与评价的理论则是在辛亥革命之后由西方引入中国，结合我国国情，逐步形成的具有中国特色的考试评价制度。

(二)近现代中国——西方测量方法的传入与本国评价体系的发展

1. 间续发展与引入时期(1916—1976 年)

1916 年，美国心理学家刘易斯·麦迪逊·特曼(Lewis. Madison. Terman)将比纳—西蒙量表进行了符合美国社会的改造，形成了著名的斯坦福比纳量表，并首次引入"智商"这一概念，该量表于 1918 年由美国人瓦尔科特(Walcott)传入中国，同年，俞子夷尝试仿造了《小学国文毛笔书法量表》，标志着我国教育测量之开端。1920 年，陈鹤琴与廖世承二人联手在南京高等师范学校设立了我国最早的心理实验室并将心理测验课程引入南京高等师范学校，用科学的心理测验量表对学生进行测量，标志着我国正式开始应用科学心理测验，1921 年，二人合力编制了《智力测验法》一书，这是我国最早的智力测验专著，但对教育测验并未涉及。1925 年，在经过长达四年的科学试验后，二人又编著了《测验概要》一书，该书共分 5 编 21 章，囊括了智力测验与教育测验，并详细介绍了统计的方法、编造测验的原理与经验等各个方面，且附加课后研讨问题以及可供参考的中英文书报，为我国中小学教育测验与评价的发展奠定了基础。

陈鹤琴与廖世承二人对教育测验开展广泛研究期间，西方与教育测验有关的各种理论也纷纷传入中国，我国学者在编译的过程中开展适合我国国情的新的探索。1922 年，费培杰将法国比纳与西蒙(Simon)所著的专著译为《儿童心智发达测量法》，将比纳—西蒙智力量表译作中文并引入国内；同年，美国教育学教授迈克尔(Michael)来华讲学，将"TBCF 编制法"介绍到中国并主持编制各种应用测验，"T"是指"total ability"，即总能力；"B"是"brightness"，意为聪慧；"C"是"classification"，即类别；"F"是"effort"，意为努力。该测验编制法在中国迅速传开，多位研究者据此编制了多种测验。1931 年，中国教育测验学会在南京成立，1932 年，该学会杂志《测验》创刊，1935 年，中央大学教育学院编制了《小学中年级常识测验》等系列丛书，这些成果都反映了我国 20 世纪 20 年代教育测量运动的盛况。

尽管中国的教育测验运动开展得如火如荼，但在发展的过程中，教育测验运动还是出现了偏差，有学者将偏差的原因归结为"赶时髦"与"过分吹捧"两点，赶时髦是指教育测验作为一种新事物传入中国后，人们过分追求赶时髦儿，试图测验一切事物，过分吹捧是指对教育测验功能的过度吹捧导致社会对其的反感，以至于 1929—1930 年，我国的教育测验运动陷入了一蹶不振的低迷境地。

为了将教育测验运动拉出低谷，使之健康、稳定地发展下去，中国的学者开始加强对教育测验的理论研究，以陈鹤琴、陆志韦为代表的若干著名学者发出建立"中国测验学会"的倡议。1931 年，该学会正式成立并致力于对测验的相关理论进行研究，以此为契机，我国教育测验运动从低谷中缓慢爬起，呈现回升的态势。中国著名心理学家左任侠在河南大学任教期间编写了《法国心理测验史略》和法文版的《中国教育中的测量方法》；在教育测验理论与方法方面，吴天敏编写了《中国比纳西蒙智力测验之经过(第二次修订)》；在教育测验方案编制方面，黄觉民的幼童智力测验、萧孝峻订正的古氏画人测验等纷纷问世。

但自新中国成立前的12年里，我国有关教育测量的理论与实践研究几乎陷入停滞状态，更无法引入"教育评价"这一概念，导致我国教育评价水平远远落后于欧美国家。

1949年新中国成立后，对苏联的教育全面肯定，认为苏联的教育就是社会主义教育并全面实践于中国，而源自西方的教育测量则被贴上了"资产阶级"的标签并予以全盘否定，其时，我国的教育评价研究主要是学习苏式的以"五级分制"为核心的成绩考评方法。所谓"五级分制"，即苏联自1944年起对初中七年制和中等学校学生的成绩和品性的评定方法，以代替之前施行的"优等、上等、中等、下等、劣等"的文字制度。1948年，旅顺工业专科学校要求旅顺中学采用"五级分制"、以20分折算成1分的方式为投考学生填写成绩，而旅顺中学的苏联籍俄语教师也曾使用这种评分方法来评定学生成绩，这引起了旅顺中学管理者的注意。于是，学校组织教师参观苏联第一中学和第五中学并在之后召开会议，决定旅顺中学自此采用"五级分制"，由此拉开了旅大地区(今大连市)学习苏联评价经验的序幕，这也是全国学习苏联教育经验的开端。

虽然"五级分制"具有简便、能够关注学生成绩发展的优点，但在实际过程中出现了片面理解的偏差，比如在课堂评定工作的口答一项中，出现了提问过于简单化的问题，以"是不是""对不对"对学生进行提问，且问题难易程度不同，导致评分工作出现问题。有学者认为，当时的人们将"五级分制"与"百分制"用来区别社会主义和资本主义评分法，不顾实际情况地生搬硬套，认为"五级分制"是完全科学的，这是在"五级分制"实施过程中出现问题的重要原因。自1966年起，欧美式考评方法与苏式考评方法均被否定，高考制度被取消，教育测量陷入停滞。

2. 逐步恢复与觉醒时期(1977—1984年)

党的十一届三中全会之后，改革开放政策的实施与全国高等学校统一招生考试制度的恢复为教育改革和教育评价的推进奠定了良好的基础，如何公正、科学地对学生进行评价和选拔成为亟须解决的问题。随之而来的是学界掀起了一股对学生学业成绩以及综合素质进行研究的热潮以及一线教育工作者对教育评价的理论与方法的迫切渴望，与此同时，国外的一些有关教育评价的理论传入中国，种种因素的叠加促进了该时期我国教育评价的逐步恢复与发展。

这一时期，为了迅速提高教育评价质量，全国多地、多部门和学校展开了有关教育质量评价的研究与实践活动。1982年，上海市针对教学改革提出了"加强基础、培养能力、发展智力"十二字方针，"如何对学生的能力进行考核"这一问题摆在人们面前，为此，上海市教育科学研究院与华东师范大学合作，开展了"如何进行学科考核"的相关研究。1983年，国际教育成就评价协会(IEA)的主席托斯顿·胡森(Torsten Husen)应教育部的邀请来华讲学，将许多有关教育评价的内容介绍给了参与学习的人员。次年，我国正式加入IEA，并且确定我国河北、天津、北京等省、市参加IEA组织实施的第二次自然科学教育成就评价研究活动。与此同时，IEA的创始人之一，美国著名的教育评价专家本杰明·布鲁姆(Benjamin Bloom)也应邀来华讲学，为我国教育评价理论的普及做出了贡献，也为后续我国教育评价活动的真正起步和逐步迈向规范化、本土化、科学化发展奠定了理论基础。

3. 正式起步与活跃时期(1985—1989年)

经过漫长的理论积累与实践总结之后，1985年5月，中共中央发布了《中共中央关于教育体制改革的决定》，正式提出了"要对教育进行评价"的问题。同年6月，国家教育委员会(以下简称"国家教委")在黑龙江省召开"高等工程教育评价问题专题讨论会"，来自40余所院校的专家共同对教育评价的目的、理论与实施方案进行了探讨，达成了对教育评价的初步共识。这是我国第一次开展全国性的教育评价与研讨会，标志着我国对教育评价的研究与实践的正式起步。随后，我国第一本教育评价的专业杂志——《中国高等教育评估》创刊。1985年11月，继"高等工程教育评价问题专题研讨会"召开后，国家教委又发布了有关"高等工程教育评价"的另一文件——《关于开展高等工程教育评价研究和试点工作的通知》，该通知明确部署了对高等工程教育的评价进行研究和试点的工作，并以此为契机，在全国展开了评价研究与试点工作。

1986年，国家教委督导司成立之后，地方县以上的各级人民政府或教育行政部门相继建立了教育督导室，以对各级各类教育进行评价并发挥监督作用。

这一时期的教育评价呈现明显的以政府为主导、以高等工程教育评估工作为开端的特点。随着我国教育改革工作的不断推进与深化，社会各界了解教育质量的意愿不断增强，对教育评价的需求日益增加，为教育评价的快速、高质量发展奠定了社会基础；学界对教育评价的探索呈现积极活跃与稳步向前并行的趋势，对外国教育评价理论由全盘引进变为共同探讨，为本土化教育评价的发展奠定了理论基础。1985—1989年，全国各地召开了一系列与教育评价有关的会议，有关教育评价的论文如雨后春笋般涌现，对教育评价的目的、对象、主体等进行了深入探讨，以"教育评价"为主题的文章多达541篇，其中包括对国外先进研究成果的引进与翻译。除此以外，各地多所学校都开展了与教育评价有关的积极实践，如中国地质大学附属中学作为深化改革的试点学校，以"泰勒原理"为依据，按十分制在学校内部开展对学生品行加以衡量的尝试，并在学生之间与班级之间做横向与纵向的量化比较。实验结果显示，学生集体荣誉感明显增强，是教育评价理论在德育教育领域的一次成功的尝试。

4. 规范化与科学化时期(1990—1995年)

1990年10月，国家教委颁布了新中国成立以来的第一个与教育评价有关的规章制度的文件——《普通高等学校教育评估暂行规定》(以下简称《规定》)。《规定》明确了普通高等学校进行教育评估的目的、基本任务、基本形式等方面的内容，将对普通高等学校进行教育评估的基本形式分为合格评估(鉴定)、办学水平评估以及选优评估三种，并分别对其概念、内容等方面做了详细的阐述，除此以外，还有关于学校内部评估方面的规定。《规定》的颁布标志着我国教育评价的理论与实践工作逐渐规范化，为其进一步科学化与规范化的发展提供了制度保障。随着《规定》的颁布，1991年6月，"中国教育评价研究协作组"成立。1992年年底，全国高等学校教育评估委员会成立。因此，全国性的教育评价研究组织的成立为教育评价的研究与实践提供了组织保障，实践中进一步促进了教育评价的理论发展与我国国情相适应。1992年，中国共产党第十四次全国代表大会明确提出"必须把教育摆在优先发展的战略地位，努力提高全民族的思想道德和科学文化水平，这是实现我国现代化的根本大计"。为了实现党的十四大所确定的战略任务，指导20世纪90年代乃至

21世纪初教育的改革和发展，使教育更好地为社会主义现代化建设服务，《中国教育改革和发展纲要》正式颁布。该纲要将"检查评价学校教育质量"描述为"一项经常性任务"，明确了教育评价对提升教育质量的重要意义，确立了教育评价不可撼动的重要地位。该纲要颁布后，北京、上海和浙江分别成立了与教育评价有关的组织，标志着对教育评价的研究进入了新的阶段。1994年7月，北京理工大学成立了"高等学校与科研院所学位与研究生教育评估所"，承担对已试办和申请试办研究生院的高等学校进行评估，对现有硕士、博士学位授权学科、专业点进行评估等方面的工作，评估所的成立进一步促使我国高等教育评估理论与实践相融合，推动了我国高等教育评估的深化发展。

除了制度保障与组织建设，我国还积极举办国内外学术交流与研讨活动。1994年1月，"中国教育学会高等教育评估研究会成立大会暨第五次学术讨论会"在长春举办，会议围绕中国高等教育评价的理论与实践的问题展开交流，并创立了第二本教育评价方面的专业杂志——《教育评价》。学术交流与研讨活动的开展促进了国外先进研究成果的传入与本土化发展，促使国内各方研究成果相互融合，有力地推动了与教育评价有关的理论在我国的迅速传播。

这一时期我国的教育评价活动逐步规范化与科学化，多项国家政策的出台为教育评价的发展提供了坚实的制度保障，国家与地方的组织建设为教育评价的理论研究和实践贡献了不可忽视的力量。总体来说，这一时期依旧延续上一时期比较重视对高等教育进行评价的传统，对基础教育评价的研究与政策则略显不足。

5. 积极创新与特色化尝试时期(1996年至今)

1996年，国务院副总理李岚清到湖南省汨罗市开展教育视察工作，并指示"汨罗经验非常可贵，要逐步在全国推广"。1996年7月，国家教委在岳阳市召开了"全国构建督导评估机制推动素质教育"会议，将汨罗素质教育的有关经验推向全国。所谓"汨罗经验"，即汨罗市委组织部、汨罗市教育局和汨罗市人民政府督导室联合发布文件，以建立符合当地情况的教育评估指标体系。该指标体系包括教育地位、教育投入、办学条件、巩固"普九"以及农、科、教相结合五部分，每一部分有不同子项，对不同的负责对象进行不同的记分以备考评，例如，"乡镇将教育工作纳入干部岗位责任制的目标管理"可记2分，"开展尊师重教活动"可记2分，等等。由此可以看出，汨罗的评价制度除了评价学校的教育工作，还重点评价所辖区域内党政干部抓教育的政绩，为素质教育的发展提供了有力的政治保障。

与汨罗经验一同推广的还有上海南市区的经验。南市区全面衡量办学水平，用素质教育取代应试教育，以促进学生全面发展。为了实现这一目标，南市区建立了以"改变德、智、体、美、劳的薄弱地位"为宗旨的学校办学水平评估指标体系，指标体系分为"教育教学的常规管理""重点工作完成率"与"办学特色"三个板块，每个板块包含不同的内容，占据不同的权重，采取自评与考评、审定与认定、考评与指导、督导室与有关科室、办学水平评估与党政负责人实绩考核相结合的特色做法。原国家教委副主任柳斌认为，上海南市区在评价制度上的改革具有重要意义。

汨罗经验与上海南市区经验的推广，在教育界掀起了对教育评价进行研究的热潮，出现了许多与素质教育相适应的评价模式，如"主体性素质教育评价模式""五育并举目标模式"等。

2001年，国务院召开了全国基础教育工作会议，印发了《国务院关于基础教育改革与发展的决定》(以下简称《决定》)，《决定》提出"改革考试评价和招生选拔制度""加强和完善教育督导制度，在推进实施素质教育工作中发挥教育督导工作的保障作用，建立对地区和学校实施素质教育的评价机制。"等与教育评价息息相关的内容。以此为指导，中华人民共和国教育部(以下简称"教育部")颁发了《基础教育课程改革纲要(试行)》(以下简称《纲要(试行)》)。《纲要(试行)》明确指出，要改变课程评价过分强调甄别与选拔的功能，发挥评价促进学生发展、教师提高和改进教学实践的功能；要建立促进学生全面发展、教师教学水平不断提高、课程不断发展的评价体系，杜绝采用"只重成绩，不论发展"的评价模式，同时继续改革和完善考试制度，尤其是高等学校招生考试制度改革，应与基础教育课程改革相衔接，考试命题应符合课程标准的要求，杜绝怪题、偏题、难题。随着《纲要(试行)》的印发，一场大规模的教育评价试点与改革活动在全国轰轰烈烈地展开，高校招生开始推行"3+X"("3"即语文、数学、外语必考的三科，"X"指从政治、历史、地理、物理、化学、生物中选考)，该方案有效地减轻了学生的负担，试行结束后迅速推广至18个省(市、区)。2002年，教育部又颁布《关于积极推进中小学评价与考试制度改革的通知》(以下简称《通知》)，《通知》对我国中小学评价与考试制度作出了"过分强调甄别与选拔功能""关注结果而忽视过程""尚未形成健全的教师、学校评价制度"等总结，认为这样的评价和考试制度与全面推进素质教育的要求之间相矛盾，并对中小学评价与考试制度的改革做出了指示，要求改革遵循评价内容多元化、评价方式多样化等原则，提出了建立以学生的发展为目标的评价体系等多种措施。

《通知》的发布为我国中小学评价与考试制度的改革指明了方向。2006年，温家宝总理在黄城根小学考察时提到了有关素质教育评价的问题，即素质教育所需要的是具有综合性、全面性和经常性的考核。以此为契机，全国性的与教育评价有关的组织、学校纷纷开展了改革学生评价的尝试。在这场改革浪潮中，不少学校形成了独具特色的评价模式，如成都市的青羊实验学校勇于实践，全面对各学科的考评方法进行改革，设计了各学科的分年段综合性评价方法，记录并评价学生的学习态度、能力、习惯等，同时对重、难点学习内容设计了独特的评价模式，如"欣赏性评价"，即在学会自我评价的基础上进行生生互评，夸奖对方并提出合理建议，以他人为镜，明自身得失。除此之外，构建学校、家庭、社会三者协同的"阳光少年"评价体系，力图让学生成为"家庭好、社会好、学校好"的"新三好"少年，即阳光少年。在全国未成年人思想道德建设成果评选中，该体系凭借其均衡发展的理念、关注学生智力因素和非智力因素两方面的发展等特点荣获国家一等奖。

素质教育的改革虽然进行得如火如荼，但许多地区和学校依然将考试作为唯一的评价标准，用标准答案要求学生，以单一的定量评价方法对学生进行评价，忽视了学生创新能力、自主学习能力与独立思考能力的培养，抑制了学生的潜能。为了进一步推动教育改革，培养创新型人才，2010年，教育部发布了《国家中长期教育改革和发展规划纲要(2010—2020年)》(以下简称《纲要》)。《纲要》明确指出，要提高义务教育质量，建立国家义务教育质量基本标准和监测制度；要建立科学的教育质量评价体系，全面实施高中学业水平考试和综合素质评价；推进考试招生制度改革，克服"一考定终身"的弊端。与此同时，《纲要》创造性地提出了"鼓励专门机构和社会中介机构对高等学校学科、专业、课程等水平和质量进行评估""改革人才评价制度""建立学校质量年度报告的公开发布制度"等举措，种种措施与要求的提出成为教育评价改革活动的行动纲领和着力点。

　　《纲要》发布后的几年，教育评价的改革力度明显增强。一是与之相关的政策文件明显增多且分化更加细致。例如，有针对综合素质评价的《关于加强和改进普通高中学生综合素质评价的意见》，有关于考试招生制度改革的《关于深化考试招生制度改革的实施意见》，教师评价方面中共中央、国务院出台了《关于全面深化新时代教师队伍建设改革的意见》，针对"五唯"现象发布了《关于开展清理"唯论文、唯帽子、唯职称、唯学历、唯奖项"专项行动的通知》，等等，政策的细化结合多项标准的出台为教育评价改革注入了国家力量，提供了专业指导，同时，各部门不再各自为政，部门之间的合力进一步增强。二是领域内个人与组织积极开展与新要求相匹配的研究。2016年，"中国教育学会基础教育评价专业委员会 2016 年学术年会"在苏州召开，以"学生核心素养与教育评价改革"为主题，与会者从不同角度进行分析，提出了"核心素养应该是可教、可学、可评价的"这一观点，认为应当充分认识到"单一的甄别选拔式"评价的弊端，进一步关注对学生的过程性评价，重视非学业领域的测评并完善对学生学业成绩的评价。学术研讨与交流会的开展促使各项研究成果融会贯通，为教育评价改革的实践提供了理论与实践研究成果。三是各地各级各类教育均开展了符合当地发展特色的、积极的教育评价改革与评估指标构建的实践。比如，上海市崇明区依据其打造世界级生态岛的目标，将生态教育列为其区域教育特色，由此开展了"生态型学校建设评估的指标体系建构"的探索与实践，创造性地拟定并发布了《崇明区中小学(幼儿园)"生态文化"校园创建指标体系》，多次在各级各类学校进行测试后，形成了具有区域特色的测评指标工具。在这一轮的探索浪潮中，最备受瞩目的应该是高考制度的改革，2014 年 9 月 3 日，国务院《关于深化考试招生制度改革的实施意见》正式发布，要求高考不再区分文科、理科，考生的总成绩由"语数外"三科必考+高中学业水平考试 3 科成绩组成，外语科目则提供两次机会，可选择较高的一次计入总分，这是对改变"一考定终身"考评制度的大胆尝试，上海市与浙江省作为试点区域，出台高考综合改革试点方案，保持"语数外"三科必考不变，同时给予考生自主选择的权利，考生可以根据自己的特长，在思想政治、历史、地理、物理、化学、生物等科目中自主选择。2019 年 4 月，河北、辽宁等 8 省份发布高考综合改革实施方案，均试行"3+1+2"高考新模式，以满足学生个性化发展的需求，科学地进行人才选拔。

　　2018 年，在全国教育大会上，针对教育评价改革中出现的种种偏差与当下教育评价的弊端，习近平总书记发表重要讲话，明确指出要"坚决扭转不科学的教育评价导向，克服唯分数、唯升学、唯文凭、唯论文、唯帽子的顽瘴痼疾，从根本上解决教育评价'指挥棒'问题，扭转教育功利化倾向"。以此为价值导向，2020 年 6 月，中央全面深化改革委员会第十四次会议审议并通过了《深化新时代教育评价改革总体方案》(以下简称《方案》)，这是新中国第一个关于教育评价改革的系统性纲领文件，它以 2035 年基本形成富有时代特征的、彰显中国特色的、体现世界水平的教育评价体系为目标，以立德树人为主线，以党委和政府、学校、教师、学生、社会五类主体为抓手，提出"改革党委和政府教育工作评价，推进科学履行职责""改革学校评价，推进落实立德树人根本任务""改革教师评价，推进践行教书育人使命""改革学生评价，促进德、智、体、美、劳全面发展""改革用人评价，共同营造教育发展良好环境"五项重点任务并细化为 22 个子任务。在《方案》的指导下，教育评价改革焕发新的生机，多个省份纷纷开展学习贯彻《方案》培训班；天津市根据《方案》，围绕五项重点任务，出台了《贯彻落实〈深化新时代教育评价改革总体方案〉工作安排清单、正面清单和负面清单》，提出了"修订幼儿园保教质量评估标准""建立中小学教师教学述评制度""制定大、中、小学生德育评价指导方案"等84项具体的改革措施。伴随5G时代的到来，国家大力推动信息化教育的进程，教育结构发生了深刻变革，面对这一现状，有学者提出要充分利用人工智能等前沿技术来构建更加科学、高效的评价制度。

自20世纪90年代起，我国教育评价改革不断朝着规范化、科学化与本土化的方向发展。如今的中国更是尝试与国际接轨，在坚持走中国特色社会主义教育发展道路、创建具有中国特色的教育评价体系的基础上，力图立足于时代前沿。建立政府、学校、社会三方联合的模式，以全面提升教育质量、办好人民满意的教育为目标，破除旧弊端与建立新体系双管齐下。由中央主导、各地政府协力，积极开展教育评价改革的试点与推广工作。改进单一的结果评价模式，强调过程评价与综合评价，提出与信息技术相结合以促进评价向高效与科学方向发展等新理念。种种理论与实践研究充分彰显了新时代教育评价改革的创新性，昭示着具有中国特色的"新"教育评价时代的到来。

二、国外教育评价发展的历史沿革

(一)西方教育评价发展的历史沿革

1. 测量时代——以笔试和心理测验为起始的教育测量(19世纪后期至20世纪30年代)

与中国相似，国外早期的教育评价是通过考试这一形式进行的，但西方国家的考试大多以"口试"进行，具有较强的主观性。在这一时期的测试中，评价者经常会被评价对象的社会身份、阶层、财力等社会属性束缚，加之受宗教的影响，学校多由教会控制，教师被视为"上帝的代言人"而非人的"塑造者"，因此不能很好地关注人的个体智力与能力的发展。

随着世界各国资产阶级力量的发展与壮大，封建君主的专制统治与严密的等级制度引起了资产阶级的强烈不满。1566年，以尼德兰"贵族联盟"向西班牙驻尼德兰总督请愿失败，尼德兰革命爆发，这是历史上第一次成功的资产阶级革命，为各国不满情绪积压已久的资产阶级指明了方向。1640年，英国爆发了资产阶级革命，并最终以君主立宪制结束了君主专制。革命不仅推动了社会形态由封建社会向近代社会转变，也促进了思想的发展，对人的关注开始由社会属性向个体自身的发展情况转移。比较著名的就是18世纪末，法国学者加尔及其学生施普茨海姆(J.G. Spurzheim)所宣扬的，认为脑的各部分皮质都有特殊机能，可按头颅的形状将脑的心理机能分为35区，观察一个人的头颅的形状就可以判断他的心理品质和道德品性。在《神经系统的生理解剖学》一书中，加尔与施普茨海姆将这一学说正式命名为"颅相学"，大脑的分区由35区变更为37区，提出"根据头盖骨隆起的程度和特征即能判断相应的心理机能发达的程度和特点"的观点。该学说在19世纪前叶的西方国家盛行一时，有的雇主甚至会根据当地颅相学家提供的报告来决定是否录取应聘者，直至19世纪末才真正走向衰落。虽然"颅相学"已经被证明是一门伪科学，不被科学界所认可，但"颅相学"依旧是对人的心理发展情况进行评定的早期观点，有学者认为，"颅相学"是心理测量的源头，而心理测量，或者说心理测验，又是西方教育测验的开端。

19世纪的工业革命促进了经济的迅猛发展与科学技术的巨大飞跃，社会对劳动者素质的要求骤然提高。作为社会迫切需求在教育层面上的反映，大批劳动者纷纷进入学校进行培训。1845年，美国初等教育普及，学生人数的骤然增加使原本用一对一的"口试"进行考试的方法无法继续进行。于是，在被后世誉为美国"公立学校之父"的贺拉斯·曼(Horace Mann)的倡导下，美国波士顿教育委员会率先在波士顿文法学校引入笔试，并开展了以笔试代替口试的改革。用笔试代替口试不仅高效便捷，保障试题的一致性，避免了每个受试者所面对试题的难易程度不同，也可以减少考试过程中教师对学生出于主观的偏爱或不公，后来这种方法在美国逐渐推广并得到了很大的发展。但由于试题数量少、试卷中知识点分布不均等弊端，仍不能保障其客观性。为了尽力发挥笔试的优点，增强其客观性，英国格林威治医学院教师费舍(G.Fisher)在收集许多学生的考试成绩后，根据一定的标准汇编了一本《量表集》，书中包含了评定习字、拼字、《圣经》等各科目的成绩等级标准，并配有时间以供说明和解释之用。另外，规定了"五分制"评分的标准，为教师提供了评定成绩的可供参考的客观依据，这可以看作西方标准化测量的萌芽。

1879年，德国心理学家威廉·冯特(Wilhelm Wundt)在莱比锡大学创建了第一个心理学实验室。在之后的数年里，为了用科学的方法揭示人的心理本质问题，冯特设计了多种实验所用的方案，并为方案的实现制定各种精确的测量方法。与之基本处于同一时期的英国学者高尔顿(Galton)以对人类个体之间的差异进行研究为目的，1882年在伦敦设立了人类学测验实验室。在实验的过程中，高尔顿受现代统计科学的创立者卡尔·皮尔逊(Karl Pearson)的帮助与启发，设计了许多可以用于调查的统计方法，其中一些统计方法被当时的教育家沿用，成为量化学生学习能力与效果的客观工具。与此同时，高尔顿还将调查的问题打印成问卷邮寄给被调查者，这就是今天研究者仍广泛使用的问卷调查法。

1897年，美国的约瑟夫·莱斯(Joseph leys)博士对20个学校的16000名学生进行长时间的调查后，发表了《拼字测验》。测验结果显示，8年中每天花45分钟和每天花15分钟进行拼字练习的学生，其测验成绩并没有什么差异。这一结论一经提出，立刻引起了社会的广泛关注，引发了人们对教育的思考，测验终于真正进入人们的视野，莱斯也因此成为教育界普遍认可的教育测验的创始人。

多年实践经验的积累与沉淀促进了教育测量运动的兴起。1904年，美国心理学家桑代克发表了《心理与社会测量导论》一书，桑代克总结了前人的经验和方法，系统地阐述了统计方法以及编制测验所需的原理，并提出了"凡是存在的东西都有数量，凡有数量的东西均可测量"这一论断，为教育测量的发展提供了系统化的理论基础，教育测量运动随之蓬勃开展。1909年，随着桑代克的《书法量表》《拼字量表》《作文量表》的出版，教育测量运动开始向标准化道路前行，而桑代克也被看作教育测量学的鼻祖。

同一时期的法国实验心理学家比纳也在教育测量运动中贡献了为后世所称道的力量。1899年，比纳应邀加入了法国儿童心理研究自由协会，在为测量正常儿童与异常儿童之间的差异而寻求方法的过程中，比纳萌生了编制以分类而非测量为目标的智力测验的想法。1903年，比纳出版《智力的实验研究》一书，将他在测量正常儿童与异常儿童之间差异的过程中所使用的各种方法收录其中。1904年，法国公共教育部为了研究对智力落后儿童如何进行教育的问题，广邀教育家与心理学家组成专门的委员会，并对委员会提出了"尽快研究能区分弱智儿童和行为问题儿童的方案"这一要求，这无疑成了比纳—西蒙量表问世的催化剂。1905年，比纳与由法国公共教育部所指派的人员西蒙合作，开发了第一套比纳—西蒙智力量表。这是世界上第一套科学的智力量表。其中包含30个简短的日常生活问题，由易到难地排列，以"白痴""低能者"与"轻度低能者"来描述智力缺陷的严重程度。虽然这一量表有很大的局限性，比如，其分类方式过于简单，因此很难清晰地将测验结果呈现，也没有任何证据证明该量表的效度，但这依然是西方国家将智力测验作为学校管理手段、对学生进行分类的开端。1908年，美国特殊儿童心理学研究先驱亨利·H.戈达德(Henry Herbert Goddard)将1905年版的比纳—西蒙智力量表译成英文并应用于美国儿童。

1908年，在第一版智力测验量表的基础上，比纳和西蒙沿用年龄差异的概念，编制了第二版测验量表。该测验量表内的题目开始根据年龄水平进行分组，适用于3—13岁的儿童。在这一版量表中，比纳引入了"智力年龄"这一概念，并将其与实际年龄区分开来，这也使这一版量表成为第一个年龄量表。1911年，比纳与西蒙对量表进行了第三次修改，这一次的修改将量表的使用范围扩大至成年人。

比纳的研究满足了"学校鉴别不同儿童对教育的特殊需求"，为区别低常儿童提供了一个客观的测量工具，低常儿童开始逐渐被筛选出来并接受符合他们水平的特殊教育。比纳的研究引起了国际社会的广泛关注，被译作多种文字，并在传入其他国家的过程中被各国的研究者根据国情进行了修订，其中最著名的是1916年由斯坦福大学的特曼所主持修订的"斯坦福—比纳智力量表"。在这次修订中，特曼对每个试题的测试方法、程序都做了详细说明，且创造性地引入了"智力商数"这一概念，促使比纳—西蒙智力量表向更科学的方向发展。

这场教育测量运动持续了20余年，心理测验与教育测量影响，出现了智力测验、学力测验和人格测验三种不同性质的测验方法。有学者称，这场运动中出现的标准化的心理测验与学力测验合计达到了3000余种。1921年，华纳德开始尝试涉足人格测验；1924年，哈茨霍恩(H.Hartshorne)等人一同组建了人格教育委员会，该委员会成员不断对人格测验所需工具进行完善，使之趋于精密。

2. 描述时代——"八年研究"与"教育评价"的正式提出(20世纪30—60年代)

1929年之前，西方的教育测量运动虽然开展得如火如荼，但是这一时期教育测量所关注的对象过分偏重于个体的个别方面，而忽视了对个体进行全面的评价；重视对个体行为的表面现象，如对成绩进行测量，而忽视了背后的"本质问题"，如学生的学习态度、动机等；对需要被评价的教育过程中的其他要素，如学校、教师、课程等更是视而不见……种种问题的出现引发了人们对先前教育测量的思考与批判，成为"描述时代"的前奏。

1929年，以纽约证券交易所的崩盘为开端，一场空前的经济危机迅速席卷整个资本主义世界，而这场危机的始发地(美国)自然首当其冲地发生了经济大萧条。这场经济危机致使大批的成年人失业。为了避免因无法找到工作无所事事，大批青年涌入高级中学，这些年轻人的兴趣并不在于上大学，这与当时美国高中狭隘的、以教学和大学入学考试为导向的教育模式产生了极大的矛盾，对教育变革的呼声日益高涨。

在上述种种原因的作用下，美国一些教育家成立了进步主义教育学会，一场长达八年、最终催生了"教育评价"这一概念的课程改革运动也在1933年的美国拉开序幕，即"八年研究"。它由当时进步主义教育协会的会长艾金(W.M Aikin)领导，以对中学核心课程进行改革，让其能满足青年自由发展的需求为中心，下设"课程评价委员会"等多个委员会。而"课程评价委员会"的主任正是当时美国俄亥俄州立大学的教授拉尔夫·泰勒(Ralph W. Tyler)。在实验过程中，进步主义教育协会下设的"中学与大学关系委员会"经过缜密的探讨与协商，最终制定了将30所中学与7所大学联合进行实验的方案，委员会与大学商议让参与实验的学生免试入学，以确保这30所学校都能按照新的计划进行实验。参与实验的学校被称为"进步学校"，即实验组；其他的学校则被称为"传统学校"，即对照组。实验自学生入学之日起，"进步学校"的学生面试进入大学后，再分别从两组中抽取1475名学生根据性别、年龄、家庭背景、兴趣等基本相同的条件进行匹配，而后跟踪研究其在大学期间的多项状况，包括所获荣誉、思维方式、应变能力等。研究结果表明，"进步学校"的学生除了在记忆力方面比"传统学校"的学生稍差一些之外，在其他方面多优于"传统学校"的学生，尤其是在思考能力、对知识的兴趣等方面更胜一筹。在这一过程中，泰勒主要承担了"为每一所进步学校设计多种可供学校根据自身情况选择的评价方法"与"在学生进入大学后对来自两组的学生进行比较研究"这两项工作。

"八年研究"作为现代教育评价的开端，对传统教育测验的局限性进行了批判，却没有将传统的教育测验弃如敝屣，而是建议教育人员应当采用一切可行的、适合学生情况的、将传统的教育测验与观察、写作等测量与非测量的方法结合起来对学生进行评价的评价方案。研究结束后，进步主义教育协会发布了《史密斯—泰勒报告》，报告中，泰勒首次提出了"教育评价"这一概念，并构建了系统的教育评价体系，即著名的"行为目标模式"，又称"目标模式"(详见本章第五节)。"教育评价"的概念与目标模式将测验与评价彻底区分开，以教育目标作为参照标准来衡量学生进步程度的做法，也促使教育评价更加客观、公正。尽管在之后的研究中，目标模式受到了诸多质疑，但泰勒对教育评价的贡献并未因此被否定，目标模式仍在教育评价领域中占据一席之地。

第二次世界大战后，为了重建经济与社会秩序，尽快恢复国力，各国政府都加大了对人才培养与教育的关注程度，"教育质量究竟如何？""如何对教育结果进行评价？"成了人们普遍关注的问题。加之目标模式的深远影响，人们逐渐认识到对某一项教育活动进行评价时的关键点就是了解并确定该教育活动的目标。因此，对教育目标进行分类的研究在西方迅速展开。

受行为主义和认知心理学的影响，美国著名心理学家、教育家本杰明·布鲁姆(Benjamin Bloom)与克拉斯沃尔(D.R.Krathwohl)、辛普森(E.J.Simpson)等人合作，于1956年出版了《教育目标分类学》一书，并相继完成了将教育目标分为认知、情感和动作三大领域的工作，在课程标准、课程的实施与评价之间搭建起使之能相互联系的桥梁。除此以外，布鲁姆还将教与学的过程分为教学活动开始、教学过程与教学目标三个阶段，对应地提出了诊断性评价、形成性评价与总结性评价三种评价模式(详见本章第五节)，这也是对以往只注重结果不注重过程的评价模式的批判与创新的结果。

综观描述时代的教育评价发展可以看出，这一时期的教育评价均是围绕目标展开的，其重点在于教育结果与教育目标的一致性程度，注重对某些预期的教育目标及其达到程度的描述，是对测量时代仅注重测量结果不对结果进行解释的突破。泰勒的目标模式及其后续的深化发展对美国的影响长达 30 年之久。但从目标对教育效果的达成度进行评价亦存在偏颇之处。教育目标是否全面？目标设置的合理性与可行性如何保障？在教育过程中由于其本身的复杂性无意间达成的目标是否也能作为教学效果的评判标准？种种疑问的产生引发了研究者对目标模式的反思，"判断时代"也随之到来。

3. 判断时代——《国防教育法》与新的教育评价的改革(20 世纪 60—80 年代)

1957 年，苏联发射了第一颗人造卫星，消息传到美国，举国震惊。美国认为，其科技落后于苏联的主要原因是当时美国教育质量较低。为了完善教育制度，从教育质量入手提高科技竞争力，1958 年，美国总统艾森豪威尔签署了《国防教育法》，强调通过教育评价手段为教育改革建言献策，并以此为契机，人们开始对目标模式占据主导地位的反思，新的教育评价改革呼之欲出。

20 世纪 60 年代初，美国的学者陷入对目标模式的争论中，除了上述所提到的疑问，学者还提出了"用统一的目标来要求受教育者是否会限制其发展"等种种质疑。在争论的过程中，美国心理学会主席克隆巴赫(Cronbach)认为，应当对教育评价的概念进行重新界定，由此产生了"评价是一个通过收集和报告对课程研制有意义的信息从而促进课程发展的过程"这一新概念，将评价从单一的描述结果与目标的一致性中"解救"出来，突出了评价的诊断与反馈的功能。新定义促进了新的评价模式的产生。

1966 年，美国教育评价专家斯塔弗尔比姆基于"评价就是为了管理者的决策提供信息服务的过程"这一理念，提出"评价不是为了证明而是为了改进"这一论断，并创立了"CIPP 教育评价模式"。模式包括背景评价(context evaluation)、输入评价(input evaluation)、过程评价(process evaluation)和结果评价(product evaluation)四项。其中，背景评价即为确定教育目标而提供其实施的背景信息，并对教育目标是否符合评价对象的需要进行评价；输入评价就是为确保教育目标的顺利实施而寻找多种方案并进行评价，而后选出最佳方案执行；过程评价即对教育实施的整个过程进行评价，以期在实践中发现目标与方案的潜在问题，为决策者的改革提供有用的信息；结果评价是一种目标评价，对教育实施结果中目标的最终达成情况做出判断。这是对目标模式局限的突破，将教育评价的功能定位于为帮助决策者改进方案而提供相应的描述性信息，对目标的合理性和可行性进行审查，弥补了泰勒目标模式的不足。但从本质上来说，这种评价模式所注重的仍然是描述而非价值判断，具有过分依赖决策者、过分强调评价的服务性等缺点。

1967 年，认识到泰勒的目标模式所具有的"目标是预定的"等诸多弊端后，美国学者斯克里文(Scriven)提出了不受预期目标影响，尽量消除主观性的"目标游离模式"，亦称"无目标模式"。斯克里文认为，评价的重点不应该全部置于对预设的具有主观性的教学目标的达成情况上，而应当关注游离于预期目标之外的、产生于教学过程中的非预期目标。所以他将评价的重点由"课程实施的预期结果"转向"课程实施的实际结果"，以个体需求为价值导向，认为评价活动反映的应当是局外人而非管理者的决策者意愿，这是对目标模式的重大突破。但学界对"目标游离模式"是否存在一定的实施程序与步骤有争议。

上述两种价值导向全然不同的模式凸显了这一时期对目标模式的态度，反映了改良派与改革派的冲突，在这样的冲突中诞生了如应答评价模式(responsive evaluation model，详见本章第五节)、反向评价模式(对手模式，adversary evaluation model)等多种模式。这一时期，教育评价的概念逐步延伸，教育评价的重心开始由单纯的描述转向描述之后对信息做出价值判断。但这一时期的教育评价并没有因为突破目标模式的桎梏而完美无缺，相反，由于过于主动对目标模式进行批判与反思，加之对教育评价改革的操之过急，一些评价模式出现了为统计分析学者所批评的错误，由此导致了美国学界开展了有关元评价(meta-evaluation，以检验评价中可能出现的各种偏差，并运用一定的方法来估计这种偏差对结论造成的影响为目的的，对评价本身所进行的评价)的探讨，这一概念率先由斯克里文提出，并被应用于对"教育产出计划评价"的评价中。随后，教育评价领域的诸多学者都参与到这场讨论之中，当时，学者对元评价提出了"监控评价研究过程"与"对评价结果及建议的有效性进行评价"两个方案。在之后的研究中，斯塔弗尔比姆为了评估和控制评价偏差，提出了"定期更换评估人员"与"确定评价者和评价对象的独立性"这两个原则，后期对元评价研究的关注点又转向了开发标准化教育评价方案。这场探讨从根本上帮助了人们重新审视教育评价，促使其向更科学的方向发展。

4. 建构时代——多元价值导向与第四代教育评价理论的建立(20世纪80年代至今)

自"判断时代"起，教育评价的理论就逐渐向百家争鸣的方向发展，各学派在批判、反思、继承的过程中创新，对之前的测验或评价模式或择善而从、取长补短，或弃如敝屣、全盘否定，建立了诸多新模式，甚至出现了狂热的倾向。而对元评价的探讨则及时地将这种倾向扼杀，进而将对教育评价的研究拉回正轨。

1981年，印第安纳大学教育学院的库巴(Guba)与范德比尔特大学的林肯(Lincoln)共同发表了《有效的评价》(*Effective Evaluation*)一文。他们在文中提到，应该基于应答评价利益相关者要求的目的来规划评价的起始点，第四代教育评价理论中回应这一特点在这里初见端倪；1982年，二人又发表了《自然主义探究的认识论和方法论基础》(*Epistemological and Methodological Bases of Naturalistic Inquiry*)一文，文中将理性主义范式与自然主义范式进行比较，并对理性主义范式的效用提出了质疑，认为理性主义范式存在重大缺陷。例如，由于政治与道德因素，随机抽样几乎是不可能实现的，并由此提出应考虑由自然主义范式代替理性主义范式。

1989年，在对以往评价理论进行反思的基础上，库巴与林肯合著并出版了《第四代评价》这一专著，这是"第四代评价理论"正式问世的标志。"第四代评价理论"不仅将之前教育评价的发展历程划分为测量、描述与判断三个时代，并认为这三个时代的评价理论存在着"浓厚的管理主义倾向，将评价对象与其他有关人员排除在外""价值观念单一，只重视评价者的价值观并将之作为唯一的评价标准，忽视了被评价者以及其他参与人员的价值观""忽视除科学实证主义方法以外的评价方法"三点不足之处，由此，库巴与林肯以"建构主义哲学观"为基础，构建了以"回应、建构和协商"为特点的"第四代评价理论"。

"回应"，或者说是"回应性的聚焦方式"(responsive mode of focusing)，是第四代教育评价的出发点，其主要是为了冲破"浓厚的管理主义倾向"与桎梏。库巴和林肯认为，评价并不是"外在于人"的"纯客观"，而是参与评价活动的所有人，尤其是评价者与评价对象在交互作用中以人的价值观为基础形成的共同的心理建构的过程。因此，所回应的应该是参与到评价过程的各利益相关者，包括评价活动的代理人与推动者、受益者与受害者的"宣称""担忧"与"问题"。"宣称",即"由评价活动中某一利益相关者所提出的、对被评价者有利的方案、目标等",比如,某些教师搞"题海战术"来提高学生的成绩,这种"宣称"或许曾行之有效,但在某一特定的评价活动中,其有效性依然需要进行评价;"担忧",即"参与评价活动的利益相关者担心采用某些方法对评价者可能造成损害的想法",比如,当有的研究者过分将"以学生为中心"的课堂奉为圭臬,并完全将教师的作用抛诸脑后时,教师会提出"过多的自主探讨会延误教学进度,使知识零散化、碎片化"的担忧;而"问题",则是评价活动的利益相关者对某件事的观点不尽相同,如在"培养男生的阳刚之气"这一提案上,有人认为是有益的,有人却认为这是关于性别的刻板印象,而作为评价者,其任务就是发现这些问题并将其应用于指导评价。

"建构",即前文所提到的评价实际上是一个由利益相关者相互作用所形成的心理建构的过程,这个心理建构的最终实际产物就是评价结果,按照"判断时代"人们形成的"评价本质上来说是一种价值判断"这一思想而言,评价结果实际上就是评价者依据一定的价值标准所做出的价值判断。在"第四代评价理论"出现前,前三代的评价理论都要求评价者不受任何价值观的左右做出"客观、真实"的评价,但在这些评价理论的指导下,评价者最终依据的是自己的经验与价值观对结果做出解释或评价,忽视了参与评价活动的其他利益相关者的多元价值观,带有较强的主观性。因此,"第四代评价理论"认为,如果要取得真正为人们所认同的、科学的、有效的评价结果,就必须折中而行,即协调评价活动的利益相关者,尤其是评价者和评价对象的价值观,减少分歧使之无限趋近于零,使参与评价活动的利益相关者之间能够和谐地交流并最终建构出统一的观点,其所建构的令所有人都信服的结果即有效的评价结果。

"建构"过程中需要协调利益相关者的价值观,而协调的方式绝不是生硬地要求一方服从另一方,而是在评价的过程中,参与活动的利益相关者平等、和谐地进行对话,这就是"协商",有效的"协商"则建立在"建构性探究方法"的基础上。"第四代评价理论"作为一种"将评价主体的概念扩展到所有参与评价活动的人"的评价理论,在评价过程中充分地兼容并包括了社会的多元价值观,将评价对象从无所作为只需等待被评价的"命运"中拉出,将其置于与评价者同等地位的参与评价活动的利益相关者来看待,使评价者最终做出的价值判断更加科学、有效。

尽管"第四代评价理论"是建立在对之前三代理论的批判、反思的基础上,具有诸多优点的评价理论,但它也不可能是完美无缺的。"建构性探究方法"是一种听起来清晰、便捷,做起来却需要耗费大量人力、物力与财力的探究方法,仅就"协调各利益相关者的价值观促使其统一"这一项而言,就需要长时间的询问。在这个过程中,评价者需要有很强的辨别力来根据一定标准将利益相关者分组,思考利益相关者在整个评价活动中扮演的角色、需要极强的耐心来进行大量的工作,以及较强的判断力对被询问对象的回答做出中肯的判断。比如,被询问的对象是否因为从众或是"怕麻烦"而隐瞒自己的价值观,这些都是评价者需要考虑的。除此以外,"第四代评价理论"还具有过分强调人的认识具有相对性而忽视其客观性与绝对性、全盘否定前三代评价理论而导致片面化与绝对化倾向等缺点。

西方教育评价的改革与发展亦是在激烈的社会变革与思想冲突中进行的,中后期还伴随着大规模的教育评价实践以及国家的资金投入,时至今日,教育评价的功能早已经由最初选拔、考评、证明转向为教育的发展服务、为教育的改革建言献策，并力求将个人的发展与整体的进步贯通；研究方法上也由单一的量化或质性转向二者的结合运用，促使教育评价的结果实现了主观与客观、科学与现实的结合。

拓展阅读

"建构性探究方法"与"诠释性辩证循环圈"

"第四代评价理论"中的"协商"是建立在以进入条件、探究过程和探究结果为框架的"建构性探究方法"(见图1-1)的基础之上的，其探究过程是一个"诠释性辩证循环圈"。(见图1-2)

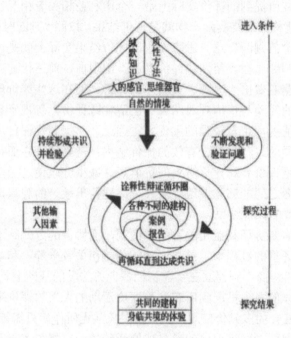

图1-1 建构性探究方法

简单来说，"建构性探究方法"需要在自然环境中进行探究和评价，这就决定了探究必须采用质性研究方法，依靠感官与思维对未被注意的迹象和非言语意向进行研究，还要重视默会知识和经验的作用，另外，还要加上利益相关者坦诚相待的陈述，并不断深思自己的观点，才能满足"建构性探究方法"的进入条件。

进入探究过程后，就出现了图1-2的"诠释性辩证循环圈"，循环圈中的R代表应答者，即除评价者之外参与评价活动的其他利益相关者(以下简称"R")，由评价者选择一位或一组成为R1，运用谈话等手段了解其"宣称""担忧"与"问题"，初步形成结果("建构")C1，随后，由R1推荐的R2进入该环节并重复上述步骤，收集信息，同时R2还要发表自己对C1的看法，再由评价者分析比较，形成更加完善的结果C2。此时若出现较为明显的分歧，则保留该分歧进入下一轮访谈，听取R3对该分歧的看法。如此不断循环往复，不断由各利益相关者参与批评、探讨、协商这一过程，直到评价者认为信息不会再继续增多，则循环过程结束。与此同时，评价者也可以采用观察、查阅文献等方式对形成的结果或者说是"建构"进行补充,以确保所得到的"建构"全面且科学。若循环结束后出现其他问题,则可进行多次循环以进行信息补充。最终的探究结果是参与评价的所有利益相关者基于自身的价值观所做出的,由评价者整合而成的一种共识,由共识组成的完善的个案报告。但"共识"不等于"对所有问题的一致同意",相反,分歧的产生更有利于新的探究过程的产生。而报告的阅读者也可对这种共同的建构产生身临其境的体验,甚至做出自己的评价。

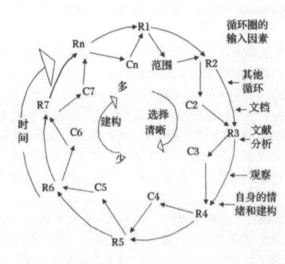

图 1-2　诠释性辩证循环圈

(资料来源:卢立涛. 回应、协商、共同建构——"第四代评价理论"述评[J]. 内蒙古师范大学学报(教育科学版),2008(8):1-6.)

(二)日本教育评价发展简史

1.《养老律令》与贡举制度——唐朝科举制度的变形期

公元 7 世纪(日本天智朝时期),有组织的学校教育制度在日本创立。在随后的数年中,日本与当时的唐朝互派使臣,分别称"遣唐使"和"遣日使"。唐朝的政治制度、科学技术、文化通过繁华港口的船舶,源源不断地输送到日本,其中也包括当时唐朝日趋完善的学校考试制度和科举制度。在学校方面,日本设立了大学寮、诸侯国国学以及九州太宰府府学,设立"明经""音乐""书写""算数"四门课程,实行"十日一旬考,七月一终考"的考试制度,并有三年不及格者退学、单科成绩不及格则遭鞭笞的惩戒制度。而考试制度的确立则是在公元 718 年,藤原不比等人以唐朝的《永徽令》为蓝本,在之前《大宝律令》的基础上,根据日本国情,奉天皇之命制定了《养老律令》,其中含主刑法的十二篇"律"与主行政法规的三十篇"令"。关于学校和考试选官的制度则散布于第二篇《职员令》、第十一篇《学令》、第十四篇《考课令》中。除此以外,还包含了考核和选拔医师的《医疾令》。《养老律令》的实施确立了日本以"贡举"选拔人才的方式。

首先，贡举考试在每年 10 月、11 月由主管文官任免等事项的式部省主持，共分秀才、进士、明经、明法、医、针六科，以秀才科最为隆重，考试范围也最广泛。从现存的秀才科所考"方略策"的试题来看，其内容包含从神佛至自然、从鸟兽言语至文化风俗等多个领域，但不包含"治国要务"。因而纯粹是为了寻找有文才且博学之士而设立的，作为《养老律令》注解的《令集解》将"方略策"的试题称为"无端大事"。而进士科所考的科目被称为"时务策"，其内容是"治国要务"，目的在于选拔为巩固天皇统治而服务的管理人才。

其次，参与贡举的考生必须在当时日本的官学(中央大学寮与地方国学)修习学业，并由官学选送参与"贡举"。由大学寮选送或临时应天皇之令而参考的人称为"举人"，由地方上贡到中央考试的人称为"贡人"，送选的学生须符合《学令》中"精通二经且通过大学寮内的考试"这一规定，也可以选送虽不精通"二经"但擅长著作文章者。

最后，在考评标准方面，日本的"秀才科"与唐朝类似，考"方略策"。《养老律令·考课令》中规定："文理俱高者，为上上；文理高平，理高文平为上中；文理俱平为上下；文理粗通为中上；文劣理滞为不第。"除此以外，"进士科"等其他科也分别规定了相应的考评标准。

贡举制度在日本持续发展了约两个世纪，但在确立后不过 100 年间，就遭遇了贵族势力扩大带来的挑战，及至江户时代，短暂地出现了以朱子学为考试范围的"学问吟味"，考试对象也扩展到了全国学习朱子学的人，一定程度上对人才选拔制度的等级规制有了突破。但此时贵族势力伴随着寄进型庄园(通过接受"寄进"土地形成的庄园)的增多而日益强大，最终导致律令制的解体，贡举制也随着大学寮的烧毁而瓦解。虽然后期仍有形式上的省试，但参与学生必须由权贵推举方可考试，考试选官的制度因此变成了贵族把控朝政的工具。

2. 明治维新与考试制度——承袭与效法中的发展期

1867 年，曾在日本盛极一时并作为日本实际统治者的德川家族将统治权交还给天皇，结束了 260 余年的德川幕府统治。随后天皇颁布《王政复古令》，废除幕府。甫一执政，天皇就对日本的社会进行了大刀阔斧的改革。1868 年，统治者睦仁天皇与维新志士一起在日本开展了一场自上而下的具有资本主义性质的改革，史称"明治维新"。这场变革实际上是一个促进日本全面西化与现代化的改革，诸多西方的文化与思想被引入日本。前所未有的社会变革与思想文化的激烈碰撞促使日本社会各方面发生了翻天覆地的变化，近代学校制度也在"承袭江户，效法欧美"的基础上建立起来。

1871 年，全国统一的教育行政机构文部省建立。1872 年，文部省颁布了新教育制度大纲——《学制》，《学制》以课程为基础，规定了以年级为单位，以升学为目的的考试制度，各县都有自己的考试条例。但这种考试制度的内涵和做法与我们今天的制度大相径庭。考试题目是由师范学校的教师以及府、县负责教育事务的官员共同商议确定，并鼓励家长与其他公众参与其中；考试结果会被公示并设有奖励与惩罚制度。这样的考试制度犹如舞台般颇具仪式感，同时也导致了激烈的竞争。日本学者认为，这一时期与江户时代的学校考试制度有颇多的相似之处。除此以外，在许多县的考试条例中还出现了"分数表"的范本格式，该条例于 1882 年被纳入《初等教育考试法》之中。

明治初期的考试具有明显的过于注重分数、注重学生总体中的相对位置的倾向。考试的目的仅仅是给学生定"等级"而非从成绩中看到每个学生的发展情况并改进后续教学，是考核而非评价。

1890 年，为了加强对教学内容的控制，发扬道德教育，传播忠君爱国的思想，日本随后数年颁布了如《小学教则大纲 21 条规定》等多项条令，这些条令旨在促使竞争式的、流于形式的考试取消，废除按成绩排名的考试制度，开始加强对学生道德行为的考察。与此同时，评价任务转移到了一线教师的身上，除了考试成绩外，对学生进行评价可以按照教师的意愿来进行。这时的成绩单也不再是一张只有数字的总体排序表，而是每个学生的个人成绩单，上面记录了学生每一学年每次考试的各科成绩。个人成绩单的出现和使用让教师能够清楚地看到学生的发展情况，为改进教学和对学生进行评价提供了依据。但当时出现了由"过分重视学业成绩"转向了"过分重视学生道德行为"的极端；另外，对学生缺乏统一的评价标准，教师按自己的喜好对学生进行评价，违背了评价的客观性与科学性，产生了绝对化的评价。

3. 两次世界大战后的教育评价——由"考试成绩"到"考试排名"的转换期

20 世纪初，美国的教育测量学正如火如荼地发展。受此影响，日本许多著名教育学家都开始了对以往学校考评方式的反思。在对日本长期施行的考评方法进行调查研究后，田中宽一指出了日本学校当下的成绩考察方法具有"评语主观且依据考试结果对学生随意评价""学科所考察的题目知识点分布不均且忽视分析问题方面的内容""由于缺乏诊断性的评价标准，无法评判学生水平"等缺点，并与其他学者一起推行科学评价法。有关科学评价法的研究实践日益增多，并与美国教育测量思想在日本的扎根相配合，促使日本的人才选拔依据由教师主观认定成绩向学校认定的、客观的教育测量的方向发展。但这种所谓的客观评价使参与学历竞争的人数急剧增加，繁重的课业压力让日本的学生与家长疲惫不堪，自杀人数也急剧增加，出现了"考试地狱"的现象。1927 年，为了缓解巨大的社会竞争压力，日本废除了学科考试的选拔方式，改由通过校长提供"内部报告书"来进行人才选拔，但这样的方式又造成了个人权力过大导致的贪污受贿与评价不公的问题，日本教育部不得不于 1928 年再次将选拔制度改革为单独考试与选拔。在之后的数十年间，日本一直在不同形式的笔试与考察制度之间反复进行改革，陷入了"考试地狱"与挣脱"考试地狱"的恶性循环。1938 年，文部科学省修订了"学级簿"，要求教师尽可能地对学生的性格等各方面进行记录，并建立了记录成绩的"十点法"与评定操行的"优"与"良"评定制度，随后又于 1941 年设立了"达到度评价"原则，即衡量学生对国家教科书中所规定水平的达到程度，并设立了"班主任责任栏"来约束教师的权力。然而这次改革只设立了评价标准，缺乏评价方法，教师对学生"达到程度"的判定基于个人的主观意向，因此，日本又重新回到了"以教师为主体对学生进行综合评价"的绝对评价的时期。

第二次世界大战后，"evaluation"被译为"教育评价"并正式传入日本。此时，理论的发展让日本的研究者认识到"绝对评价"的主观性对评价对象的不良影响，由此引发了日本向"相对评价"方向发展的改革。

在对以往的反思与批判中，日本的研究者与教育相关人员认识到以往对"教育评价"

相关标准及具体方法制定的不足。于是,日本文部科学省分别于1947年和1948年相继发布了《学习指导要领(试行版)》(以下简称《试行版》)和《小学学习指导要领(补充版)》(以下简称《补充版》)。在这两个文件中,文部科学省明确了评价对于教育的重要性,并以每一学科要达到的目标为标准,制定了评价方法。以"社会科"为例,《试行版》中共制定了包括"理解宗教对社会生活的意义""引导学生增强社会连带性意识"等十五个目标,并在《补充版》中为小学社会科的学习重新制定了八个目标,将小学与初、高中学生要达到的标准区分开来。小学评价的标准是"理解、态度和技能"三项,初、高中学生的要求更加复杂也更加精确,包括"理解历史、地理、经济、政治等基础概念与知识""有解决问题以及批判性思考的能力"以及"尊重他人的权利并习得公民必备技能"三项。这是日本第一次为教育评价制定了明确的标准以及测定方法,为教育评价提供了可供参考的客观依据。

为了了解每个学生的发展情况,1948年,日本文部科学省的《学校教育法》规定了必须给每个学生建立"学籍簿"(后更名为指导要录),其记录了学生在校期间的成绩、操行等情况。一是作为教师记录并了解学生情况之用,二是作为升学或工作录用时的证明。除此以外,日本仿效美国,实施了对学生成绩进行评定的"五级相对评价法",即将全班的成绩分成"两头小,中间大"的五级,以一般者为中间轴,记为"0"分,两边分别按优劣程度记为"-1""-2"和"+1""+2"。这一成绩会记录在学生的学籍簿、成绩报告单以及升学所用的"内申书"上。虽然《学校教育法》中并未硬性规定"五级学生"所占的比例,但实践中,出于简单便捷等考量,人们往往以正态分布曲线所示的近似值为依据,将学生按1:2:4:2:1的比例分为五级。这种不顾实际情况、不考虑学生个体发展,只看相对位置的分法一是挫伤了学生学习的积极性,尤其是对每次有微小进步但幅度不大所以等级没有改变的学生而言,在长期努力却没有任何正向反馈的情况下,学生对学习逐渐心灰意冷,教师也没有提升全体学生水平的兴趣,因为教师和学生再怎么努力,最后的结果总是"两头小,中间大";二是学生升学的标准是用分数量化后的相对位置而非知识的掌握情况,因此名次在教师和学生眼中的分量日益加重,教与学都只是为了考试,最后必然会陷入"考试主义"的怪圈。

后来,日本发现了这一问题,并力图通过"不允许按比例划分五级"等规定来解决,制定了"与教学大纲所规定的该学科的学科目标及年级目标进行对照来打分"这一规定,但这也只是从外在的形式上对原本较为刻板的打分制所做的调整,实际上施行的仍是相对评价,对相对位置(名次)过度追求的情况并未得到改善。

4. "到达目标"的提出与应用——相对评价与绝对评价的碰撞融合期

"五级相对评价法"的长期实行和改革不善导致日本竞争日趋激烈,学生与家长压力颇大,对教育评价进行变革的愿望与呼声日益高涨。

1966年,日本国立教育研究所研究员板仓圣宣在日本教育心理学会的杂志上发表了《正确的学力评价》一文,板仓圣宣改变了以往遵循布鲁姆的目标分类模式以及将目标分为"认知、情感和动作技能"的做法,创造性地从目标的性质出发,将目标分为"方向目标"与"到达目标"两类。所谓"方向目标"是指一种无限外延的、将儿童应具备的学力和能力作为方向提出的目标,以此目标对教学内容进行组织,易出现不清晰的问题。对方向目标的评价是相对评价，即对儿童在该方向上的相对位置进行排列，这种目标显而易见地具有评价标准不易制定、对于义务教育阶段的儿童要求相对较高的问题。而"到达目标"则是将儿童应该掌握的知识和技能作为一种固定的目标，目标本身是存在的，对应的是绝对评价，即以儿童是否达到目标作为判断依据。

"到达目标"一经提出，便成为日本教育评价改革研究的指路明灯，引起了学界的重视。随后，有"女子东大"别称的御茶水女子大学的中内敏夫教授对"到达目标"进行了深化与丰富，并将这一概念应用于教育，详细地提出了将带日本走出当下竞争压力过大、考试主义盛行的社会的方法。首先，中内敏夫对过去的"学籍簿"(指导要录)以及教学大纲的目标来源进行了批判。他认为，过去将进化的教育基本法所规定的目标记录与指导要录的做法是错误的，因为这种目标是固定不变的，其考虑了学生的相对位置却没有考虑学生的个人发展情况。因此，改革后的指导要录应从教育实践中选取与儿童发展相适应的目标进行记录。其次，取自教学内容体系的到达目标可以总结为概念、法则等，而每个学年的学生所应学习的概念、法则等不尽相同，所以他提倡改变以往将小学六年或初中三年的目标置于一处进行叙述和记录的方法，改为记录每学年、每学科具体到达目标。最后，将评价手段由包含第二次世界大战前国家主义思想的能力测验转变为基于现代民主的教育思想而产生的学力测验，目的在于通过测验了解能够教会儿童什么。

板仓圣宣与中内敏夫等人的研究为日本教育评价的改革奠定了理论基础，而20世纪60年代末社会对现行评价方法的不满情绪日益高涨，最终引发了70年代初期的"成绩单改革运动"。

1969年，日本电视台收到了一位因觉得现行"五级相对评价法"不公要求改革的家长的信件，信件中提到"……极为不公的是，班级中优秀学生和良好学生的人数是由管理者预先决定的……"。该信件经媒体曝光于公众前，由此引发了"成绩册大讨论"，讨论的焦点集中于对相对评价的批判，提出了"导致恶性的排他性竞争""包含了肯定有学生学不会的非教育性观念"等四项问题。

面对民众的不满情绪与问题的大面积爆发，日本的许多学校开始了跟风式改革，将绝对评价用于对方向目标的评价，创造出了"五级认定评价法"，即以考试成绩作为成绩报告单所记录的分数，考3分就记3分。这种评价方法由于显而易见地缺乏科学性并未存在太久。等"到达目标"这一概念被教育者接受后，"到达目标"与"到达度评价"从研究者所著的论文中走出，进入了学校教育的实践中，"成绩单改革运动"在日本进入兴盛时期。

1973年，布鲁姆等人所著的《对儿童学习的形成性评价与总结性评价手册》(*Handbook on Formative and Summative Evaluation of Student Learning*)一书被译为《教育评价手册》及《学习评价手册》，并在日本出版，"学力分布越趋近于正态分布，教育效果越低"这句话成了人们用来批判旧式教育评价的有力武器，其对目标的分类也再次为研究者所重视，引发了日本的研究者将布鲁姆的目标分类理论与到达目标相结合的探索。1975年，日本东京都教委发表了以《研究讨论资料——为促进和改善到达度评价》为题的报告，并举办了以"批判相对评价，总结布鲁姆及各地对形成性评价的研究成果"为核心的讨论会，更激发了学界对回归布鲁姆的目标分类模式展开积极探索的欲望。东京都立大学教授坂元忠芳对之前的实践进行研究和总结后认为，前一阶段的到达目标的设定只局限于表现儿童学力外部状况的概念、知识、技能,对儿童学力的内部因素如学习态度、意志等无所涉及,这是对儿童情意领域以及认知能力发展状况的忽视。由此,坂元忠芳提出了"对到达目标进行精细拟定的运动固然重要,但不能因此忽视儿童人格的整体变化"这一观点,认为到达目标既要反映系统的知识与技能,也应体现儿童认知能力的发展水平,且还是应该因人而异、不断发展的。基于对到达目标中应体现儿童学力的内部因素的考量,坂元忠芳一改以往实践中极端地将相对评价弃如敝屣的做法,认为儿童学力内部因素可以使用适当的相对评价。在坂元忠芳研究的基础上,曾师承布鲁姆的日本著名教育评价学家梶田叡一将"到达目标理论"与布鲁姆的目标分类相结合,把到达目标细分为"达成目标""提高目标"以及"体验目标",在认知领域、情意领域和动作技能领域对三种目标进行详细划分(见表 1-1),而后提出了每一种具体目标到达程度的判定标准。

表 1-1 梶田叡一的到达目标分类

目标领域	目标类型		
	达成目标	提高目标	体验目标
认知领域	知识、理解……	逻辑思维能力、创造性……	发现……
情意领域	兴趣、关心……	态度、价值观……	交往、感动……
动作技能领域	技能、技术……	熟练……	技术性完成……

可以明显地看到,梶田叡一将一开始为人们所排斥的、被认为是"到达目标"对立面的"方向目标"纳入了评价体系,使对儿童的评价开始向更加全面、完整与科学的方向发展。对这种能使儿童每一个方面都能得到发展的教育,梶田叡一称为"修得主义教育"。

坂元忠芳、梶田叡一等研究者的工作为"成绩单改革运动"注入了新的理论活力,有关"到达目标"与"到达度评价"的实践在日本蓬勃开展。1980 年,日本对"各学科学习记录"进行大幅修改,在小学以三年级为节点,分别施行"3 分段评定"与"5 分段评定";删去"具体意见栏",改设"到达度学习状况栏",将"备考栏"改为"所见栏",以记录教师对学生的表现等情况的所见,各级教育委员会与学校积极响应这次改革,制定了具体的到达目标和评价标准,标准的统一使教师的评价有据可依,标准的灵活性又赋予教师面对实际情况灵活变通的权利。这既是日本在"到达目标"与"到达度评价"方面的重大改革,也为现代日本教育评价的改革吹响了"先锋号"。

5. "指导要录"的修订与"基于目标的评价"——现代日本教育评价改革期

2001 年,以"指导要录"的再次修订为标志,日本的学校从"相对评价"时代进入了"基于目标的评价"时代。修订后的指导要录主要强调以下几点。

一是重视"基于目标的评价",要对学生的潜力、优势与进步作出积极评价,并列出了四种对学生进行评价的不同视角,分别是"兴趣、动机与态度""思考与判断""技能和表达""知识和理解力"。教师可以根据不同的学科目标选择不同的视角,而每一个视角都有不同的设定目标。

二是强调要将评价的结果应用于教学。评价不仅仅是用于考核筛选,更重要的是应用于改进以后的教学。这样的过程并非一次性的,而是循环往复的,要不断利用评价结果对教学进行改进，以促进教学质量的提升。这也是日本在教育评价改革方面的重大突破，将以往只注重对学生学习结果的评价改变为"以结果促质量"的评价。

三是在小学三年级以上实施"三级评价"，即以各科目标为依据，对学生的目标达成度进行综合评价，其结果以 3、2、1 来表示，对应"满意""一般满意"以及"需要努力"三个程度；而在中学施行"五级评价"，同样以数字来表示学生的目标达成度，在"满意"项的基础上增设"特别满意"项，在"需要努力"项下设"需要更多努力"项。

除了重视对学生学力情况的评价外，这一时期的日本也开始重视对教师和校长作出成果(业绩)评价，开始构筑能够让教师的积极性得到回报的评价体制。有学者认为，要将教师评价作为教育评价的一环并能切实进行应用，需要具备以下四个基本条件。

第一，必须保障评价的透明性、公开性与客观性。

第二，教师需要了解当下所进行的评价的详细内容及评价的依据的权利。

第三，教师对不合理的评价保有申诉的权利。

第四，当决定实施与教师工资多少有关的评价制度时，应先与相关的教师组织进行协议和协商。

"基于目标的评价"时代也可以说不再以单一的"相对评价"或"绝对评价"进行评价的时代，评价的方式伴随着不同法令规章对目标规定的多样开始互相融合。以日本 2003 年在"PISA"评估中的表现不佳为例，2003 年评估结果的"学生阅读素养"成绩的大幅下降促使日本反思当下"学力低下倾向"，并向中小学颁布了《提高阅读能力的教学指导资料》，并提出将教育的目标调整为培养"PISA 型阅读能力"。这可以很明显地看出，日本已经开始将目光放在与其他国家的比较或国际性组织对学习应具备的能力的要求上。

第四节 教育评价实施的基本准则

教育评价标准是教育评价活动中的标尺，任何参与评价的人都应依据这把标尺进行活动。因此，其设定必须具有科学性、明确性、可行性、全面性以及评价方法中量与质的并行性。

教育评价实施的基本准则

一、评价标准的科学性

一是符合规律性。马克思主义哲学认为，世界上的万事万物都有其自身的规律性，且这种规律性是客观存在的，是不以人的意志为转移的。人们应该在认识、遵循与把握规律的基础上进行实践活动。学前教育评价标准的制定也不例外。标准的制定首先要使所制定的标准符合儿童发展的客观规律，既不要眼高手低，要求儿童表现出与其年龄不相符的发展水平，否则可能会揠苗助长；也不应畏缩不前，对儿童设置过低的期望或要求，以免使儿童缺乏向标准看齐或超越标准的内驱力。其次要尽量遵循社会发展的客观规律，与时俱进地对评价标准进行恰当的修订，使标准符合当前社会的基本情况。同时，也可以在对社会未来一段时间可能达到的发展水平进行合理预测的基础上，制定一些略高于当前社会基本情况的标准，以保障评价标准不致落后于时代与观念的发展。

二是客观性。评价标准的制定工作不能闭门造车，不能只依赖于制定者的主观意愿，而是应当寻求客观的依据、其他标准或先进经验。比如，以教育部颁布的《3—6岁儿童学习与发展指南》作为客观依据进行幼儿发展情况评价标准的制定，或对他国较为先进的标准进行研究，而后尝试对这些标准进行符合我国国情的改进。

三是一致性。所谓一致性，首先是指在制定评价标准时，应当与国家所制定的具有权威性和一般性的"标准总则"一类的文件保持一致，对文件中所陈述的概括性的标准可根据实际情况做适当的延伸；其次是评价标准中的具体内容要与评价的对象相一致，比如，若要评价托幼机构的室外环境，就不应出现"通风状况"一类用以评价室内环境的标准。

二、评价目标的明确性

目标是评价活动的指南针。在任何评价计划制订前，都要明确该评价究竟是为了什么而进行的。评价目标的明确对评价活动的各方面都有一定的帮助。

比如，在评价开始前方法的选择上，若以筛选为评价目标，则较好的评价方法就是其结果能够进行排序的量化评价法，如纸笔测验；而若以了解幼儿在某一时间段内发展情况的变化为评价目标，则可以采用观察、记录等质性评价方法。在评价程序实施的过程中，明确的目标也能够发挥"掌舵"的作用，即评价活动进行中的各个程序都严格按照目标所指向的特定方向行进，若有偏差，也可以及时纠正。评价活动结束后的报告撰写与分享时，明确的目标也可以决定这份报告的呈现形式是描述性的还是概括性的，以及决定哪些人享有这份报告的知情权。比如，幼儿园内部进行自我评价，则对评价报告有知情权的除了幼儿园内部的工作者外，还可能包括家长，而如果政府开展的对区域内幼儿园的质量评比，则这份报告的公开程度就更高。

三、评价方案的可行性

所谓可行性，是指评价者在选择评价方案时应当参照评价目标、评价对象等多个方面。以下文详细阐述的"多彩光谱评价方案"为例，该方案要求教师创设特定活动，以为幼儿提供充足且公平的、用以展现个人发展中强项领域的环境。该方案重点着眼于儿童在不同智能领域的发展状况，可以用于对幼儿发展情况的评价。但其活动的创设可能与托幼机构的设置或现有的课程不协调，因此不适用于对托幼机构课程质量的评价。即，该评价方案若用于对幼儿在各智能领域的发展情况进行评价则具有可行性；若用于对课程质量等其他方面的评价，则不具有可行性。再如，若对幼儿进行评价，则不宜选择包含纸笔测验的活动，因为这对幼儿来说枯燥且难度较高；若想对家长进行访谈，则不宜选择包含需要反复询问且耗时较长的项目的评价方案。

四、评价信息收集的全面性

不管是采用质性评价方法还是量化评价方法，信息的收集都应广泛、全面且深刻，不能偏听偏信。不能仅选取一个或几个样本进行调查后就得出一般性的评价结果，且调查样本的选取要合理。比如，在对教师课程质量进行评价时，资料的收集对象不应仅局限于与该课程相关的某个团体中的一个或几个人。如果只选取对该课程感兴趣或特别喜欢担任授课的教师的学生，则其结果会有偏差。比较全面的资料收集方法是，对与该评价内容相关的团体按一定的标准进行抽样并合理搭配，如在学生中按成绩高低进行抽样，在教师中按对该门课程的了解程度进行抽样等。

除了调查的对象要全面外，为信息收集所设置的问题也应具有一定的深度，不能全篇都只用"是"与"否"这样的字眼要求被调查者进行作答。应设置一些能够反映被调查者真实想法的题目，如"请列举你认为该课程中比较突出或优异的方面"等，以增强调查结果的可信性和有效性，确保被调查对象经过思考作答。此外，除了收集直观性的资料外，还应深度挖掘一些能够侧面佐证评价对象状况的资料，如对某课程感兴趣、有继续学习意愿的学生占比较高，这也可视为课程质量较高的佐证。

五、评价方法中量与质的并行性

从教育测验的出现到教育评价起步后的很长一段时间里，量化评价与质性评价都被看作"水火不容"的两种评价方法。主张用量化方法进行评价的人认为，该评价方法可以不受评价者的主观影响，评价结果具有很强的客观性与科学性，是进行公正评价的理想选择；而持"应使用质性评价方法"观点的研究者认为，量化评价所得出的只是一系列冰冷的数字，其结果只能反映等第上的差异，不能反映造成这种差异的过程。相比之下，质性评价方法则可以全程跟踪，通过访谈、观察等方法了解导致某种评价结果的真实原因，这为评价对象的改进与提升指明了关键问题。

相对而言，量化评价与质性评价并非"敌对"关系，而是被多数研究者认同的"并行"和"结合"的关系。笔者认为，量化评价的作用是以客观、公正的结果来平衡质性评价可能过于主观的方面，当评价结果受到评价者主观因素影响较多、失之偏颇时，使用量化方法所收集到的数据就可以提供一种客观的依据，使评价结果重新向公正的方向倾斜；而质性评价则是对量化评价所得数据的补充，通过质性评价，可以看到数字背后所隐藏的真实原因，并判断导致这种结果的关键问题，为政策和计划的制定提供应关注的重点及应改进的方向。两种方法的结合有助于使评价结果的主观性与客观性相结合，使教育评价既能够提供简明的、概括性的发展情况报告，又能对报告中的现状予以补充说明，从而提升教育评价的水平与质量。

第五节 典型的教育评价模式

国外学者对教育评价模式进行了较为系统的研究，不同的评价模式有其特定的环境基础。这些不同的教育评价模式对我国学者如何根据我国国情提出适合我国的学前教育评价模式具有很好的借鉴和启示作用。本节在借鉴广大学者已有研究的基础上，主要对国外几种各具特色的教育评价模式及我国在此基础上提出的评价模式进行了梳理。

一、行为目标模式

"行为目标模式"又称"目标模式",由"教育评价之父"泰勒在"八年研究"以及其他调查研究工作后正式提出。这是一种以"课程科学化"与"实用主义哲学观"为理论基础的模式,是泰勒原理的重要组成部分之一,而泰勒原理中的另一构成——"课程编制原理"与之相辅相成。

20世纪初,一场以"自然科学技术作为整个哲学的基础,并相信它能解决一切问题"为核心观点的唯科学主义浪潮席卷美国,教育领域自然也受到了这股浪潮的冲击,引发了课程编制的科学化运动。以美国芝加哥大学教育学教授约翰·富兰克林·博比特(John Franklin Bobbitt)与查特斯(W. W. Charters)为首的学者纷纷开启了科学化课程编制的研究。在1918年出版的《课程》一书中,博比特提出了五条课程编制的程序,将确定人类活动的基本单位作为课程编制的首要步骤,将"提出目标"与"选择目标"置于课程编制的过程中,并于1924年在《怎样编制课程》一书中将人类活动分为10个经验领域与800多个目标。而查特斯则将"能预见结果的目标"称为理想,并将经过仔细斟酌和慎重考虑的理想作为行动准则。

与课程科学化几乎在同一时期发源的思想还有"实用主义哲学观"与"行为主义心理学"。前者根植于生物进化论,以"人类一切活动的最终目的就是获得有意义的效果和实际的利益"为主要思想,致力于"理性主义"与"经验主义"之间开辟新的道路;而后者则是由美国心理学家约翰·华生(John Broadus Watson)创始的,主张将心理学的研究对象由意识转向人的行为,将心理学的研究方法由早期的"内省法"(要求被试者将自己的心理活动生成报告,通过分析该报告得出某种结论的研究方法)转向观察法与实验法。该心理学研究流派下又包含斯金纳的"操作性条件反射理论"在内的诸多著名理论。

在对课程科学化的研究成果进行批判与继承的基础上,以实用主义哲学为依据,加之行为主义心理学的催化,泰勒原理逐渐孕育成形。

1929年,为了解决美国大学出现的由学校课程与实际社会需求严重脱节导致的"中途退学"现象,应俄亥俄州立大学研究所所长查特斯之邀,泰勒进入研究所的成绩测验室主持研究工作,试图以测验、测量为手段与任课教师一起对大学本科生物课程进行改善。评价的一般操作程序如下。

➢ 明确教育计划中的目标。
➢ 根据行为和内容对每一个目标进行解读。
➢ 确定目标的使用情境。
➢ 对呈现情境的方式进行设计。
➢ 对如何获取记录做出规划。
➢ 确定评定时的记分单位。
➢ 设计获取代表性样本的手段。

初步形成的评价原理在后续的"八年研究"中成为指导性原理。在"八年研究"中,为了检测"进步主义"的教育观点在教学中的效果,以泰勒为领导的团队将学生分为1475个测试组,进行了200多种标准化测验。研究结果表明,"进步学校"的学生在思维能力等多个方面的成就都远超"传统学校"的学生。这一研究不仅对美国中学课程改革以及大学入学要求产生了深远影响,也使泰勒在实践的过程中通过设计与实施评价方案完善了自己关于评价与课程编制方面的理论,促使泰勒原理日臻完善。"八年研究"后,泰勒与他人一同将研究成果编撰成"划时代的教育评价宣言"——《史密斯—泰勒报告》并在报告中第一次明确地提出"教育评价"一词,将评价与测验做出正式区分。1949年,泰勒又编著了《课程与教学的基本原理》(Basic Principles of Curriculum and Instruction)一书,开宗明义地提出了课程编制的四个基本问题。

> 学校应该达到哪些教育目标?
> 提供哪些教育经验才能实现这些目标?
> 怎样才能有效地组织这些教育经验?
> 我们怎样才能确定这些目标正在实现?

围绕这四个问题,泰勒将课程编制的四个步骤确定为"明确教育目标""选择教育经验""组织教育经验""评价教育计划"。至此形成了完整的泰勒原理。之所以将泰勒原理中的评价模式称为"行为目标模式",是因为该原理以教育目标为核心和标准,以学生实际行为的变化(实际教育活动中达到目标的程度)作为事实依据,泰勒将"目标"看作上位概念,认为若对目标直接进行评价,则难以达到精准,但如果将"目标"分解为"行为"这一下位概念并进行评价,则易使评价达到精细与具体的程度(见图1-3)。

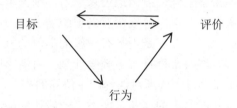

图1-3 "行为目标模式"

泰勒原理首次将评价引入课程编制的过程,体现了教育目标、课程编制与评价之间的紧密联系,为教育评价的进一步发展与深化奠定了坚实的基础。但"行为目标模式"只关注了预期目标的达成度,却忽略了教学过程中所生成的一些"非预期性目标",也忽视了对目标本身可行性、合理性与科学性的评价;它只关注结果而忽视了过程;目标由管理者制定,具有统一性,用这种统一性的目标来评价学生的行为,可能成为对学生自由发展的束缚,忽视了学生的多样性需求,因而后期受到了诸多批判与质疑。

二、诊断性评价、形成性评价与总结性评价

泰勒所提出的"行为目标模式"评价的重点是所取得的结果,因而通常在教育活动结束后实施,只具有评价目标达成度的作用,而不注重学生的初始学习能力状况及发展。因此,在对"行为目标模式"进行反思和批判性继承的基础上,布鲁姆创造性地提出了贯穿教学过程的诊断性评价、形成性评价与终结性评价。

(一)诊断性评价

诊断性评价是一种可以在学生入学第一年(学期开始)或课程开始前使用的评价模式,用

于评估学生已有的学习能力、生活经验等。布鲁姆认为，学生在一门课程的学习中出现明显的行为与结果差异的重要原因是学生初始经历的不同。如果只用一成不变的教学计划去教授情况多样的学生，会导致这种差异性的不断扩大。因此，需要在一开始就依靠诊断性评价来了解学生的背景。在学生入学第一年或学期开始进行的诊断性评价不仅有助于根据学生的不同学习能力进行班级划分，也有助于为学生制订长期的指导计划。而在课程开始前的诊断性评价则是通过评估，将学生在该门课程的学习能力、已有的必要学习等方面的不足反馈给教师，教师再根据这些反馈对教学计划进行修订和改善。对学生背景的评估主要包括以下三个方面。

  首先，对"已有的必要学习"的评估，即对一项学习中必须应用到的知识与技能的掌握情况的评估。布鲁姆认为，学生对一项学习中所必要的知识与技能的掌握情况直接关系到他在未来学习中的难易程度，以及是否能达到课程所规定的学习目标。值得注意的是，能作为诊断性评价结果提供给教师的除了学年或课程开始前的测试外，还有学生前一学年该学科的考试成绩。但成绩只能代表在某一教学过程中学生在部分内容上所达到的水平，反映的是学生在前一段教学过程中部分知识与技能的掌握情况，因而只能作为预测学生这一学年的学习速度和可能达到的水平的参考。

  其次，对学生"现有情感状态"的调查，主要包括学生对学科的兴趣、对自身的认识以及对学习的态度等。布鲁姆认为，在学生学习结果差异的原因中，至少有25%是学生情感上的差异。显而易见，如果学生满怀憧憬地进入学习，则在学习速度、知识掌握的程度等方面都优于对学习感到厌烦、对该门课程没有兴趣的学生。因此，在学期开始或课程开始前，教师应对学生现有的学习态度、是否具有积极的学习动机、对自己各方面的认识等进行细致的调查，并根据调查结果，修订改善教学计划，将情感因素纳入考虑范围，使原本没有学习兴趣的学生也能在学习中逐渐对课程产生浓厚的兴趣，帮助学生减少差异。

  最后，对学生"一般认知能力"的诊断。所谓"一般认知能力"，是指学生在阅读、思维、想象、记忆等方面的能力。这些能力对学生学习某一知识技能的所需时间以及最终能达到的程度有着直接的影响。因此，在学期开始或课程开始前对"一般认知能力"的诊断有助于教师更加直观地了解学生的情况，更加合理地对学生现有能力所能达到的程度进行预测，并对教学计划做出有价值的改进，以弥补由于"一般认知能力"不同所造成的差异。

  诊断性评价有助于教师在班级授课制的统一教学中发现学生的差异，从而针对情况特殊的学生制订除统一教学计划外的符合学生特点的计划，因材施教，真正在教学中实现"为了每一个学生的发展"。另外，学期开始就把握学生的多样化差异并将学生进行科学合理的分层，以防在教学过程中才发现学生之间逐渐扩大的差异而无法弥补。

(二)形成性评价

  严格意义上来说，"形成性评价"的概念最早是由目标游离模式的创始人、美国的评价学专家斯克里文于1967年在其著作《评价方法论》中提出的。斯克里文指出，若评价要显示形成性的过程，就必须通过反馈来反映评价对象之前的状况与所设立的目标之间的差距，以及为达到目标所用的方法。由此，"反馈"成为形成性评价的重要特征，即评价的目的并不是区分评价对象的优劣或对评价对象进行筛选，而是为了了解正在进行的教育活动的状况并及时做出调整。

1969年，布鲁姆将"形成性评价"一词引入教学评价中。他认为，传统的在学期结束后的测验只能对学生的学习结果做出评判，对学生进行排序、甄别，缺乏及时反馈的功能。而应用在教学过程中的"形成性评价"所具有的"反馈"与"矫正"两大功能则弥补了这一缺陷。"反馈"是指教师可以通过课堂上的口头提问、随堂测验或者在一单元结束后进行重复性单元测验来获取有关学生学习情况过程的信息。通过这样的方式，教师可以及时了解学生对教学目标的达成度等方面的情况，对教学计划中不符合学生发展情况的部分进行改善、对差异明显的学生给予"个别辅导"，学生也可通过所得到的有关自身情况的信息进行自我反思并改进，"矫正"的过程也随之发生。

与诊断性评价和总结性评价相比，形成性评价能够在教学过程中随时随地地使用，将学生的发展情况细化到一节课堂上，通过口头问答等简便、易行的方式将信息反馈给教师，有助于教师掌握动态性的学生状况并在教学过程中生成对学生情况的了解，避免了"一考定成绩、分数定层次"的忽视学生发展的不合理评价方式。但与此同时，形成性评价也是一种实施条件较为严格的评价方式。首先，其对教师敏感度与应变能力要求较高，尤其是在使用"口头评价"时，教师需要根据学生的回答做出有效的判断以获取信息，然后灵活地调整教学计划，如"换一种提问方式""将该问题再做强调"等；其次，形成性评价的题目设置也应当合理适中，口头回答时不宜选用答案较长或不易叙述的问题，纸笔测验所选用的问题也要考虑知识点的全面性等问题。

(三)总结性评价

总结性评价，又称终结性评价，是斯克里文在提出"形成性评价"这一概念时一并提出的。它是一种在单元结束、学期或学年结束时进行的评价，与形成性评价将学生的发展情况细分到每一堂课不同，总结性评价所展示的是学生较长一段时间内的学习状况。通过总结性评价来获得的反馈信息，第一，教师可以系统性地掌握学生学习能力方面的变化，了解学生经过一段时间学习后所取得的成就，并反思自己应用某一教学计划的得失；第二，教师可以通过总结性评价确定学生在班级中的相对位置，更直观地看到学生在统一教学计划和进度过程中的差异；第三，在实施总结性评价后，教师可以从学生的成绩中提炼信息，与诊断性评价、形成性评价所得到的信息进行比较，清晰地看到学生在学期末与学期开始时、学期中的各方面的能力发展状况；第四，总结性评价的结果可以作为下一学年开始时诊断性评价的依据，以学生前一学年的学习速度合理预测该学年可能达到的学习水平。

实施总结性评价最常用的方式就是纸笔测验。布鲁姆指出，总结性评价对于确定学生的相对位置、进行教学计划调整等关乎教学质量与学生发展的重要方面具有不可忽视的意义。因此，为总结性评价所设计的题目应注重其有效性、可信性和合理性。在编选题目时，首先应考虑要测量的是学生哪一方面的能力，然后选出与测量该能力或水平相应的试题编入试卷中。例如，要评价学生的计算能力，却选择了几何图形类的题目，这种做法显然是无效的。其次，要注意所选试题的可信性，如果学生在总结性评价的表现与之前的能力水平相差悬殊，则应考虑试题是否具有可信性。布鲁姆认为，保障可信性的方法有两种：一是在不同的情境下使用同一试题来检测相同的学生，以防学生因外部环境影响而成绩不佳；二是在相同知识领域内连续使用性质相同但具体问题不同的内容，以检验学生是否真正掌握知识，而非仅靠死记硬背获得高分。最后，试题应具有合理性，即在大纲等标准规定的范围内对学生进行考查，不能选择超出某一学习阶段所讲授的内容或与学生发展水平不相适应的题目。

测验后，教师需按一定标准对学生成绩进行排名并提取有价值信息。标准的设置应具有一致性和科学性。一致性指对所有的学生都一视同仁，不应因学生平时表现而酌情给分或带有教师个人主观色彩的评价；科学性指评价标准不应超过学生的平均发展水平，例如，以对六年级学生的标准要求三年级学生显然是不符合学生发展规律的，是不科学的。

诊断性评价、形成性评价与总结性评价之间的关系密不可分，它们是同一评价过程的有机联系的不同阶段。诊断性评价常以上一阶段的形成性评价与总结性评价所反馈的信息为依据，形成性评价在教学过程中进行，以诊断性评价为参照，来衡量学生于开始时各方面发展变化，而处于阶段学习后的总结性评价则以前两者为参考，对学生一阶段学习后所达到的水平、学习速度进行评价，并据此调整下一学年的教学计划。三种评价的结合形成了一个完整的、可在教学过程中循环的评价体系，避免了单独使用某一种评价造成的误判，一定程度上保障了评价的科学性与客观性。时至今日，三者结合使用的评价模式已在学校中得到广泛使用。

三、应答评价模式

应答评价模式，亦称响应式评价模式、当事人中心模式。1967年，美国教育评价专家斯塔弗尔比姆在调查研究中注意到，当下学校所流行的或者评价者经常使用的评价模式具有以下几个问题：一是评价方法的偏颇，教师不了解评价的全部内容，使对教育计划本质有着不同价值观的教育者很少能够客观地看待自己的课程；二是非正式性的评价(对日常偶然观察得到的信息所做的主观判断)的质量参差不齐，评价不够客观、合理；三是由于评价组缺乏专业的培训与经验，在评价过程中所使用的检查表含糊不清，检查表等工具所反映的只是管理者想观察的而非真实教学过程中所存在的问题；四是心理测验过分重视将学生进行甄别、筛选的功能，而忽视了更需要进行评价的教学对知识理解和技能掌握的有效程度。种种问题导致使用检查表等方法的正式评价无法就教师所问给予适当的回答，但评价更多的是为了批评而不是为了改进，也不能对教师提升教学质量有所帮助，由此引发利益相关者对评价的不满。以此为背景，斯塔弗尔比姆提出全新的评价模式，该模式中的评价者应当能够在评价时考虑到评价活动中不同利益相关方的价值立场，对这些多样性的价值观做出描述和协调而非强求一致，对方案质量的审查应该由评价者以外的人来进行，这就是教育评价的应答模式。后来以库巴和林肯为首的研究者对这一理论进行深化研究，几经发展，最终成为第四代评价理论的理论基础之一。斯塔克将应答评价模式的重要方面简化为图1-4。

与传统的教育评价模式不同，应答评价模式下的教育评价更关注的是实际的教育问题。评价者会利用直接观察或间接观察的方法了解方案的参与情况，允许与评价活动利益相关的群体站在自己的立场上看待问题，并保持多元的价值观，而非以某一单一群体或评价者个人的价值标准作为评价依据。同时，关注评价受众对信息的需求以及报告所采用的形式。

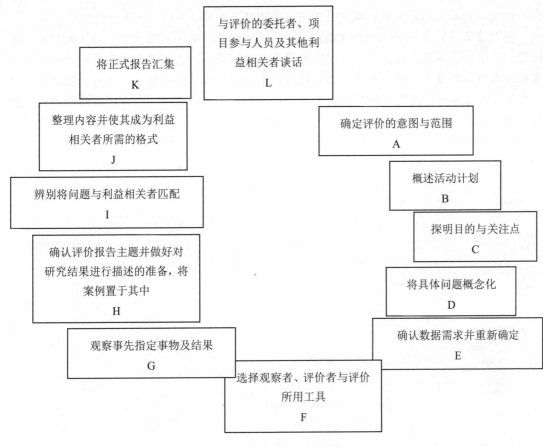

图 1-4 应答评价模式的重要方面

为了保障多元价值观，在使用应答评价模式进行教育评价时，多采用观察法、访谈法等质性评价方法。但斯塔弗尔比姆并不绝对地以应答评价模式为最优的评价模式，他认为应答评价模式与其他评价模式一样具有适用范围。比如，评价仅是为了证明而非为了理解、改进时，就没有必要采用应答评价模式进行评价。同时斯塔弗尔比姆并不排斥在使用质性方法时加入量化的内容，这在一定程度上对质性研究与量化研究的结合起到了积极的促进作用。

然而，这种自然的、更关注人文的模式也有其显著的缺点。为了协调评价中的多元价值观，评价者往往需要不断地进行访谈、观察，需要付出大量的时间与精力。与此同时，与其他模式相比，应答评价模式对于评价者在敏锐度、信息提取能力、协调能力等诸多方面都有较高的要求，一旦评价者缺乏某方面的能力，则容易导致评价的效果大打折扣。

1. 什么是教育评价？
2. 教育评价实施的基本准则是什么？请简要概括。

3. 尝试比较几种教育评价模式的异同，并探究其渊源。

4. 过去几年，我国幼儿园的主题活动中，大多数教师认为应注重幼儿的技能获取，如评价一个老师上课是否优秀，是看学生掌握了什么技能。现在，不少教师更倾向于培养学生的想象力和创造力。也有老师认为，评价一个活动不能太注重结果，要看在整个活动中学生是否积极参与，是否轻松愉快。而有的老师则认为，应设计一个合理的活动方案，教师只要按照活动方案组织教学活动，达成目标即可。

请选择一种评价模式，制定一份幼儿园主题活动的评价方案。

第二章　学前教育评价的基本问题

本章学习目标

- 明确学前教育评价的内涵，能清楚界定学前教育评价是什么。
- 了解国内外学前教育评价的历史沿革和发展趋势。
- 了解学前教育评价对提升学前教育质量的重要意义。

重点与难点

- 清楚界定学前教育评价的内涵，明确学前教育评价的范围。
- 从学前教育发展的历史沿革中获得启发。
- 了解几种典型的学前教育评价方案，并初步学会如何应用它们。

离园前的谈话

教师在离园前让幼儿进行自我评价。然然说："我今天没有在活动室里乱跑。"妍妍说："对，他今天真的没有乱跑，可以得到一朵小红花。"小凡说："我今天吃完饭记得漱口了。"妍妍说："饭后漱口是好习惯，也可以得到一朵小红花。"琪琪说："我今天给硕硕擦眼泪了。"乐乐说："我今天帮老师扔垃圾了。"其他幼儿说："这些事情都是很不错的表现，都可以得到小红花。"

（资料来源：张倩. 中班幼儿自我评价的实践与教师指导策略[J]. 山西教育(幼教)，2023(5): 51-53.）

这是在教师引导下的幼儿自主评价。虽然这个年龄段的幼儿自主评价具有表面性，但在教师的引导下，幼儿自我评价的内容会逐渐丰富，大部分幼儿都愿意主动参与评价活动。因此，在本章的内容中，我们可以了解学前教育评价的主体不仅限于教师，也包括幼儿和其他群体，同时还可以了解到更多类型的评价方式。

第一节　学前教育评价的概念、范围与类型

评价是依据一定的标准，通过多种方法收集的丰富资料和证据，对其进行定量或定性描述，以对被评价对象做出价值判断的过程。可以将评价简单地描述为一种价值判断的过程。由此，可以首先对学前教育评价进行简单的定义，即学前教育评价是对学前教育活动

的各个方面进行科学的价值判断的过程。

一、学前教育评价的概念

学前教育评价的
概念、范围与类型

要清楚辨析学前教育评价的内涵，仅采用上述描述显然有些不足，并不足以将学前教育评价所独有的特质进行清晰的表述，以与其他评价活动区分开来，也不能帮助人们清晰且直观地了解学前教育评价究竟是对学前教育的哪些方面进行评价，由此可能引发关于某些评价活动是否属于学前教育评价范围的争议。因此，了解学前教育评价还需从其特质与对象进行详细阐述。需要明确的是，作为教育评价的一部分，学前教育评价的概念与教育评价一样，是随着评价对象的丰富、评价方法的多样性以及社会对评价需求的增长从测量开始不断发展变化的。例如，早期的学前教育评价仅仅是一种对学生智力年龄进行检测的方法，而对幼儿园的环境质量、学前教育课程等学前教育活动的其他要素和内容则没有给予关注。在这一时期，学前教育评价的概念尚未形成，自然也就无法作为一种价值判断存在。这种情况一直持续到"教育评价"被正式提出并进入"判断时代"后才有所改变，学前教育评价至此才成为一种价值判断，但其概念和内涵仍随着研究的深入而不断改进，例如，霍力岩曾将学前教育评价界定为"学前教育评价是对学前教育的社会价值做出判断的过程，它以学前教育为对象，对其效用给予价值上的判断"。随着《幼儿园教育指导纲要(试行)》[以下简称《纲要》(试行)]的发布，学前教育评价的地位提升为"幼儿园工作的重要组成部分"，对其界定也随之丰富起来。王坚红在其著作中对学前教育评价做出了如下阐述："学前教育评价是学前教育体系的重要组成部分，是对学前教育活动相关的各个方面和各种问题进行系统的检测和科学的价值判断的过程。作为对前者的补充，王坚红又明确指出，学前教育评价是一种有目的的活动，其目的在于评价这种活动是否能够满足幼儿、家长与社会的需求、是否产生适宜的效果等多方面在于评价。

虽然学前教育评价的概念与内涵随着研究的深入和所需回答的问题的增加而不断发展，但应当注意的是，无论其评价的对象如何多、评价范围如何广、评价标准如何变化，归根结底，学前教育评价都是一种针对学前教育活动的各个方面所做出的科学的价值判断，这是始终不能改变的。

除此以外，尽管人们对学前教育质量的关注度不断提升，出现了对学前教育活动中各方面进行细致入微的评价的情况，但是笔者认为，其评价对象最终都无法脱离参与学前教育活动的主体和学前教育活动中可人为改善的客体，前者是指教师、学生、家长等具有主观能动性的参与者，后者则是指能够影响学前教育质量的外在环境，如设施的先进程度、卫生状况、课程内容等诸多因素。

由此，我们可以将学前教育评价界定为：学前教育评价是学前教育活动的重要组成部分，是依据适宜的、符合社会要求的价值标准，对参与学前教育活动具有主观能动性的主体和可人为改善的客体的表现与状况进行系统的、科学的资料收集与处理，最终做出科学的价值判断的过程。其活动的目的在于提供翔实的报告，以求对影响学前教育质量的各个方面做出改善，而非仅仅为了描述或对现状进行批评。

二、学前教育评价的范围

学前教育评价的结果是对托幼机构教育质量进行监测和提升的重要依据,既可以在托幼机构内部进行自我评价,也可以由第三方专业机构或研究者进行外部评价。所谓托幼机构教育质量,指的是托幼机构的教育活动对幼儿身心发展需求的满足程度,二者之间存在正相关关系。与其他评价一样,学前教育评价也有其研究和应用的范围。尽管学前教育评价的范围会因评价对象的复杂性、动态性与多变性而不断变化,且根据不同标准有多种分类,但总体而言,其评价范围始终围绕参与学前教育活动的个体以及对学前教育有影响的物资或环境,并包含必须进行评价的主要内容。因此,我们按照霍力岩教授根据评价对象不同进行的分类方法,将学前教育评价的主要内容划分为以下三类。

一是对学前教育的对象,也是学前教育活动中最重要的部分——幼儿的评价。对幼儿身体、认知和心理发展的评价可以作为判断学前教育质量状况的重要依据。其评价内容可以依据加德纳提出的"多元智力理论"等,在幼儿期可以发展的能力来制定(见表2-1)。

表2-1 幼儿发展评价

项 目	内 容
身体发展	①大肌肉动作(灵活性、平衡力等);②小肌肉动作(手部协调与控制能力等);③自我保健(面对身体出现问题时的反应等);④生活能力(了解不同生活物品的作用等)
认知发展	①智力(观察力、注意力等);②数概念(给物说数等);③自然概念(对现实事物的认知能力);④语言能力(倾听,用语礼貌等)
社会发展	①品德行为(友爱、守纪律等);②情绪情感(道德感等);③交往能力(互助能力等);④个性特征(活泼、内向等)

在对幼儿进行评价时,需要注意其连续性,并据此进行长时间的观察、记录等工作,且尽量少用或不用纸笔测验的方式。单独对幼儿现有的某种能力进行评价,只能了解幼儿被评价时的能力状况,既不全面,也缺乏发展的眼光。因此,对每个幼儿的评价应在入园时就开始,并在今后的每一年中选取连续的时间段,对幼儿各方面应该发展的能力或合理期望中所提到的能力状况做出客观的评价。根据收集到的数据资料,按照一定的价值标准进行分析判断并与前一阶段的报告相比较,以真正了解幼儿的发展状况,并以此作为判断教育质量的重要依据。

二是对幼儿园工作的评价,主要包含对教师、办学条件、管理者等多方面的评价(见图2-1)。与以幼儿的发展情况为依据来评价某一幼儿园教学质量的方式相比,对幼儿园工作的评价是了解学前教育质量现状并对其做出改善的直观依据。幼儿一天中的多数活动发生在班级中,因此评价活动应多以班级为单位,将班级教养环境与教养活动作为重点,其中尤其应将教师和幼儿的行为作为评价的重点。

三是有关幼儿园教育的其他评价,除上述两方面外,与幼儿教育相关的内容都可以归入此类。包括对全国或某一行政区域内幼儿教育工作的总体评价、对幼儿教育改革计划的评价,或是明确学前教育评价的范围及其详细的内容。这有助于评价者在评价时明确自己的评价目标，并据此制定适宜的评价标准，避免发生评价标准与评价对象不符的情况、如用评价教师的标准去衡量保育员，或用对领导的要求来衡量管理工作，从而避免"张冠李戴"的错误。

幼儿园工作评价
- 幼儿园管理工作评价(工作计划、组织与管理制度)
- 班级教养工作评价(主要是教养活动与教养环境，如班级内的色彩搭配是否科学合理、教养活动是否符合儿童发展的需求)
- 幼儿园办学条件评价(桌椅是否适合幼儿使用、人员配备是否达标)
- 教师与保育队伍评价(教师是否尊重幼儿的人格，保育员能否配合教育教学工作并对体弱的幼儿给予恰当的帮助)
- 总务(后勤)工作评价(饭菜质量、卫生环境等)
- 科研状况研究(能否根据幼儿园的实际情况开展对提升幼儿园工作质量有帮助的专题研究)

图2-1 幼儿园工作评价

三、学前教育评价的类型

与其他评价一样，学前教育评价按不同的划分标准可以分为多种类型。常见的分类方式之一是依据评价主体，即谁是评价者来进行划分，这可以分为"自我评价"与"他人评价"两类，另一种分类方式是根据评价范围的广泛程度，则可以分为宏观评价、中观评价和微观评价等。本书主要按评价计划的严谨程度、评价的参照对象、评价的主体、评价范围的广泛程度对学前教育评价进行分类。

(一)按评价计划的严谨程度

按评价者评价前是否制订周密的评价计划、以及在评价中是否严格地按照评价计划进行，学前教育评价可以分为正式评价与非正式评价两类。

所谓正式评价，是指评价者在评价设计前，按一定原则设计出逻辑严谨的评价计划。该计划应包含以下几个方面。一是根据评价对象的情况，对评价问题进行合理的预设。所设计的问卷应遵循一定的设计准则，条理清晰，按照由简到繁的顺序，或是为了验证其有效性而环环相扣，且应使评价者能够清晰、直观地从回答中获取所需信息的科学问题；二是依据实际情况设计的顺序清晰、逻辑严谨的评价程序，例如，是否需要在评价开始前向被评价对象说明整个评价过程、是否需要在填写评价表前向评价对象解释评价表的内容，并允许评价对象对疑惑处提问等。程序设计好后，若无突发情况，就严格地按照程序执行；三是获取资料后，需对资料进行深入且细致的整理与分析，对资料的有效性和可信度进行合理评估，最终按一定的客观标准进行评价。这种评价采用的是被大多数人认可的、科学客观的评价标准，具有极强的研究性与参考价值，尤其适合作为向政策制定者提供建议的依据。

而非正式评价与正式评价截然不同，它可以是课堂上教师对幼儿的提问，通过此过程中了解幼儿的发展情况；也可以是园内领导与教师就某一主题进行的随意谈话，并从中获取对幼儿园发展有效的信息。这种评价可以发生在任何非特定的时间与地点，程序也不必严格遵循"问题设定→资料收集→资料整理与分析→价值判断→反馈并矫正"的流程。仅仅是为了用于寻找现存问题的一场口头上的并且无须记录的短暂交流。其价值判断的标准也可能仅基于评价者个人的价值观。在这种评价中，评价者的敏感度对是否能进行有效的资料收集起到至关重要的作用。由于这种评价严谨性较差、系统性较弱，非正式评价无法成为科学研究的主要依据，其评价范围只能是与幼儿园教育的某一方面，是一种局部性的评价。

(二)按评价的参照对象

评价的参照对象，即我们评价时所使用的参照物，以此为标准，可将学前教育评价划分为相对评价、绝对评价和个体内差异评价。

相对评价是指在一定的评价范围内，按一定的准则选取一个或几个对象作为参照物(或称基准)，将其他对象与参照物进行比较后，判断被评价对象在某一群体中的相对位置。相对评价的应用范围比较广泛，既可以是教师为了获取班级幼儿大肌肉动作的发展状况，以幼儿的平衡力作为主要依据，选取平衡力发展水平达到平均水平的幼儿为参照，将班级中的幼儿逐一与之对比，高于该水平的就称为大肌肉动作发展状况优良，低于该水平的则判定为大肌肉动作发展水平较差；也可以应用于不同幼儿园办园质量的评价。其优点是具有一定的激励和导向作用，让不同水平的评价对象都有努力的方向；缺点是这样的标准仅代表的是评价对象的相对位置，而不能作为判断评价对象本身状况的依据，如果参照基准选取不当，就会出现"鹤立鸡群"的状况，同时也极易造成不顾实际情况，只为排名靠前的不良竞争。

绝对评价所选取的参照物则是独立于评价范围之外的评价标准。这种标准并不以评价对象的状态为参考，也不是取评价对象集合中的平均数制定而成的，而是一个客观的、不以评价对象水平为转移的标准，所有评价对象都要与这个标准进行比较。以下是一个绝对评价的实际范例，即对幼儿园物质环境创设中室内空间的评价(见表 2-2)。由于绝对评价所使用的评价标准是能够为大多数人所接受的，因而很容易被评价的利益相关者理解，其所用量表的客观性也使得评价者能够公平、客观地对评价对象做出评价。与相对评价中被评价者之间以彼此为目标进行努力不同，在绝对评价中，被评价对象的努力目标是达到或超过评价标准。但是绝对评价中的评价标准也是人为制定的，如果对实际情况了解不够或者期望太高，就会出现绝对评价的评价标准不再客观，被评价对象由于与评价标准差距过大而心灰意冷，放弃向评价标准的努力，或急于求成，导致拔苗助长等情况。鉴于相对评价与绝对评价的优点可以互补，因此，当下比较推崇同时采用这两种评价方式，形成相对评价与绝对评价的合力。

个体内差异评价是以评价对象自身的状况为参照来判定其发展状况的一种评价，主要包含两个方面：一是对评价对象的某一能力在不同时段的状况进行记录并比较，如将幼儿入园时的语言能力进行测评，半学年过去后再对幼儿语言能力进行评价，如果能力有所提升，则可以判断幼儿有进步，也可以此作为评价幼儿园教学质量的依据；二是将评价对象的不同方面进行比较，了解评价对象哪些方面发展较好，哪些方面较薄弱，然后以薄弱项作为重点对象，制订有助于其改进的计划，并将其作为日后工作或教学的重点给予持续关注。个体内差异评价充分考虑个体之间的差异，与相对评价与绝对评价相比，对评价对象所施加的压力较小，但评价者可能因此忽视外界的发展状况，导致评价对象对自己的进步骄傲自满而停滞不前，甚至出现退步。

表2-2　幼儿园物质环境创设评价量表(室内空间)

等级 指标	不适宜 1	2	及格 3	4	一般 5	6	良好 7	8	优秀 9
大小	1.1 室内空间拥挤，不能保证每个幼儿有独立的座位		3.1 能保证每个幼儿有自己单独的座位		5.1 活动室使用面积符合国家规定(以《幼儿园建设标准》及《托儿所、幼儿园建筑规范》为依据)		7.1 去除家具设备、座位占据的空间后，儿童活动空间较充足，行走方便，不拥挤，活动互不干扰		9.1 去除家具设备、座位占据的空间后，方便幼儿和成人开展集体活动和小组的、个别的区域活动
通风照明温度隔音	1.2 室内采光不足；不通风		3.2 室内采光较好；通风		5.2 室内自然采光较好；空气新鲜		7.2 隔音条件良好，温度适宜		9.2 能够调节自然光线、户内通风状况和温度等
维护整修	1.3 房屋结构存在安全隐患		3.3 房屋结构与装修没有安全隐患		5.3 房间维护状态较好		7.2 装修适宜，符合健康标准和儿童活动需要		

(三)按评价的主体

按评价的主体可以将学前教育评价简单地划分为自我评价和他人评价两类。

顾名思义，自我评价就是以一定的标准对自己某一阶段的表现或某一方面的发展进行评价。这种评价的主体可以是幼儿园对其办学质量的内部测评，可以是国家根据研究结果对国内的幼儿园教育质量的总结，还可以是幼儿对自己的评价。这种评价相当于一种"内省"，多数时候是出于主观上想要反思的动机而进行的，因此在矫正方面具有积极性，且可以随时随地地进行，因此反馈与矫正都比较及时。但评价者自己就是被评价的对象，难免会缺乏一定的客观性，易出现对自身情况错误的认知与评价。与个体内差异评价类似，自我评价也无法进行横向比较。另外，需要注意的是，根据皮亚杰的认知发展阶段理论，幼儿园的儿童正处于前运算阶段，这一时期儿童的认知能力尚未健全，存在自我中心主义，缺乏层级类概念(无法意识到整体与部分的关系)等特点，对自己的认识不够清晰，因此这种自我评价很少应用于对幼儿发展情况的评价上。

他人评价，即由评价对象以外的人或机构进行，常见的如幼儿园领导与教师的互评、学前教师之间的互评、学前教师对儿童的评价、具有资质的第三方对幼儿园的建设状况进行评价等。与自我评价相比，他人评价的客观性相对较高，尤其是由与评价对象没有利益关系的第三方来进行评价时，其客观性就会更强。但他人评价往往需要耗费大量的人力、物力与财力，因此协调与组织工作也较为复杂。由于这种评价的时间与地点往往是固定的、有计划的，因而其反馈的速度就远不及自我评价及时。因此，他人评价也常常与自我评价结合使用，上一阶段的他人评价不仅可以成为本阶段反思与矫正的依据，也可以作为下一阶段自我评价时的参照物，使第二阶段的自我评价较上一阶段而言更加客观，因此，自我评价与他人评价的结合所进行的评价活动应该是一个非单一的、循环的过程。

(四)按评价范围的广泛程度

按评价范围的广泛程度进行分类，可以将评价分为宏观评价、中观评价与微观评价。

在学前教育评价的领域中，宏观评价是指以每个幼儿园作为一个单位、有多个单位参与的，通常以协调与组织能力较强的权威组织或机构，如国家与各级教育主管部门为评价者的，对大范围内有关幼儿园教育质量的问题开展全面性的评价，如对上一阶段全国性幼儿园工作计划的目标达成度的评价、对与幼儿园有关的某一改革方案落实情况的评价等。其为下一阶段政策与工作计划的制订提供切实的、充分的依据，以促进政策、计划与当前状况紧密贴合，避免做出过高或过低的评价。

中观评价的评价工作则主要发生在幼儿园内部，其评价对象以单个幼儿园为单位，可以对其现状从各个角度做全面的评价，也可单独对某一大类工作，如保健工作水平、办学条件等进行评价。如果按评价范围划分，这一类评价多发生在对幼儿园工作的评价之中。

微观评价则是指针对评价对象的某一侧面所进行的评价活动，如对幼儿园课程中的自由游戏环节的评价、对幼儿园发展计划的评价、对幼儿交往能力的评价等。

宏观评价可以帮助政策制定者与其他利益相关者了解幼儿园教育质量发展的整体状况，有助于不同区域内不同层次的幼儿园了解他园发展情况的同时明确自身的定位，为各地幼儿园的发展与工作规划也提供一定的参照标准；中观评价则可以更为细致地对某一幼儿园做出评价，有利于利益相关者如本园学生的家长了解自己所关心的情况；微观评价则具有较强的针对性，既能够帮助幼儿园分清工作中的轻重缓急并制订下一阶段的计划与目标，也可以帮助教师为幼儿量身打造教育计划，实现幼儿的均衡发展。

除了上述四种划分方法以外，还可以按评价方法将教育评价划分为质性评价与量性评价，按评价层次划分则可以分为分析评价、综合评价等。诸多标准与种类中难免会有相似的或交叉的部分，因此，评价者在评价时一定要先明确评价的范围，并据此采用不同种类的评价并配以合理的评价标准，只有使用适当的评价方式，才能使评价活动真正发挥效用。

第二节 学前教育评价历史回顾

学前教育评价的发展是教育评价发展的重要组成部分，因此其发展阶段与教育评价的诸多改革密切相关，也经历了从测量时代到科学综合评价时代的过程。

学前教育评价历史回顾

一、西方学前教育评价发展的历史回顾

(一)测量时代(1905年至20世纪50年代末)

1905年,法国心理学家比纳与其助手西蒙编制了世界上第一个智力量表,即比纳—西蒙智力量表,其中包含"3—7岁组儿童智力量表"。在这份量表中,比纳按照不同年龄阶段儿童的能力设定了难易程度不同的问题以及严格程度不同的判定标准。比如,对3岁儿童采取的是一种引导式的提问,如"指出身体部位"一题,测量者先问儿童:"你的鼻子在哪里?指给我看看。"若问题叙述三次以上儿童还未明白,则可故意指向儿童身体的其他部位,问儿童"这是你的鼻子吗?",若儿童给予否定的回答,则可再问"那么你的鼻子在哪里呢?",如此依法炮制,只要儿童指对三个部位就算通过;而到5岁时,"指出身体部位"的方式变成了"依据教师口令指出方位正确的身体部位",即要求儿童依次指出"右手、左眼、右耳",指错一个部位则全部重来,指对就改为相反方向的要求再指一次,三个全对才算通过,以测量儿童辨别方向的能力。由于比纳—西蒙智力量表中所包含的这一份专门针对学前儿童进行测量的项目,所以其也被认为是"学前教育测验之开端"。1916年,特曼修订的斯坦福—比纳智力量表中,引入了"智商"这一概念,而使学前儿童测验进入更加科学的时期。

尽管上述两种量表引发了人们对学前儿童智力水平的关注,但这两种量表都不是针对学前儿童专门制定的量表,真正将学前阶段的儿童作为独立对象进行测验的开端是1940年,美国耶鲁大学教授、双胞胎爬楼梯实验(详见拓展阅读)的实验者格塞尔(Gesell)与其同事合作编制的"格塞尔发展量表"(Gesell Developmental Schedules)。之所以将该量表称为"发展量表"而非"智力量表",是因为格塞尔在当中首次引入了"发展商数"(DQ)的概念,即发展商数等于测得的成熟年龄与实验年龄的百分比。在量表中,格塞尔把每个成熟阶段的行为模式作为智能诊断的依据,以数以万计的5岁前儿童发展常模的材料作为证据,划分出动作能、应物能、言语能和应人能四个方面的发展常模,具体解释如图2-2所示。

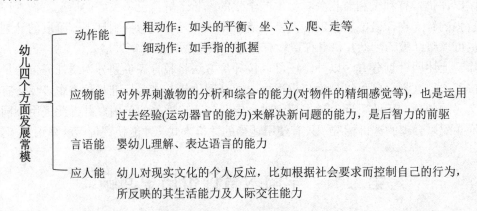

图2-2 幼儿四个方面发展常模

除此以外,格塞尔还通过对多个案例幼儿的观察,发现了幼儿发展过程中存在的"枢纽龄",即儿童在4周、16周、28周、40周、52周、18个月和36个月时,其行为会出现

一个质的飞跃,这些飞跃能够成为幼儿成长到达一个新阶段的佐证,表2-3为格塞尔"枢纽龄"检查量表节选。但应当注意的是,尽管格塞尔设置了"DQ不应低于65—75,否则就表示儿童在该方面能力有严重落后"这一规定,但只能应用于单个领域内对儿童发展程度的评判,其实儿童在每个方面所获得的发展商数代表的含义并不一致,因此不能简单地将四个方面能力所获发展商数进行简单粗暴的加总,并以最后的运算结果来解释儿童的发展水平。同时该量表只能作为评判标准之一而并非绝对标准,如果要想对儿童的测量更行之有效,应该通过家长谈话、儿童行为观察等方式所形成的连续的、及时的记录。

表2-3 格塞尔"枢纽龄"检查量表节选

姓名		年龄	生日	检查日期	编号	
项目		年龄				
		第16周		第28周		
动作能	粗动作	伏卧:举头达到第三度,持续不倒……		仰卧:举头,仿佛在挣扎坐起……		
	细动作	仰卧:自己玩弄手指,抓捏自己的头发和衣服……		方木:握住两块,并不把第二块立即放下……		
应物能		悬环:拿在手中,观察时间内紧抓不放约1分钟 悬环:婴儿见到方木等物件后双臂剧烈挥动……		悬环、方木:小儿一手握着的物件能传递到另一手,动作敏捷		
言语能		发音:大声笑……		发音:多音节的字母音咿呀时重复同样的字母音,此时婴儿连贯地发出不同字母音		
应人能		应人:拉坐时发音或微笑,好像对改变体位感兴趣				

在"格塞尔发展量表"思想("不能用总的智力商数来作为判定儿童发展状况的绝对依据")的影响下,一些早期的儿童测验纷纷问世。1931年,美国心理学家斯吐思曼编制出了成套的儿童智力测验量表——墨跋量表(Inkcolophon scale),量表含有包括大小和形状知觉测验在内的30余种分测验,以6个月为标准进行分组,覆盖18个月至6岁儿童;1933年,美国心理学家贝利(Bayley)编制了一份适用于婴儿初生到30个月的测试量表,即贝利婴儿发展量表,量表内含智力量表、运动量表以及社会行为记录表三个部分;1963年,美国著名精神心理学家韦克斯勒(Wechsler)编制了韦克斯勒学龄前儿童智力量表(Wechsler preschool and primary scale of intelligence,WPPSI),成为继比纳—西蒙智力量表之后又一个国际上常用的量表——韦氏量表(Wechsler Intelligence Scale)的重要组成部分。另外,还有由雷蒙德·卡特尔(Raymond Bernard Cattell)编纂的专门用于对2个月至30个月的婴儿进行测验的卡特尔婴儿智力测验量表、美国丹佛地区学者弗兰肯伯(Frankenburg)和道兹(Dodds)编制的一种仅用15分钟就可完成的简便测验工具——丹佛发展筛选测验(Denver developmental screeing test,DDST)等多个量表。

20世纪50年代末,世界发生了翻天覆地的变化,新技术革命促使社会对教育的要求不断提升,由此引发了新的教育改革。在这场改革中,学前教育逐渐为人们所重点关注,成为改革工作的重中之重。改革中,人们开始对以往教育评价体系中存在的问题提出质疑,尤其是过分关注儿童智力、片面追求智商测验的分数并将对儿童的教育紧紧围绕着智力测验的内容展开、忽视儿童其他方面能力的发展,学前教育评价开始受到人们的重视,标志着从测量时代向正式的评价时代转变。

(二)评价时代(20世纪50年代末至今)

评价时代的学前教育评价告别了之前以对幼儿进行智力测验为主的测量,摒弃了将幼儿的智力测验等同于学前教育评价的价值取向,开始逐步转向对学前教育的方方面面进行评价的阶段,这一时代又可按照其取向不同分为三个阶段。但应当注意的是,这三个阶段的发展并不是连续的,而是在发展中相互交织、融合的。

1. 第一阶段(自20世纪50年代末起)

20世纪50年代末,认识到学前教育评价重要性的各国纷纷投入大量的资金来制定多方政策以保障改革的顺利进行。比如,1965年,美国按照国会通过的一项法律,开始实施以联邦政府及州政府为主投入资金、由受过培训的教师对家庭条件不佳的儿童提供免费学前教育的"开端计划"(head start program),据统计,该计划为每一名计划内儿童投入3000美元左右的资金。伴随大量资金投入后是各国对投资收益,即改革效果进行衡量的迫切需求,随即进入了重视量化研究,将质量标准作为核心的评价阶段,在这一阶段,主要涌现了以了解学前教育改革状况为目的的"对学前教育投资的效益评价",将寻找适合儿童的教育模式作为目标的"对幼儿进行教育时所选用的教育模式的评价",为了制定托幼机构办学标准、提升托幼机构教育质量而进行的"托幼机构教育质量评价"三类评价。"对学前教育投资的效益评价"中比较典型的代表就是对美国的"开端计划"的评价。20世纪50—60年代,美国在一些学校调查中发现了一个严重的问题,即由于没有受到良好的早期教育,许多贫困家庭的幼儿在上小学时就已经输在了起跑线上。儿童从起点就已落后导致其学业成绩落后,对儿童心理尤其是自尊心也造成了伤害,乃至儿童成年后都受此影响。为了改变这一局面,美国联邦政府开始实施"开端计划",计划明确规定对家庭生活在贫困线以下的3—5岁儿童提供覆盖率至少为90%的社区教育服务,并对绝大多数的贫困家庭的幼儿实施免费的补偿教育。该项目是一项规模空前的早期儿童发展项目,自然也引发了美国联邦政府以及社会对该项目是否具有效用产生疑问,以此为契机,研究者开始就实施前、实施中、实施后处境不利儿童的地位是否有所提高、学业成绩、心理状态、费用投入与回报比例等问题展开系统的资料收集、整理与分析。研究结果表明,该项目对提升儿童成绩、解除起点较低造成的困境、促进教育公平与改善人群代际恶性循环而言具有相当的效用。

自1924年第一份《儿童权利宣言》(《日内瓦儿童权利宣言》)签署起,世界各国都开始对儿童的身心健康发展问题给予高度重视,如何在托幼机构中实施能够真正促进儿童全面发展、有利于培养身心健康又符合社会对幼儿培养要求的教育与课程模式逐渐引起人们的关注,也成为教育家研究的新热点,一批幼儿教育模式纷纷涌现,加之人们对"遗传决定论"的质疑与批判,对幼儿教育模式的优劣进行评价也被提上了研究的日程。比较典型的有美国幼儿教育课程专家大卫·韦克特(David Weikert)对直接教学模式、开放教学模式以及幼儿中心模式进行了长达十余年的比较，而路易斯·米勒(Louise Miller)则对贝雷特和英格曼(Beireiter and Englemann)的直接教学模式、苏珊·格里(Susan Gray)的直接教学模式、蒙台梭利(Montessori)模式和传统教学模式进行了比较研究。研究表明，各种模式之间并不存在优劣之分，不同幼儿教育模式所培养的是儿童不同方面能力的发展且都有各自的优点、缺点，并不存在一种堪称完美的教育模式。比如，大卫·韦克特在密歇根州政府的资助下受认知和社会互动理论的影响所创立的"海恩斯科普模式"，该模式以幼儿"主动学习"为核心，强调的是幼儿社会性和情感方面的发展，在课程内容的设置上偏向儿童自己主动获取关键经验；而由著名的意大利幼儿教育家蒙台梭利所创立的蒙台梭利教育模式则更偏重于"感觉教育"，即通过对不同感官的培养训练儿童的注意力、比较与判断力，使儿童的感觉变得更为敏锐。对幼儿教育模式的评价让人们认识到，要想真正提高托幼机构的教育质量，单将某一种教育模式奉为圭臬是不可取的，多种教育模式的融合贯通才能够促使幼儿能力全面、均衡发展。

  托幼机构是对幼儿进行教育并提供保育工作的专门性机构，也是对幼儿发展起关键作用的环境因素。托幼机构的教育活动能否满足幼儿身心健康的需要以及满足程度成为研究的焦点话题，人们已经不满足仅了解托幼机构的教育质量，而开始着力寻找究竟什么样的托幼机构对幼儿的身心发展来说是最优的。对托幼机构教育质量进行评价的风潮就此袭来。但在评价之前，研究者必须了解他们要评价的对象和内容是什么，即解决"托幼机构教育质量的构成因素"这一问题。1991年，研究者 Aletta Grisay 与 Lars Mählck 提出，教育质量应该包含"为教学提供的人与物的资源质量(投入)""教学实践的质量(过程)"以及"成果的质量(产出与结果)"三个方面；1992年，凯茨(L. Katz)将托幼机构教育质量的构成划分为师幼比例、工作人员资质及其稳定程度、师幼交往特征、设备及教材的数量与质量、幼儿人均占有空间的数量与质量、便具和防火安全等设备的数量、健康与卫生程序和标准以及工作人员的工作条件八个方面；1996年，全美早期教育协会(National Association for the Education of Young Children，NAEYC)提出了六项与托幼机构质量有关的因素，包括师幼比例、班级规模、教师资格、教师的稳定性和连贯性、日常活动内容和结构、空间和设备。虽然这一时期在托幼机构质量的构成因素方面涌现了许多不同的分类，但总体而言，其分类都未跳出 Aletta Grisay 与 Lars Mählck 1991年所提出的三大类，而且多集中于投入与过程两个方面，对"成果的质量"则少有提及；1996年，洛弗等人将托幼机构解耦与质量要素以新的分类标准分成了如下五类。

> - 托幼机构的动态性特征：师幼交往、教师行为、教学活动等。
> - 托幼机构的结构：物质环境、入园人数等。
> - 工作人员的特征：教师培训的程度、经验、工资、福利待遇等。
> - 管理和支持性服务：工作人员的发展机会等。
> - 家长的参与程度：教师与家长之间的关系、家长参与度等。

  对托幼机构质量构成要素的理论研究明确了托幼机构教育质量评价的内容与方向，提升了评价水平，为人们了解托幼机构教育质量的现状提供了科学且充足的报告，为托幼机构质量改革方面的政策制定提供了确切的工作重点，为如何建设最有利于儿童发展的托幼机构提供了切入点，极大地推动了托幼机构质量尤其是结构要素(物质环境)等的提升，但是这一时期所看重的是用量化研究去衡量结构要素的状况,如对幼儿与教师的最佳比例的研究记录,而对于动态性的过程要素,如师幼互动等鲜少关注,因此对影响儿童发展更大的过程要素处于被忽视的状态,使托幼机构质量的提升出现了"畸轻畸重"的不均衡发展。

2. 第二阶段(自20世纪80年代起)

20世纪80年代,伴随着第四代教育评价理论的问世,人们开始反思之前所追求的以量化为科学、以数据为标准的研究方式。学前教育评价领域也开始关注之前所忽视的对托幼机构质量中过程要素的评价,开始以建构主义为理论核心,强调采用质性研究方法对教师与儿童的动态情境进行描述、记录、整理与分析,并进行真实性评价。这种评价相较于传统教育中的纸笔测验和虚拟任务的非真实性评价而提出的,要求学生运用他们在职业生活的标准情景中应用的同样的能力、知识、技能和态度的组合。引入了如"多彩光谱评价方案"等多种评价方案,其中比较有代表性的就是沿用至今的档案袋评价。

档案袋评价是动态评价观念的产物,其诞生源于研究者对通过标准化测验进行评价的静态评价方式的批判。档案袋评价以收集一整套能够反映学生学习过程和最终成果的资料并据此进行评价为目标,共有理想型、展示型、课堂型、评价型、文件型以及资料型六种。它不仅能对幼儿发展状况的资料进行收集,也可用于对幼儿教师发展的评价。

英国将档案袋评价应用于幼儿发展领域中。1997年,英国工党在选举中获胜,组成布莱尔政府。该政府认识到教育与社会发展的密切联系,对教育给予了前所未有的关注,试图通过教育的改革与进步来解决各种社会问题,帮助英国摆脱当前的困境,英国学前教育领域第一个具有法律效应的文件——《早期学习目标》也应运而生。该文件将幼儿发展领域中的认知、语言与科学三大领域作为重点发展对象,同时开始着手建立一种自幼儿出生起就开始记录并伴随着学前教育阶段完结而结束的评价体系,并以此作为对幼儿三大领域发展水平进行评价的重要依据。其主要形式有如下两种:一是实施范围较小的、多存在于班级内的评价。该类型以记录授课过程及该过程中幼儿的表现为资料收集方法,由授课教师作为评价者进行评估,并将评估结果作为制订下一阶段课程活动计划的重要依据,以使课程贴近幼儿的兴趣与能力、水平;二是将幼儿0—5岁学习和发展的相关信息进行细致的整理与收集,在幼儿完成学前教育学习、升入小学之前,形成幼儿发展水平的终结性评价材料,由教师、社区以及教育部共同作为评价者对幼儿的发展水平进行审核与评价,并以教育目标的达到程度将其分为期望水平(刚好达到目标)、超越水平(超出目标所期望的水平)以及形成水平(没有达到期望目标)三类。档案袋评价的应用不间断地记录了幼儿整个成长与发展的过程,对过程要素的记录主要由参与过程的教师进行,较之由第三方来进行评判而言更加翔实与准确。时至今日,英国的档案袋评价仍在沿用,其标准也随着时代的发展而不断更新丰富,对英国学前教育质量的提升起到了极大的帮扶与促进作用。

过程要素中的另一重要参与者就是幼儿教师,其受培训的程度、与幼儿的互动能力、对课程的反思能力等因素对幼儿课程质量的提高以及幼儿的身心发展产生影响。1972年,为了解决学前教育规模扩大与合格教师短缺之间的矛盾,美国儿童局制定并颁布了评价一个教师是否合格的六项标准,并建立了对达标者颁发儿童发展工作人员合格证书的制度。1983年,高质量教师的短缺与教育质量提高的需要日益凸显,对教师质量的提升变得迫切。为响应社会对"提高教师质量、促进教育发展"的呼声,1987年,美国国家专业教学标准委员会(National Board for Professional Teaching Standards，NBPTS)成立，并建立了对各个学段教师的评估标准。在学前教育领域，该组织采用档案袋评价方法，以"教师对学生及其学习负责""教师对他们所教授的学科有深刻的理解，并知道如何将知识传授给学生""教师能够管理和控制学生的学习""教师对其教学实践进行系统的反思并从中学习"以及"成为学习化社会的成员"为五项核心标准，制定了随着时代不断发展的《优秀幼儿教师专业标准》(见表2-4)。

表2-4 《优秀幼儿教师专业标准》内容(节选)

标 准	做 法
将与儿童发展相关的理论运用到理解儿童的实践中	即在实践过程中，优秀的幼儿教师能将自己所了解的与幼儿发展有关的理论知识与实践紧密结合，对幼儿进行深刻的理解与认识，以科学地促进幼儿的学习与发展
与家庭、社区形成合作伙伴关系	家庭与社区是幼儿发展的重要环境因素。优秀的幼儿教师能够与家庭和社区建立一种合作互助的伙伴关系，三者协同，促使每一位幼儿的发展
尊重儿童的多样性并创造公平、公正的环境	优秀的幼儿教师对于儿童的多样性发展持尊重态度，并按照其多元化制定教学策略，在幼儿发展过程中埋下公平与公正的种子并竭力促使其生根发芽
深度掌握所授学科的知识并灵活运用	在掌握所授学科基础知识的基础上，将学科知识与幼儿学习相关理论以及能够支持幼儿进行有效学习的策略合理整合并灵活运用
对幼儿的学习情况与发展做合理评价	优秀的幼儿教师能够运用多种方式对班级内幼儿的学习与发展情况做出合理科学的评价，并以此作为寻找引导幼儿学习与发展方式的重要依据
建立良好的幼儿学习与发展环境并定期管理	优秀的幼儿教师能够为幼儿的学习与发展创建优质环境并按照不同的学习内容、幼儿的发展情况等进行定期的改换与维护
对幼儿的发展与学习进行合理规划	优秀的幼儿教师能够依据实际情况设置科学合理的阶段性目标与最终达到目标，以规划儿童的发展与学习
在幼儿学习与发展过程中凸显指导作用	优秀的幼儿教师能够对现有的教学资源进行充分的运用并选用多样化的学习资源以促进幼儿的学习与发展
及时对教育教学实践做出反思与调整	优秀的幼儿教师会定期对教育教学实践中的问题进行反思，明确改进方向，提升专业技能，对幼儿学习与发展有效帮扶
运用专业知识，成为专业化典范	优秀的幼儿教师不仅在教育教学方面有所贡献，还应立足于整个幼儿园教育质量的发展，在幼儿园教育质量提升的实践中利用专业知识，扮演倡导者、合作者甚至领导者的角色

动态性评价的运用在托幼机构教育质量构成因素中实现了对过程要素的评价，克服了量化评价中评价标准灵活性差且所获取的只是静态的资料与数据的弊端。它发挥了对变化发展中的事物进行评价的功能，对学前教育评价的发展产生了深刻影响，但单纯使用质性方法进行评价，难免会在资料的收集、记录与整理分析上带有评价者主观认知的烙印，在真实性与客观性方面落后于标准化或者量化评价。因此，学前教育评价出现了评价取向融合的新趋势。

3. 第三阶段(20世纪90年代至今)

在两种评价各自被作为单一的评价取向在学前教育中应用一段时间后，人们逐渐发现两种评价各自的优点与缺点，因此进入以提升评价质量为目的的融合与互补的现代学前评价阶段。这一阶段的显著特点就是定量与定性的结合。定量评价能够撇开评价者的主观意志，具有极强的客观性，而定性评价则虽然具有评价者的主观意志，但如果恰当运用，也能在幼儿发展评价等领域起到极大的作用。近年来，研究者在理论与实践研究中力促定量与定性相结合，以促使学前教育质量中的过程要素和结构要素都能够得到全面的发展。

除此以外，研究者开始将学前教育评价视为一个动态的体系，摒弃以往以筛选和甄别为主要目的的做法，转而将诊断作为提供依据的方法，将矫正与提升作为最终目的。这种转变意味着不再单纯地关注结果，而是更多地关注过程，使评价既能够反馈教育教学过程中的实时问题，并由相关人员进行调整，以防问题扩大至难以解决的地步。同时，在诊断问题时，通过对过程的分析来找出问题的成因，确定问题出现或发生质变的关键点，以有针对性地制定下一阶段改革与提升措施。同时在对幼儿发展进行评价时，其标准与目标的设置也越发丰富，如英国政府于2005年颁布了《早期(教育)基础阶段(Early years foundation stage)》这一文件，该文件将儿童的发展领域由之前的语言、认知与科学三大领域拓展为交流和语言、体能发展、个性、社会性以及情感发展、读写能力、数学能力、理解世界的能力与善于表达、艺术和设计七大领域，并提出将主要的评价方法由纸笔测试改为课堂观察，观察期从幼儿入园一直到幼儿完成学前教育课程并进入小学结束，真实有效地记录了幼儿的发展状况。评估者既可以细致地观察幼儿在某一领域内的发展状况，又可以从全局看到幼儿整体的发展状况，还可以此作为该托幼机构教育教学质量的侧面评价依据，使学前教育评价发挥其最大效用。

二、我国学前教育评价发展的历史回顾

(一)舶来品的引入与本土化探索(20世纪70年代末至20世纪90年代末)

我国学前教育评价的发展与教育评价的发展阶段基本一致，经历了引进与翻译、本土化探索与实践、形成本国体系并不断深化三个阶段，但学前教育评价的引入与翻译时期，由于战火纷飞、社会变革以及受重视程度不如其他学段等，其大规模引进期到来相对较晚，因此，本文将"引进与本土化探索"视为一个连续的阶段进行叙述。

20世纪70年代，尤其是1977年之前，我国学前教育评价的理论研究零散地分布于教育评价的研究中。例如，陈鹤琴编制的图形智力测验、黄觉民编制的幼童智力测验等。这些测验虽然对我国学前教育评价工作的发展奠定了基础，但都没有形成系统的评价方案，亦因种种原因未能持续展开。1977年之后，随着高考制度的恢复和改革开放政策的实施，国外学前教育评价的理论与经验源源不断地传入中国，推动了学前教育评价的连续发展。

1978年，经教育部批准，普通教育司新设置了一个独立的部门——幼教特教处，该部门旨在全面管理、掌握中国的幼儿教育与特殊教育的发展状况；同年7月，国务院批准中央教育科学研究所恢复重建，并设立了幼儿教育研究室；1980年，该研究室编著了《幼儿教育经验与研究》一书，虽非专门针对幼儿教育质量评价，但其中收录了各地为恢复幼儿

园建设，提高幼儿园质量而在制度建立与实践方面的努力，对幼儿园教学内容质量、幼儿应发展的能力的探讨，为学家教育评价的重点内容提供了参考。1979年11月，中国学前教育学会幼儿教育研究会在南京成立，该研究会是由国家批准的群众性组织，其成员来自幼儿教育相关的各行各业，研究会的成立使学前教育评价的研究更加广泛和实际。尽管如此，学前教育评价的理论发展仍缺乏一套完整的、具有本土特色的体系。

  1986年，由国家教育委员会牵头，北京、上海等10余个地区的学者参与了国际教育成就评估协会(IEA)的国际学前教育项目调查，这是我国参与的第一个有关学前教育评价的国际项目，以参与地为带头人，各地纷纷开始了对学前教育评价体系建立的尝试。其中，上海市从 IEA 设立的专门评估小组中汲取经验，以最终的评估报告和政策建议为依据，开始建设评价标准和评估督导体系的探索，制定了《幼儿园办园水平评估指标体系》等多个标准，并于1987年建立了首批教育督导机构，伴随着时代的变革、需求的提升而不断开展向纵深发展的修订与变革。上海的成功经验为全国性学前教育评价标准的制定奠定了新的基础。1989年，国家教育委员会先后颁布两项对幼儿教育质量提升和学前教育评价发展具有重要意义的、带有法律性质的文件——《幼儿园工作规程(试行)》(以下简称《规程》)和《幼儿园管理条例》(以下简称《条例》)，《条例》对主要托幼机构质量评价的过程要素做出了总的明确的规定，《规程》则更为细致地对包含幼儿园教育培养目标在内的诸多内容如幼儿园各级工作人员的学历水平等做了更细致的解说，标志着学前教育评价进入有法可依、有标可循的时代，各地政府也纷纷按照《条例》的要求，依据地区实际情况制定、修订符合区域特点的各类标准。比如，1994年，南京市教育局就组织开展了对《南京市幼儿园办园标准》的修订工作，着重修改保教工作等多方面的标准，并加入幼儿发展评估标准的内容，明确提出对幼儿发展的评价应该采用定量与定性相结合的方法。在政策探索的同时，外国的先进经验与本土化实践工作也在不断进行。1988年，学者郑晓边将西方国家常用的早期儿童环境评分量表(Harms—Clifford 评分法)引入中国，并对其进行了较为细致的解释。同时指出，尽管西方国家多用此量表对幼儿园进行评价，但因该量表中有许多内容与我国现行规定不相符合，比如，该量表鼓励园内教养人员在用餐时与儿童交流，而我国却强调儿童用餐时保持安静，因此，该量表在中国是否适用仍有待考察。同年，研究者刘焱将美国幼儿教育协会(NAEYC)颁布的以发展适宜性教育为核心概念的高质量幼儿园的认证标准引入中国。1998年，她再度将 Harms—Clifford 评分法做了进一步的分析，在详细阐述该量表的基础上，对该量表的不足之处也进行了总结，具体包括如下几点。

  (1) 量表项目繁杂，内容指向多样。若在条件不同的幼儿园以最后总分做横向比较，则会产生"以优掩劣"的问题，比如，一家幼儿园的空间安排合理，但创造性活动较少，而另一家幼儿园在空间安排情况类似，在其他方面略有差距，而其创造性活动却遥遥领先于前者，则二者在以总分进行比较时就会掩盖有差距的方面。

  (2) 量表在人际关系方面较为薄弱，建议与其他量表结合使用以进行补充。

  (3) 家长参与的内容在量表中并未受到充分重视。

  (4) 部分评价指标的描述比较模糊，多采用"是否"的表述方式缺乏频率上的具体规定，造成了以此为标准进行评价时难分等级。

(二)深化改革与发展期(21世纪初至今)

2001年,面对社会对学前教育质量提升的迫切需求,教育部颁布了《纲要(试行)》,该纲要为学前教育评价赋予了"幼儿园教育工作的重要组成部分"这一重要地位,并明确了学前教育评价工作的重点考察内容、参与者等多个方面。它规定学前教育评价应该伴随在整个教育过程中,主要采用观察、谈话等质性研究方法进行评价,并将幼儿的行为表现和发展变化作为教师改进工作的依据。该纲要的颁布明确了新时期我国托幼机构各方面工作的标准,为我国幼儿园教育质量评价改革提供了坚实的制度保障,促使我国有关学前教育评价的研究不仅能立足于本土标准开展适合我国国情的研究,力图使中国的学前教育评价研究与国际接轨,借鉴国际标准中与中国国情相符合的部分并建立科学的、高质量的评价体系。2003年,教育部、民政部等十一个部门联合发布的《关于幼儿教育改革与发展的指导意见》提出,要建立幼儿督导制度,不仅要督促幼儿教育质量发展,并确保各级政府为提升幼儿园教育质量所采取的一系列措施行之有效。

政策的颁布促使人们对学前教育评价的关注度越来越高,各类研究如雨后春笋般涌现。研究者也开始突破单一视角,从多维度对学前教育的各个方面进行探讨研究,使之向更加丰富的方向发展。比如,有研究者从建构主义知识观的角度出发,认为学前教育评价不应依靠刻板、单一的标准,其目标和内容应当存在多个维度,并主张评价是一个动态的过程。另有学者从学前教育的评价者的角度出发,针对我国学前教育质量评价工作主要由单一主体即政府部门承担这一现状,以及由此产生的评价标准较为单一等问题,通过研究国外学前教育评价中的中介组织,为中国学前教育评价中介组织的建设提供了新的发展思路与启示。

研究视角的丰富反过来为制度的改革提供了新的思路,国家及各省市教育行政部门开始针对现有状况,进行新一轮的制度制定与修订。2010年,国务院印发的《关于当前发展学前教育的若干意见》提出,加快推进学前教育发展的十条政策措施,被称为"国十条",对当时幼儿园中所存在的"小学化"倾向提出"颁布幼儿学习与发展指南,令各级教育部门要加强对幼儿园教育质量的监管和指导,建立覆盖各类幼儿园的保教质量评估监管体系,以不断提高幼儿园的办园水平和教育质量"这一措施。2012年,教育部印发的《3—6岁儿童学习与发展指南》(以下简称《指南》)明确,幼儿在3—4岁、4—5岁以及5—6岁这三个年龄段应该学什么、能达到什么水平等方面做出了明确的期望,为各级行政区幼儿发展水平评价标准的制定提供了权威内容。

时至今日,我国学前教育评价的对象与内容不断丰富,对各类托幼机构工作的各类内容展开评估,国家所颁布的政策与制度也由概括到细致、由全局到部分,开始颁布诸如《县域学前教育普及普惠督导评估办法》一类的专门针对某地区或某类托幼机构的评估标准与办法,并与学前教育评价的研究相辅相成,协力发展。

拓展阅读

双胞胎爬楼梯实验

双胞胎爬楼梯实验是美国心理学家格塞尔为了揭示学习与个体成熟之间的关系而进行的一项实验。格塞尔认为,人的发展主要依赖于其被内部基因影响的成熟程度,外部环境因素只能作为一种辅助要素参与人的成长,由此,他主张只有在儿童达到一定的成熟程度,即已经为学习做好准备后,学习行为才是行之有效的。

为了验证这一观点，1929 年，格塞尔与其同事汤普生(H.Thompson)选取了一对 48 周大的同卵双生子作为实验对象，以五级楼梯作为训练工具。双生子中的一个成为受训双生子，简称 T，而另一个则成为受控双生子，简称 C。在实验过程中，T 需要接受为期 6 周的爬楼梯训练，训练者将爬楼梯的技巧传授给 T，而 C 则不接受任何训练。6 周的训练结束后，研究人员将他们放置于楼梯旁，此时，T 已经能顺利且迅速地爬上楼梯，用时不到 30 秒，而 C 的爬楼梯时间显然要缓慢许多，甚至有不愿意去触碰楼梯的情况。之后，在 T 继续进行爬楼梯训练的同时，C 也开始接受同样的训练，但训练期缩短到了两周。令人惊讶的是，两周后，C 的爬楼梯速度就赶上甚至超过了已经训练 8 周的 T。由此格塞尔认为，在幼儿 48 周时就进行爬楼梯训练是非常不适宜的，因为幼儿在此时显然没有做好完成这种动作的准备，也就是其自身的成熟度没有完全达到学习爬楼梯所需。为了进一步证明这种现象不是偶然，格塞尔在之后寻找了多个不同年龄段的孩子，针对不同的学习领域进行了测验，结果显示，每一种学习都有其开始的"黄金年龄"，在这个年龄对孩子进行训练，有事半功倍的效果。

双胞胎爬楼梯实验不仅验证了成熟与学习之间的必然关系，也促使人们对幼儿的发展有进一步的认识，对学前教育评价中指标体系的构建也有极大的裨益。这个实验让幼儿发展水平评价指标体系的构建者认识到，若想构建有效的评价指标，就必须要弄清楚在某一阶段能够发展的是哪些方面的能力，不致因用过高的标准去评价幼儿而揠苗助长。

第三节 学前教育评价的功能与作用

学前教育评价的功能与作用，即学前教育评价工作对学前教育的作用与意义。学前教育评价的各种功能都有不同的特点和目的、优势。本节主要介绍以下四种功能与作用。

一、鉴定功能与保障学前教育目标实现

学前教育作为教育的一个分支，与教育一样是一种有目的、有计划的活动，因此目标的设定对幼儿未来能否实现全面发展具有指南针的意义。总的来说，其目标设定最终是为了提高教育教学质量，实现幼儿基础能力的发展，但细分又可分为幼儿发展目标设定、管理工作的目标设定、教师工作目标设定等多个方面，这些目标综合起来，构成了用以判断和提升托幼机构质量的总目标，而要想判断目标是否达成、鉴定目标的达到程度，评价既是最有效也是最科学的手段。通过收集和整理可作为判断目标达成度的明显证据，并按照不同的达到程度设置不同的等级或分数，按一定原则如可观察性、可测量性等形成系统的评价指标体系(前文所介绍的对幼儿园室内环境的评估)，然后依照指标体系进行逐一的核对、鉴别与判定工作，以确定目标的达成度并形成一份详细的报告。无论是幼儿园改革政策的制定者、幼儿园的管理者，还是班级中的幼儿教师与保育员均可根据这份报告来明确上一阶段的目标达成度、反思工作过程中目标未达成或达成度较低的关键点，并将未完成或达成度较低的目标作为重点列入下一阶段的工作计划。同时，对已完成或达成度较高的

目标也不应掉以轻心，仍应将其作为保持或有待进一步发展的内容列入工作计划，如此循环往复，最终促使目标全部高质量地达成，实现托幼教育机构质量的快速提升。

二、诊断功能与明晰关键问题之所在

在对目标的达成度做出鉴定和判断之后，对托幼机构教育质量进行提升的工作中的参与者需要对未达成目标或目标达成度过低的原因做出分析，并寻找问题产生的关键点，以根据原因采取相应的措施进行矫正，而学前教育评价此时就扮演了诊断工具的角色，尤其是以访谈、观察等质性方法所收集的资料为基础的评价，其诊断功能更为突出。

比如在对幼儿教师的教学进行评价时，评价者通过向教师、学生等进行访谈，并持续观察教师的课堂，以第三方的角度更为客观地看待教师的行为、言语，敏锐地捕捉学生在课堂上行为等方面的一些细节，如面部表情是否能由呆滞到喜笑颜开、参与活动时是犹豫不决还是积极主动等，这些都可以作为评价幼儿教师教学质量的依据。若在观察中发现了问题，如某一个幼儿不太愿意与教师互动，那么就要在接下来的观察中着重观察师幼互动时教师的行为态度，是温和的还是严肃的，若教师态度没有问题，则要关注其他学生师幼互动的表现，若其他学生互动状态良好，则可以考虑是否为该生性格比较内向等问题。如此经过长时间的反复访谈、观察后，才可就所获取的资料生成报告并明确指出问题所在，引起教师的关注。关键问题点的明晰能够帮助幼儿教师更有针对性地调整教学计划并在下次教学过程中注意上一次教学中的关键问题是否有所改善或解决，以此提升教学质量。

三、矫正、激励功能与托幼机构教育质量的提升

尽管学前教育评价在初期仅仅是为了甄别、筛选而存在，但自从判断时代时，CIPP评价模式的创立者斯塔弗尔比姆提出"评价不是为了证明，而是为了改进"以来，评价的功能就逐步以鉴别为重点向以矫正与激励为重点的方向倾斜。

所谓矫正，就是以"他山之石"进行"攻玉"的过程。托幼机构教育质量提升工作的参与者将评价者所形成的评价报告及当中所含的意见作为"他山之石"，在鉴别与诊断的过程结束之后，根据评价所得出的工作难点与问题关键点，矫正政策、计划中与当下发展情况不适宜的内容，增添下一阶段新的工作重点并据此改进日常工作，弥补当下发展情况与各级质量评价指标之间的差距，采取有针对性的措施对难点与问题进行逐一攻破化解，即"攻玉"的过程。

激励功能是指可以设立适当的奖惩制度以激发工作者对提升托幼机构教育质量的内驱力。微观的奖惩制度可以是幼儿园内部对全员实施的绩效考评制度，即将幼儿教师的日常工作以一定的标准划分成若干等级并设立一定的评分标准，定期对幼儿教师工作进行评定，判断幼儿教师的工作状态及是否有进步、进步程度如何等能够影响托幼机构教育质量的方面，而后按最后分数向教师发放荣誉、绩效等奖励，使幼儿教师对改进工作产生动力。宏观来说，比如，对不同托幼机构教育质量进行评判，对领先者或有较大的进步者给予一定的政策支持，允许其在下一学年扩建规模等；对落后的或迟迟没有进步者可施以责令整改、减少所允许的招生人数甚至是停园整顿等行政处罚，以激励领先者更进一步，落后者为了

不被处罚也要努力向评估标准靠拢,以此从全局上提升托幼机构的教育质量。但应当注意的是,奖惩制度的设置要合理,不能只将幼儿园在评价中所处的相对位置作为奖励或惩罚的标准,而应当关注分数背后所隐藏的托幼机构的发展状况是否有所提升,若某一托幼机构的相对位置较低,但其中的工作者在主观上有发展的意愿,并且也进行了改进与矫正,情况较之上一次评估而言有明显进步,则不应苛责过甚,而应协助、指导其进行进一步的问题分析与改进,以防因采用了"相对位置定奖惩"的方法导致不良竞争或不愿竞争等违背评价之初衷的情况。

四、指引功能与改进方向的明确

托幼机构教育质量的提升与改革工作需要具有明确的方向才能行之有效,而其中起指引作用的"灯塔"就是评价活动中的重要依据——评价指标。在评价与奖惩制度的激励下,托幼机构教育质量改革与提升工作的参与者会有意识地向评价指标和标准看齐。在下一阶段的工作计划中以评价指标和标准为方向,努力促使本次评价中的未达标部分尽快赶上甚至超过评价指标,以期在下次评价中取得一定的成就,获得奖励与肯定。由此,改革工作就有了明确的努力方向,避免了因采用不适宜、不恰当的标准来制定政策或计划导致的无效努力,防止南辕北辙的情况出现。

总的来说,学前教育评价活动对托幼机构教育质量的改进与提升具有重要的意义与价值,它不仅可以在微观层面上促使教师依据班级情况制订适当的教学计划,关照到每一个幼儿的健康发展,也可以在中观层面上为托幼机构的管理者指明机构建设的方向。此外,它还可以在宏观层面上帮助政策制定者按当前状况设置合理的目标,制定与发展状况及趋势相适宜的政策。三个层面共同努力,将促进托幼机构教育质量的全面提升。

第四节 学前教育评价方案

经过前两章的学习,我们对学前教育评价已经有所了解,为了更深入地学习学前教育评价的理论知识,笔者整理几种有关学前教育评价的典型评价方案供大家学习。

学前教育评价方案

一、情境学习理论指导下的表现性评价

传统的标准化的测验和评价方式只能反映幼儿学习达到的最终水平,却无法用分数来解答评价报告的阅读者关于"为什么幼儿会取得该分数?""为什么在同一间教室中进行学习的幼儿其分数会出现差异?"等诸多疑问,也无法发挥其诊断与矫正功能来帮助教师发现幼儿目标未达成或达成度较低的关键原因,并做出合理的计划调整。

表现性评价(performance assessment)是20世纪90年代在美国兴起的一种与传统标准化的测验与评价模式完全相反的评价模式。IEA将其定义为:利用综合的实践作业,对学生的内容知识、程序知识以及运用这些知识进行论述、证明、解决问题的能力的评价,是一种

含有持续性、过程性与综合性理念的,以调整和促进教与学、评价儿童在整个过程中的进步为目的的评价模式。虽然目前诸多研究者对表现性评价的定义并不相同,但诸多定义都逃离不开对表现性评价内容或者对象的叙述,即学生运用自己的知识解决现实情境中实际问题的能力,由此也可以看出,表现性评价受情境学习理论(详见本章末拓展阅读)的影响很大。

表现性评价的实施以贴近真实的、活动的教育教学情境作为评价的场域。评价者可以在真实情境或模拟情境对幼儿的行为进行观察,记录幼儿的实际操作行为和表现,且并不对幼儿的操作行为设置一种单一的限制,或干脆不设限制,比如要求幼儿必须通过口试的形式来展现能力。而是让幼儿可以针对教师提出的问题,选取自己擅长的或感兴趣的任何方式,以展现自己运用知识解决实际问题的能力。以"你会怎么办"一课为例,为了考查学生是否具有处理一些简单的突发问题的能力,教师可以设置一种情境,如"你最好的朋友摔倒了",让幼儿选取如情景剧等来展示自己的做法,以幼儿的行为来判断幼儿是否对课堂上的内容有所掌握,若未掌握,则应以其行为为依据,对幼儿的课堂表现进行回想与反思,以发现关键问题之所在,由于"摔倒了"是幼儿在真实生活中会经历的场景,因此该任务对于幼儿来说就是真实的,此时,表现性评价的内涵与真实性评价可以等同,但若是在模拟情境中对幼儿进行表现性评价,则并非一种真实性评价。

若想在幼儿园课堂上顺利实施表现性评价,要注意以下四个方面。一是问题的表述应简洁明了,不宜使用过长过难的问题。且应将连续性的问题分解成单个的独立问题,切忌出现一连串的问题:"看完这张图,你觉得他做得对吗?错在哪里?那你应该怎么做?";二是考虑到幼儿的迁移能力还未完全发展,能避免提出一些让幼儿感到无所适从的、完全脱离幼儿生活经验的问题;三是教师为确保与提升表现性评价的可靠性,应该针对某一问题设计多个场景;四是教师的观察与记录应当具有明确的目的性,其资料的收集也应有序进行而不是随手一记,记录后,教师应当将所记录的信息整理纳入幼儿的档案袋中,以此形成对幼儿发展状况的系统性记录。从这种意义上来说,档案袋评价是实现连续的表现性评价的重要工具。

二、多彩光谱评价方案

1967 年,美国著名哲学家纳尔逊·古德曼(Nelson Goodman)基于"人们的关注点普遍关注逻辑思维和科学教育,却忽视了形象思维和艺术教育"这一现状,在哈佛大学研究生院提出了"零点项目"(Zero Project),意为"从零开始,打破科学教育和艺术教育研究之间的不平衡状态",这是艺术教育相关研究中规模庞大且极具代表性的研究项目,涌现出一批极具价值的研究成果,其中包括"零点项目"研究所的所长、世界著名的教育学家霍华德·加德纳(Howard Gardner)在对传统智力观中"智力是以语言能力和数理——逻辑能力为核心的、以整合方式存在的一种能力"这一观点进行批判的基础上,提出了"智力是在某种社会或文化的价值标准中,个体用以解决自己遇到的真正难题,或生产创造出有效产品所需要的能力"的观点,并据此创立了"多元智力理论"(见表 2-5)。而多彩光谱评价方案(Project Spectrum Preschool Assessment)正是由加德纳与提出"非普遍性发展理论"(见表 2-6)的美国塔夫茨大学教授费尔德曼(Feldman)所共同完成的一项研究,也正因如此,"多元智力理论"与"非普遍性发展理论"成为多彩光谱评价方案的理论基础。

表 2-5　多元智力理论

智能领域	释义与行为表现
言语—语言智能	对语言的掌握以及灵活运用能力。表现：表达复杂意义时采用语言的多种不同形式；用词语思考
逻辑—数理智能	对逻辑结果关系的理解、推理思维表达能力(运算、推理能力)。表现：用逻辑方法解决问题；对数字和抽象模式的理解力
视觉—空间智能	对色彩、形状和空间位置的正确感受和表达能力。表现：对视觉世界有准确感知
音乐—韵律智能	感受、辨别、记忆以及表达音乐的能力。表现：对周边环境中非语言类声音的敏感度
身体—运动智能	身体的协调力、平衡力以及运动时的力量、速度、灵活性等。表现：较好地控制身体；善于利用身体语言表达思想情感；等等
交往—交流智能	对他人表情、说话、手势动作等方面的敏感程度以及对上述动作进行有效反应的能力。表现：能体察他人感情并做出适当的反应等
自知—内省认识智能	个体深刻认识并反省自身的能力。表现：了解自己的优、缺点等
自然智能(1996)	能够洞察自然或人造系统的能力。表现：对物体进行辨别和分类

表 2-6　非普遍性发展理论

认知能力发展阶段 (普遍性→非普遍性)	释　义
普遍性	儿童与生俱来所具备的蕴含发展可能性与内在潜力的能力(非普遍性能力得以发展的起点)
泛文化性	社会条件和文化环境的支持+学习与训练后均能获得发展的能力，如语言能力
文化性	自身努力+规范的教育和培训后发展的能力水平，如写、算
学科性	一部分个体通过自身努力，加之接受了规范的教育和培训后所达到的发展水平，如在高校法学等科目研究中表现出的能力
特质性	少数个体基于自身的天赋与兴趣的基础，加之系统、规范的高等教育或专门教育后发展而成的能力，如人工智能
独特性	极少数个体通过积累与努力，加之外在的规范的教育后，在某一领域所取得的、具有突破性或开创性的成果，如爱因斯坦的相对论

注：每个人都有与众不同的非普遍性发展，这是个体在普遍性发展阶段中已经具有不同的方向和层次导致的。非普遍性发展能够作为体现个人价值及成就的基础。若脱离了一定的社会、环境的支持，则非普遍性能力无法发展。儿童的认知发展过程是平衡性和非平衡性交融互动、螺旋发展的过程。

多彩光谱评价方案在对传统而单调的智能评价方法进行批判的基础上，以"每个儿童的智能生来就有不同的组合，亦有强项与弱项之分"为理念，以"尊重每个儿童的风格特征并在教育中为个体都提供公平的展示智能强项的机会"为目标，包含评价活动与适用于每个智能领域的活动风格评价两部分。

首先在评价活动方面。为了描述儿童在对任务进行处理时所表现出的不同活动风格,多彩光谱评价方案下的评价活动共有 15 个,涉及运动、社会、语言、视觉艺术、数学、音乐、科学七个领域(见表 2-7)。多彩光谱评价方案采用非标准化的评价方法,而是在尽可能多的、不同的智能领域中设置一些活动,这些活动就是儿童展现自身强项智能的机会,通过展示时的表现,教师可以判定儿童在各智能领域中的发展情况,然后针对其强项进行进一步的强化,为日后儿童可能在该领域的非普遍性发展能够达到学科性、特质性乃至独特性奠定坚实的基础。

表 2-7　多彩光谱评价领域与活动

领　域	测量内容	评价活动
运动领域	创造性运动智能测量	双周运动课程
	单纯运动智能测量	障碍活动课程
社会领域	社会角色测量	同伴互动检查表
	社会分析测量	教室模型活动
语言领域	虚构性叙述测量	故事板活动
	描述性叙述测量	报告者活动
视觉艺术领域	艺术夹	通过结构性活动收集到的包含儿童全年的艺术作品的合集
数学领域	数数:策略测量	恐龙游戏
	计算:计数测量	公共汽车游戏
音乐领域	创作性测量	快乐的生日;新歌;《飞上天》与《动物歌》
	感知测量	音高匹配游戏与歌曲再辨识
科学领域	自然学家测量	发现区
	逻辑影像测量	寻宝游戏
	假设验证测量	沉和浮活动
	机械智能测量	装配活动

其次是活动风格评价,即通过对儿童不同活动情境中与任务或材料的互动关系进行描述,以期发现并记录儿童在不同领域的不同风格。在长期的实践过程中,实验者发现了 7 个领域活动中 26 项具有代表性的、明显的风格特征并使用中性的语言做出了如下表述。

➢ 愿意积极参加活动的:儿童基于自己的意愿对活动积极响应并主动对与活动有关的方面表现出关心。

➢ 不愿意参加活动的:儿童对活动抗拒,需要经过成人的耐心哄劝或将活动形式进行重组后才愿意参加;在活动过程中,若不喜欢原定的活动目标,则会想办法实施自己的计划以改变活动目标。

➢ 充满自信的:儿童在活动中能够轻松自由地使用材料,自信并愿意提供答案和观点;但其自信有时与其成就并不匹配,有过高倾向。

➢ 缺乏自信的、试探性的:儿童以迟疑的态度进入活动;即便在听了教师有关活动规则和材料用法的解释后,也依然没有使用材料的把握;活动中表现出不自觉地看向成人以寻求认同的行为;拒绝提供答案和观点。

- 具有嬉戏精神的：这种嬉戏是发生在儿童与活动所需的任务材料之间的，儿童可以在活动中发现乐趣甚至创造乐趣，让活动任务变为游戏。
- 认真严肃的：儿童将活动作为一种任务或是工作，态度严谨且高效，但也可以从认真高效的工作中获取乐趣。
- 高度专注的：儿童在活动过程中表现出异于常人的专注力，周围环境无法使其从工作中分心，体现出儿童目标的单一性。
- 注意力易分散的：儿童不容易投入活动，对待任务既不会当作游戏，也不会专心致志，表现出四处张望等行为。
- 坚忍不拔的：儿童面对挑战时镇定自若，遇到困难也绝不放弃，愿意进行重复性的实验来尝试完成任务。
- 容易受挫的：活动过程中若遇到困难、挫折难以战胜；会在遇到困难后直接向成人寻求帮助而不愿意自己试错；因受到挫折而不愿意继续活动。
- 冲动的：儿童在活动中无法表现出连续性，快速且粗心，思考答案前就迫不及待地通过非游戏规则的方式寻求正确答案。
- 自省的：儿童能够对自己的工作给予肯定或否定的评价；儿童会根据实际活动中的表现，评价自己是否符合自己在活动开始前的预期或期望，以及符合的程度，若不满意，可能会进行再次尝试。
- 工作节奏较慢的：儿童所需的准备、完成任务的时间较长；活动进度较慢，但能有条不紊地完成。
- 工作节奏较快的：儿童准备、完成任务的速度比大多数儿童而言较快，开始活动时能很快地进入活动状态。
- 多语言交流的：在活动过程中，乐于挑起话题并与成人交谈；对话内容并不完全限制在与活动有关的范围，但儿童并不是有意地想要逃避与活动有关的话题。
- 内向安静的：活动过程中除非活动所需，甚少与旁人交谈。
- 对感官刺激有偏好的：儿童比较喜欢通过视觉刺激、听觉刺激或运动刺激来进入活动状态。
- 有计划方法的：儿童使用活动材料时有所计划和策略；能够陈述自己的目的并尽力实现；愿意描述自己的进步。
- 擅长利用自身优势的：在参与到某个活动任务中时，儿童可以运用自身优势来完成项目。
- 具有幽默感的：儿童能够发现活动或内容所含的幽默、讽刺等方面。
- 创新思维的：儿童能用一种创新的、颇具想象力的方式来使用材料和参与活动；教师应该注意这种创新是否会对活动过程或产品有影响。
- 成就感强烈的：儿童十分享受成功的快乐，他们在取得成功后，会告诉周围人自己做得非常棒或以其他方式如拍手、欢笑来表现自己的成就感。
- 对细节敏感的：儿童能够对一些非常微小的细节给予关注。
- 充满好奇心的：儿童会问非常多的问题，对活动中的一切事物都保有好奇心。
- 追求正确答案：在活动中，儿童不仅就"自己做得是否正确"一事征求答案，也会询问其他儿童是否能够做得正确；得到肯定回答就会高兴，反之则不高兴。

> 喜欢与成人互动：与材料相比，儿童更喜欢与成人通过交谈、身体接触等方式寻求与成人的互动。

对儿童活动风格的记录有助于教师在评价活动的基础上进一步了解儿童的优点以及表现形式，对儿童的优点给予特别的关注与培养；与此同时，儿童活动的表现形式也可以侧面反映儿童的个性特征，比如，多语言表达或与成人互动的儿童的性格可能是外向的，表现出试探的儿童可能是不自信的，等等。针对儿童不同的个性特征，教师亦可以因材施教，激发儿童性格特征中有利于其日后发展的一面，而对于不利于儿童未来发展的性格，如易受挫折等，则应该加以引导，让儿童的性格向良性的方向发展。这种基于儿童前项领域和性格特征的培养不应只发生于课堂上，还应发生于课堂外，即布置与教室中活动相对应的作业，让家长也参与到儿童的发展中。

应当注意的是，以上所说的活动风格仅仅是基于加德纳等研究者对研究对象的观察所生成的一些较为典型的、多数儿童所具有的表现风格，但在实际应用过程中，教师也可能会发现少数儿童具有与上述不同的独特的活动风格，此时，教师应当予以记录而不是将儿童的表现生搬硬套在上述风格中。在所有记录完成后，教师也要将资料汇总成一份"多彩光谱简档"，包括"具体表现实例与儿童变化""儿童的活动风格""建议"三部分，以便为教室以外的儿童活动提出建议。

三、作品取样系统评价方案

作品取样系统评价方案(the work sampling system)，是由美国著名的教育评价专家麦索尔斯(Meisels)基于表现性评价所创造的一种能够嵌入课程的评价方案。该评价方案适用于学前至五年级的儿童，包括"发展指引与发展检查表""档案"以及"综合报告"三个相互关联的系统，具体阐释如下。

首先是发展指引与发展检查表。该系统包含发展指引与发展检查表两部分。前者把对学生在不同年龄段中应获取的能力、应取得的成就等方面的合理期望整理成一本手册供教师参考，这种期望是概括性的；后者则是由不同年龄的发展指引衍生而成的指标所构成的，可以供教师对学生的表现进行观察并采用多种方法与工具(前者如简明式记录法、流水式记录法，后者如便利贴、录音机等)进行记录后，将所有资料加以总结与解释，以帮助教师针对学生情况选择适当的课程并采用适宜的教学方法。二者的结合有以下三个作用：一是为教师详细描述了应重点观察的方面，引导教师关注学生在学习某一领域的知识、技能的表现；二是教师可以反复回顾这些重点鲜明的记录，帮助教师反思其所选择的课程是否全面涵盖了学生所有应发展的领域、所采用的教学方法是否对学生习得知识、技巧有所帮助；三是发展指引与发展检查表是依据美国国家级课程委员会所颁布的课程标准、儿童发展的规律性等权威性资料或科学性理论制定而成的，因此，以此为标准对学生进行评价，其信度和效度更高。

其次是档案。这是基于收集学生作品的目的而创建的一个合集。档案中所收集的是学生在开学初期、学期中期以及学期末期的作品，这些作品是依据明确的学习目标和活动目标所创作并选择出来的，根据其属性可以分为核心项目(根据被涵盖在语言与数学、数学思考、科学思考、社会文化以及艺术五个领域内的部分目标所选取的，能够代表学生发展情况的作品，这里要注意的是，代表不等于"最优"）和个人项目(能反映个体在某领域内特殊的兴趣或与众不同的才华，记录个人独特的学习方式与重要成就的作品)两部分。由于核心项目是由教师事前计划的、班级所有同学在同一个学习目标的基础上所制作而成的作品，因此其反映的主要是个体在五大领域某一个领域的进步，而个人项目则是由儿童自发进行的活动所制作的作品，个体的目标并不相同，因此它能够代表的是儿童个体的特质。每个个体都拥有一个专属的档案袋，在作品收集完成后，学生与教师共同参与到对档案中作品进行评价的过程中，不仅能帮助学生对自己过去一段时间内的成就进行回顾，了解自己的发展优势以及不足，并且也可促使教师在为学生撰写评价报告时再度详细了解学生的状况，还可将档案内作品以及最后的报告分享给家长，让家长真正参与到学生的成长过程中。

最后是用于向家长及其他相关者呈现学生进步的、代替传统成绩报告单的综合报告，包括标准版综合报告与叙述版综合报告两种。教师可以在开学前根据实际需求决定选择何种报告及报告的呈现形式(纸质版)，而后在收集作品与资料的过程中选择颇具代表性的，且可以让家长和其他相关者清楚看到学生状况的内容并进行标注和归档，最后将这些内容应用于学期末的报告撰写工作中。综合报告要明确概括学生的发展状况与进步程度，按一定标准对学生在该学期的表现评定等级，同时也表述教师对学生进步的赞扬以及对学生弱项的担忧，不仅可以帮助家长了解学生在该学期课堂上的表现情况，也可以为其他相关者如学校提供一份有关班级学生发展情况的详细报告，有助于管理者从整体上把握学生的总体发展状况并制订下一阶段的工作计划。应当注意的是，综合报告对学生等级的评定应该涵盖是否达到检查表所规定的发展程度、档案作品的表现程度是否符合期望以及进步是否符合期望三部分，如表 2-8 所示。

表 2-8 学生等级评定

领域及功能分项	表现					
	检查表		档案作品		进步	
	符合期望	需要加油	符合期望	需要加油	符合期望	异乎于期望
	□	□	□	□	□	□
语言与文学领域：听（能听出意义等）；说（表述清楚且有效率等）；读（能对不熟悉的字词作出解读等）；写（能够运用书写传递观点等）	儿童目前的表现程度达到或超过标准及期望	儿童目前的表现并没有达到标准或期望值	作品所展现的儿童表现符合或超过教师的期待	作品所展现的儿童表现与教师期待不符	自进入班级之日算起，儿童的成长与进步状况符合对其年龄或年级段的期待	自进入班级之日算起，儿童的成长与进步状况低于或超出对其年龄或年级段的期待

注：勾选要依据发展检查表内"尚未发展""发展中"与"熟练"三个等级所占比例来确定。

由此我们可以看出，发展指引与发展检查表、档案袋是并列关系，二者既独立于彼此又互为补充，学生的表现与行为有时也会表现在其作品上，如学生对课堂内容表现出不感兴趣或不耐烦的行为，学生可能是抱着"蒙混过关"的心态制作作品，质量不高；而儿童的作品又可作为教师所观察记录的表现与行为的补充，如学生在课堂上可能表现得不愿意与教师或同学互动，但在作品制作上表现得比较突出，也可以考虑学生是其内向的性格特征导致的不愿意交流而非对课堂内容无法掌握。综合报告则是二者的集合，教师利用二者所提供的资料对学生进行综合考量，如此生成的综合报告对学生发展情况的代表性以及可信性才更高。

作品取样系统评价方案是基于表现性评价所创造的，因此其所关注的也是与学生的学习过程以及学得怎样有关的问题；同时它与多彩光谱评价方案也具有一定的相似之处，即也涵盖了七个(个人与社会发展、语言与文学、数学思考、科学思考、社会文化、艺术、体能发展与健康)儿童能力发展的领域，本章主要涉及的四个领域(见表2-9)，但与多彩光谱评价方案不同的是，作品取样系统评价方案是麦索尔斯在考量了"学生表现、评价项目或情境与真实生活的相似程度"及"评价内容与教学内容的一致性程度"后建构的。因此该方案与课程的联系更加密不可分，使用评价方案时，教师不需要特意为学生创造能够展现其某领域发展水平的活动，只需在课堂上对儿童自然发生的行为表现依据一定的指标做出评价即可。

表2-9 作品取样系统评价方案领域

领 域	释 义
个人与社会发展	重点是儿童的情绪发展及社交能力。前者包括儿童对"自身作为一个学习者"这件事的看法等；后者则是要观察儿童与儿童，或儿童与大人之间的互动状态以及当互动双方之间出现问题时儿童的解决方法，以了解儿童当下的社交能力
语言与文学	该领域包括听、说、读、写以及研究五个部分，考察的是儿童是否能对语言的意义做出理解以及是否能使用语言来传递观点、想法等，并能具备一定的文学技能，比如，通过口头沟通或写作来表达自己对某一见闻的看法
数学思考	该领域着重强调对数学内容"知"与"做"的关系，即不仅要在理论上了解数学中的一些概念、运算方法等，也要会运用这些理论进行实际操作，观察的是儿童会运用何种策略来了解并解决与数学有关的问题
科学思考	领域内涵盖对物理环境、所生活的世界以及有关地球科学的探究以及科学探究的方法，重点在于作为科学教育与内容基础的科学探究方法，观察的内容是儿童是否能积极地通过观察，了解世界，发现问题、解决问题

20世纪90年代初期，有学者在美国的密歇根州选取三个学区的来自十个不同教室的100名学前儿童进行作品取样系统评价。这些儿童的年龄为4—6岁，由教师凭借其教授经验来选择三名表现较为优异的儿童、三名表现可能存在问题的儿童以及四名不属于上述范围的其他儿童，以考察该评价方案的准确性与有效性。为了保障实验的科学性，研究者不仅在儿童的选取上强调未受评估以及随机抽样，在对儿童所来自的环境进行选取时，也注意将不同种族、阶层的儿童纳入其中，确保了样本来源的全面性与广泛性。研究结果表明，作品取样系统评价方案的结果具有相当程度的有效性与可信性。

拓展阅读

两种学前教育评价新方案的对比

——多彩光谱评价方案与作品取样系统

自20世纪80年代以来，随着选拔、鉴别性教育评价弊端的凸显，教育评价的发展性和服务性，即改进教育教学和促进学生学习发展的功能逐渐为人们所关注和重视。2001年8月教育部颁布的《幼儿园教育指导纲要(试行)》则将教育评价的多项服务功能进一步具体化，强调它是了解教育的适宜性、有效性，调整和改进工作、促进每一位幼儿发展、提高教育质量的必要手段……是教师运用专业知识审视教育实践，发现、分析、研究、解决问题的过程，也是其自我成长的重要途径。

评价功能的转变激励了评价理论研究和各种实践探索的广泛开展。一些以发挥评价的改进和促进功能为基本出发点的评价方法如表现性评价、基于课程的评价，以及各种具体的评价方案应运而生。本文将重点介绍两种对学前教育评价研究和实践具有重要启示作用的评价方案——多彩光谱评价方案和作品取样系统评价方案，对每种评价方案产生的理论基础、具体内容以及优缺点进行分析，在对比其异同的基础上揭示它们对当前我国学前教育评价改革的启示。

一、多彩光谱评价方案

(一)评价方案的理论基础

多彩光谱评价方案以加德纳的多元智能理论和费尔德曼的认知发展非普遍性理论为基础，二者都注重智能发展的多元本质，强调个体在各个领域的智能表现是不一样的。

每个儿童都有自己的智能强项和弱项，因此，教育要为每个儿童提供能充分展示他们智能强项和风格特征的平等机会。

(二)评价方案的组成部分与具体内容

多彩光谱评价方案由两大部分组成，即评价活动与活动风格评价。其中，评价活动的设计充分体现了这一方案的突出特点，教师对幼儿的评价并不是通过某种测试、量表来完成的，而是在有意义的、真实的、结构化的评价活动中，通过幼儿操作材料、与人交往以及在活动中的各种表现来评价幼儿。为此，该方案为教师设计了涵盖运动、语言、数学、科学、社会、视觉艺术以及音乐7个智能领域的15个评价活动，详细说明了每一种活动的目的、材料和组织、具体程序、评价的过程和注意事项等，并提供了适宜于每个活动的、具体的观察指标、评价标准以及方便实用的观察表。

多彩光谱评价方案的第二部分内容是7个智能领域都适用的活动风格评价。活动风格用于描述儿童在各种情境中与任务和材料的互动关系……是从过程维度而不是结果上来反映儿童的学习或游戏。其具体内容涉及幼儿是否愿意参与活动、参与活动时的自信心表现、游戏性、专注度、坚持性、工作速度、健谈性、计划性、创新性、成就感以及与成人的互动等18种明显的风格特征。评价方案对每种活动风格都进行了详细的界定和说明，并设计了活动风格检表。教师可以运用这些检表，参照对风格的界定和说明，考察幼儿各个领域活动时所展现的不同风格特征。

(三)评价方案的优点、缺点

多彩光谱评价方案的优势十分明显。首先，它所运用的评价方法不是依靠某种测试，而是为幼儿提供接近真实情境的评价活动，考察幼儿活动中所展示的智能强项和弱项，以获得真实的、有意义的评价信息。其次，多彩光谱评价方案为教师提供的是一种结构化的评价活动。也就是说，活动的设计与组织不是盲目、无目的的，而是事先精心选择的某一领域的核心能力，并确定相应的活动目标，然后再设计能够反映活动目标的评价活动，明确说明活动的组织方式、具体程序及所需要的材料等。再次，多彩光谱评价方案强调评价与课程和教学的结合，模糊课程和评价之间的绝对界限，认为评价活动应成为教师日常组织课程与教学的有机组成部分。复次，关注对活动风格的评价，注重收集不同幼儿在活动过程中的具体表现和活动方式，有助于教师依据评价信息进行个别化教学。又次，尊重智能发展的个体差异性和多样性，公平评价各种智能。最后，根据评价结果发展下一步课程，在评价与课程、教学之间搭建桥梁。然而，略有不足的是，该评价方案所提出的教学建议和课程发展方向往往是针对整个智能领域或整个活动的，而不是面向个体幼儿的不同表现，因而这些建议的针对性和有效性相对欠缺。

二、作品取样系统评价方案

(一)评价方案的理论基础

作品取样系统评价方案由美国著名的教育评价专家麦索尔斯借鉴表现性评价的基本理念研制开发，并在美国的幼儿园到小学五年级的儿童评价中广泛推广和使用。斯廷金斯(Stiggins)曾指出，表现性评价是测量学习者运用先前所获得的知识来解决新奇问题或完成特定任务能力的一系列尝试。具体来说，就是运用真实的生活或模拟的评价练习来引发最初的反应，由高水平评定者按照一定标准进行直接的观察、评判。表现性评价与其他传统测验的区别主要在于引发学生真实行为表现的程度。麦索尔斯正是基于表现性评价所强调的这种真实性、情境性等特点综合考虑，学生的表现、评价项目或评价情境的真实性(与真实生活相近的程度)，以及评价与课程的相关性(评价内容与教学内容的一致程度)三方面要素建构了作品取样系统评价方案。

(二)评价方案的组成部分与具体内容

作品取样系统由三个部分组成：发展指引与检核表、幼儿的作品集或档案袋及综合报告。发展指引提供了3～6岁幼儿在个人与社会发展、语言与文学、数学思考、科学思考、社会文化、艺术以及体能发展7个方面的发展指标，是教师判断幼儿学习和发展状况的依据。检核表为教师观察评价幼儿提供了一个观察框架，所考察的内容反映了发展指引中7个方面的发展指标。与此同时，检核表是一种课程嵌入式(curriculum embedded)评价，即教师对照发展指引中的指标，运用检核表评价儿童在课堂上自然发生的行为表现。

作品集或档案袋是有目的、有组织地收集幼儿的作品，并对幼儿作品进行分析，以考察他们发展进步的方法。作品集是作品取样系统的主要要素。制作作品集的目的就是考察幼儿思考的过程及其作品的特点，发现他们的成长和进步，帮助教师设计课程。与此同时，作品集的制作还十分强调幼儿的主体参与性，主张让幼儿选择自己的作品、对自己的作品进行管理和评价。作品集的内容包括两个部分：核心项目和个人项目。核心项目反映幼儿在7个发展领域的具体表现和发展状况，而个人项目则侧重幼儿的特性、学习风格等方面的内容。每一份幼儿的作品都有教师的详细分析和评价，以避免收集一堆事实资料而无法反映教师的思考，从而无法应用于教学改进的尴尬。作品取样系统还对作品集或档案的制作和评价过程做了详细的说明，具体步骤包括规划学习指标(目标)；思考学习指标所涵盖的概念与技巧；在活动中收集代表学习指标能力的表现(教师记录、解释)；定期回顾与挑选代表指标能力的作品，保障每位幼儿都被关注到；评价幼儿达到目标与进步的状况；与家长分享与讨论档案。

综合报告是教师根据幼儿一段时间的表现，幼儿发展检核表、幼儿作品集，以及教师对幼儿发展的了解和期望，详细描述和总结幼儿的表现，反映每一个幼儿在每个领域的表现与进步。综合报告每学期填写三次，每次都是三份，一份给家庭，一份给学校，另一份由教师保存。填写综合报告的主要目的就是反映幼儿的发展进步，为课程实施与教学设计提供有益信息，同时也让家长及其他相关人员了解幼儿的表现与进步。

(三)评价方案的优点、缺点

作品取样系统的优点体现在多个方面。首先，它注重评价与教学的结合，强调在课程实施的自然过程中收集真实的评价信息，将评价内容与教学内容结合，帮助教师获得对他们改进教学具有直接意义的评价信息，积极发挥评价对教学的促进功能；其次，它注重过程评价与结果评价、质性评价与量化评价的有机结合，强调多种方法的综合运用，以帮助教师更全面、翔实地了解幼儿的真实行为表现与发展状况。与此同时，作品取样系统还充分尊重幼儿在评价过程中的主体地位，注重让幼儿参与评价的过程，帮助幼儿进行自我反思与评价。

另外，作品取样系统评价方案也存在诸多问题，如在该方案的发展检核表中，只是将幼儿在各个领域的发展笼统、模糊地划分为"尚未发展""发展中""熟练"三个等级指标，同时也仅在"开学""学期末"和"学年末"三个时间段进行评价。因此，在获得详细、具体的评价信息以及及时了解幼儿在当时活动情境中的表现等方面，还有待进一步改进。作品取样系统所收集的幼儿作品集能否被教师有效利用，仍然取决于教师对作品集的深入解读，这就对教师的专业知识和技能发展提出了更高的要求。

三、两种评价方案的对比分析及启示

通过上述分析不难发现，两种评价方案在具体的理论基础、评价方法或方式上都存在较大差异，各自保持着独特性，多彩光谱评价方案以多元智能发展理论为基础，强调发现不同幼儿的智能强项和弱项，而作品取样系统则以表现性评价的设计理念为直接依据，强调评价要综合、全面、翔实地了解幼儿的真实发展状况。在评价方法或方式上，多彩光谱评价方案强调通过专门设计好的评价活动来评价幼儿，而作品取样系统则注重综合运用发展指引与检核表、档案和综合报告等评价方法，将质性评价与量化评价有机结合综合考察幼儿的成长与进步。

当然，两种评价方案也存在诸多一致性和共同之处。第一，都注重评价过程与教学过程的结合。多彩光谱评价方案设计专门的评价活动，强调评价活动就是教师日常进行的教学活动，而作品取样系统评价方案则直接在日常的课程实施中进行评价。第二，都强调评价内容与教学内容的结合。二者在具体的评价内容上虽然有所不同，但都做到了评价内容与教学内容或课程内容的有机结合，评价幼儿在各个领域的发展和表现，而这些内容实际上也构成了课程实施和教学设计的主要内容。第三，都重视评价情境的真实性。多彩光谱评价方案强调，专门设计的评价活动情境要接近真实的教学情境或活动情境，而作品取样系统评价方案就是在真实的生活、学习或活动情境中评价幼儿。第四，都追求过程评价与结果评价的结合。二者均能兼顾幼儿在各个领域的最终发展状况以及幼儿在个性、学习风格上的表现，有效地处理了过程评价与结果评价的结合，保障教师能够全面、系统地了解和掌握幼儿学习与发展的过程。第五，都致力于发挥评价对于教学的改进和促进作用。二者都十分注重收集综合全面、真实的评价信息，并能在一定程度上对评价信息进行分析和解读，从而为利用评价信息改进教学设计、发展课程奠定了坚实基础。

目前，我国幼儿园的教育评价虽然离鉴别选拔还相距甚远，但鉴别性评价的影响依然存在。评价的发展和促进功能不能有效充分发挥，究其原因，主要在于：评价的内容与教学的内容相脱节，多数评价工具具有终结性评价性质；评价的过程与教学的过程相脱节，导致具体的过程信息流失；教师对于评价结果的解读与利用存在困难。"档案袋评价"是目前比较流行的一种被认为可以为教师的教和儿童的学服务的发展性评价方式。但有研究显示，教师在运用这种方式时仍存在"重结果轻过程""作品选择盲目""对作品缺少必要的说明"等现象。这些问题严重阻碍了评价对于改进教学和促进幼儿发展性功能的发挥。上述两种评价方案都能在一定程度上为解决当前我国学前教育评价实践中存在的问题提供有益启示。

(资料来源：于开莲，焦艳. 两种学前教育评价新方案的对比——多彩光谱评价方案与作品取样系统[J]. 学前教育研究，2009(8)：9-12.)

思考练习

1. 什么是学前教育评价？请简述学前教育评价的类型。
2. 请简述学前教育评价的功能及作用。
3. 试比较几种学前教育评价方案的异同。
4. 某乡镇幼儿园已开办5年，在刚办园时，招聘无业阿姨充当幼儿教师，以10年前的厂房为园舍，除了一个小型的滑梯外，并无其他玩具。现在，大部分教师是中专以上学历的专职幼儿教师，幼儿园进行重新修建、装修，也添置了不少玩具、教具。在教育部门的支持下，该幼儿园几乎每个活动室都配上了电脑，安装了多媒体设备，以期达到市级示范性幼儿园的标准。

请结合上述材料，并查询市级示范性幼儿园的标准，用恰当的评价方式对该幼儿园的达标情况进行评价。

第三章　学前教育评价的方法

本章学习目标

- 了解几种常见的评价信息收集方法，并掌握各个评价信息收集方法的概念和优点、缺点。
- 清楚质性法和量化法这两种评价信息处理方法的概念，并了解两种评价信息处理方法之间的关系。
- 了解并熟练运用 Excel 统计软件和 SPSS 统计软件进行数据统计与处理。

重点与难点

- 掌握各个评价信息收集方法的概念和优点、缺点。
- 熟练运用评价信息处理工具。

如何处理数据

一位实习生为了观察本园所开展的户外混龄游戏对幼儿互动行为的影响，并对幼儿之间的互动行为进行评价，于是采用非参与观察法，收集 100 个数据进行分析，但是在量化分析的过程中，缺少相关性的分析导致该幼儿教师无法对幼儿的互动进行评价，并提出相应的建议，于是她询问了同事，自学 SPSS 统计软件，解决了这个难题。

(资料来源：幼儿园实习生笔记)

在进行学前教育的相关评价或者学前教育的研究时，我们也会遇到相应的问题，比如，我们是要采用量化研究还是质化研究，我们要使用什么方法才能进行下去，我们要使用什么工具来处理数据？本章就重点解决这些问题。

第一节　评价信息收集方法

评价信息是教育评价的一个重要环节，是学前教育评价的基本组成之一。教育评价信息的收集与评价主体、评价内容、评价目的和评价标准息息相关，甚至也会影响评价结果的客观性和有效性。因此，我们必须熟悉并掌握评价信息的各种收集

评价信息收集方法

方法，了解每种方法的使用范围和优点、缺点，最后熟练地运用这些方法。

一、观察法

(一)观察法的概念

观察法是评价者根据一定的研究目的，在自然条件下用自己的感官和辅助工具直接观察被研究对象，从而帮助人们获得资料并扩大感性认识的一种方法。科学的观察是有目的、有计划、系统的，并且可以重复地观察。

观察法是评价信息收集常用的研究方法之一，也是学前教育工作者和家长认识并了解幼儿的一种常用方法。使用观察法我们可以非常深入地了解幼儿，获得幼儿的一些具体而真实的信息，进而形成一些有益于改进教学和科学评价、科学研究的观点。其实，观察法适用于了解学前儿童的身心发展状况，如学前儿童的感知觉、记忆、兴趣、想象、思维、社会性的发展、情感、个性特征、气质、动作技能的发展、态度反应等。与此同时，幼儿教师可以在幼儿的日常生活中，通过观察法来掌握幼儿对某一事物的认知是否全面，进而对幼儿的认知发展进行评价。因此，在学前儿童教育评价中，观察法不仅具有非常重要的意义，也是学前教育评价的有效工具，在幼儿教育领域得到了广泛的运用。

(二)观察法的种类

观察法的种类从不同角度和不同目的划分有多种分法。例如，根据观察的情境条件可以将其分为自然观察和控制观察；根据观察是否借助仪器和技术手段可将其分为直接观察和间接观察；根据观察者是否直接介入被观察者的活动可将其分为参与观察和非参与观察；根据观察过程是否事先确定具体观察项目和观察程序的严密程度，可将其分为结构观察和非结构观察；根据观察的内容范围，可将其分为系统观察和局部的个别观察；等等。

1. 自然观察和控制观察

按观察的情境条件，可将观察法分为自然观察和控制观察。自然观察也称现场观察，指在现场自然情境中，对观察对象不加控制的一种观察。通常采用纸和笔对偶然现象或系统现象作描述的记录和分析。控制观察又称实验观察或条件观察，指在研究者控制条件的过程中，对现象或行为进行的观察。通常要求观察和谐标准化，观察问题结构化。

自然观察是最古老的，也是最基本的观察，适用于对儿童发展和教育的研究。这种观察能系统地记录儿童的发展性变化，能收集到较为客观、真实的资料，具有生态效应。但这种观察常常需要花费观察者较多的时间和精力，观察所得的材料往往是观察对象的外部行为表现，难以确定内在的因果关系。另外，观察难免带有主观选择性，只记录观察者感兴趣的行为表现，而忽略一些重要的行为细节。控制观察由于是在严密的条件下进行的观察，能克服观察者主观选择而产生的误差。但由于对环境条件的人为控制难度较高，控制观察实施起来较为困难。另外，也会影响结果的真实性和可推广性。

2. 直接观察和间接观察

按是否借助仪器和技术手段来观察，可将观察法分为直接观察和间接观察。直接观察是凭借人的自然器官如眼、耳等感官在现场直接进行观测进而获取第一手资料的观察。间接观察则是利用仪器或技术手段如录音、录像等间接地对现象或行为进行观察，从而获取资料的观察。

直接观察的优点是观察者身临其境，感受真切、直观、具体，有助于形成观察对象的整体认识，适合在实践第一线的教师应用。但人的感官是有一定局限性的，纸笔记录往往会遗漏许多信息，被观察的行为现象不能完整地保存下来，可供日后重复观测和反复分析使用。因此，现行的观察常需要以间接观察作为辅助手段，利用现代化的仪器设备使观察更精确、更全面。

3. 参与观察和非参与观察

按观察者是否直接介入被观察者的活动，可将观察法分为参与观察与非参与观察。参与观察是一种独特的观察方式，它要求观察者不暴露自己的真实身份，加入被观察者的群体或组织中，进行隐蔽性的观察。例如，为了解少数民族儿童的社会文化、生活习惯等，研究人员长期生活在少数民族居住的村寨进行观察研究。非参与观察指观察者不介入观察对象的活动，以局外人或旁观者的身份进行的观察。这种观察可以是公开的，即被观察者知道有人在观察；也可以是隐蔽的，即被观察者在不知晓的情况下被观察，如通过观察屏或暗中设置的仪器进行的观察。一般来说，绝大多数的观察是采用非参与观察方法进行的。

参与观察的好处是能掌握第一手材料，可以缩短观察者与被观察者的心理距离，可以深入被观察事物的内部，并可以追根溯源，查明原委，发现用其他方式难以了解的问题。但是，参与观察的主观性较强，研究结果难以重复验证。另外，如果观察者过多参与，没有摆正自己的位置和所扮演的角色，反而成了左右活动的人物，那就会影响观察的客观性。非参与观察由于不干预被观察者的发展和变化，只是从旁对正在发生的行为现象进行记录，因此，所得到的结论相对客观，但观察内容易表面化，不易获得深层次的信息。

4. 结构观察和非结构观察

按观察过程是否事先确定具体观察项目和观察程序的严密程度，可将观察法分为结构观察和非结构观察。结构观察也称为正式观察，它是一种计划严谨、周密、操作标准化的观察。这种观察的基本特征是，观察指标体系明确具体；对观察行为分类、下操作定义；预先制定细致的观察记录表；在一定控制程度下进行观察；范围较大的观察，需要培训观察人员建立信度；用量化方式分析资料；所得结果较为可靠。非结构观察也称为非正式观察，是一种无周密的观察计划，结构较为松散，且易于实施的观察，适合于教师获取日常教育教学等方面的信息和对儿童身心发展各种特点的认识，多用于探索性的观察研究。

结构观察能控制观察者主观的因素造成的误差，相对来说，科学性更强，更具说服力，它对观察者和观察手段都有较高的要求，常用于描述性研究和实验资料的收集。非结构观察在科学性上略显欠缺，但它在教育教学的自然情境中实施，方法灵活，有较好的可行性，常为实践工作者所采纳。

5. 系统观察和局部的个别观察

根据观察内容范围方面的不同要求，观察法可分为系统观察和局部的个别观察。前者要求对与整个评价活动有关的全部要素进行全面的、整体的、系统的了解和观察，通常要有一个事先制订好的周密计划，还需要有一个较长的观察过程。当然，通过这种方式收集到的信息较为翔实和完整，但也费时费力。后者是根据评价的具体目的，侧重了解观察对象某一方面的具体情况，旨在通过局部观察的方法达到认识整体的目的，增强了观察的客观性、有效性和可控性，如典型的时间取样和事件取样的方法。

(三)观察法的优点和局限性

观察法既可作为一种独立的研究方法，也可作为其他研究方法的辅助手段。观察法简便易行；获得资料的可靠性较高；有时，还可以获得一些意料之外的资料。观察法在教育研究中的作用是任何其他方法所不能替代的。只要我们认识到观察法的优点和它的局限，在研究实践中扬长避短，就能充分发挥它的作用。

1. 观察法的优点

(1) 在自然状态下即时进行，生动、具体、直观，可获得第一手资料。

观察法的一些支持者认为，同其他主要的资料收集方法相比，观察法所获得的资料比较客观。当然，也不能排除观察法产生误差的可能性。有一个陌生人(观察者)在场，人的活动和资料的记录便会有误差存在，所有这些，使在观察中存在误差的现实可能性。

(2) 可收集到非言语行为的数据和资料，便于对行为进行研究，特别适合对学前儿童的研究。

就收集非言语行为资料而论，观察法明显优于调查研究法、实验法或文献研究法。调查研究法在发现一个人对某个特定问题的意见方面，是优于观察法的。不过，在问到回答者关于他自己的行为时，会遇到各种各样的困难，包括故意否认一定的行为，或者回忆不起来。而在观察研究中，在场的观察人员则可随时发觉不断发展变化的行为。观察人员可做现场笔记，将行为的突出特征记录下来，甚至可以用录像磁带将其整个行为录下来。在调查研究法中，关系行为的资料大多是间接的(除了发生在访谈过程中的极少数行为外)。

调查问卷是一种人为的和有限的手段，仅限于原来选择的一个数目较小的问题，而观察法则深入调查研究整个的人。调查人员常在预备性研究中运用观察方法。一个研究人员常常计划进行一项调查研究，却对他的回答者不熟悉，从而不清楚问什么问题是适应的或必需的。通过一次初步的观察研究，研究人员就会发现研究所需的适当特征，包括回答者自己可能不知道的某些行为。同样地，观察法，尤其是非结构观察法，是非常灵活的方法，观察人员可集中精力关注那些重要的变量。教育研究的观察人员一般与观察对象要一起生活相当长一段时间。因此，他们之间的关系往往比在调查中访谈员与被调查者之间建立的短暂而又过于正式的关系更为亲密和随和。这种直接的关系使研究者有机会更好地发现被观察者真正的喜好是什么。

当然，这样也存在一种危险性，即观察人员和他的观察对象之间由于频繁的接触，容易产生友谊甚至爱情，这种感情的萌发，可能破坏观察人员的客观性。因此，一个局外人看得很明显的某些事，观察人员由于与观察对象过于亲密可能注意不到，甚至拒绝某些不利于他们的事情。

(3) 可对观察对象进行较长时间的跟踪研究，以获取行为现象发展变化趋势的有关资料。

在教育研究中使用观察法，无须像访谈员那样与被调查者每天的活动争夺宝贵的时间以进行访谈,也无须像实验人员那样必须强迫被试处于一个异己的,有时是敌视的或不舒服的实验室环境中,观察人员能够在被观察者天然环境中进行研究,从而通常能够进行比调查或实验时间较长的研究。这个优点是显而易见的。调查对象对很久以前发生的事件可能记忆不清,而观察人员是在事件正在发生时对它们进行观察研究,从而能够很好地区分偶然事件和平常事件。

(4) 观察资料是从被试的常态行为表现中获得,可以排除被试的主观反应偏差,具有较好的生态效应。

2. 观察法的局限性

(1) 在自然状态下进行观察时,由于不允许改变观察对象的各种条件,对影响观察的外部因素难以控制,且难以完全重复观察和检验观察结果。

(2) 观察的主观性较强,既受到观察者生理感知方面的限制,也受到认识方面的限制,往往只能得到表面的感性材料,难以深入事物的本质和被试者的内心,难以确定因果关系。

(3) 受时间、地点、人力、经济等条件限制,进行大范围的观察难度较大,样本较少。

(4) 观察通常是靠观察者的感觉进行判断和测定,因此所得资料往往难以系统地进行编码和分类,定量困难。就这点而言,有些类似调查研究中开放性问题的答案。在这两种情况下,研究人员可能面临成百甚至上千的材料,详细地描述每天发生的事情,却无法充分地综合资料,以得出与假设有关的结论。

(5) 容易引起特殊的心理效应并改变被观察者原来的行为方式,可能导致观察者接受假象。这种情况特别容易产生观察对象被迫置于被观察范围或不得不接受观察的场合。观察时间短,被观察者知道有人观察他们,并且担心某些行为会暴露给观察者。为避免这种情况,一些调查研究采取长期和深入的观察或隐蔽性(不让被观察者知道自己或不让他们了解自己身份)的观察。

(四) 观察前的准备

不管什么类型的观察,我们都要提前做好准备工作,观察前的准备工作主要有以下几点。

1. 确定观察的目的

在观察前,我们必须确定观察的目的,因为这是我们选择观察内容、观察类型的基础。盲目的观察必然导致观察的盲目与混乱,在我们实际的教学中就会遇到不少的案例,特别是职前学前教育教师的培养中经常会遇到这样的问题。不少学前教育专业的学生会从大一开始,通过学校安排或自己联系等多种方式,到幼儿园等学前教育机构实习。前几次会觉得很新鲜、很好玩,后来就觉得很盲目,不知道观察什么、怎么观察。这就是盲目观察的一种表现。

2. 制订观察计划

观察计划的制订是保障我们观察得以顺利进行的前提,观察计划主要包括观察的目标、观察的对象、观察的情景、观察时间的安排、观察记录方式等。

3. 观察材料的准备

观察过程中所需要的材料主要包括观察的维度和观察的记录表等。在观察指标详情表的制定方面，因为观察目标是相对比较抽象的，所以需要对其进行分解，形成观察的材料，可以对制定好的观察材料体系进行预测，获得观察的信度和效度。

在观察过程中的某些情况下，我们会使用某些量表、观察记录表等。我们可以自行设计和可以借鉴他人的观察量表，如果借鉴一个相对比较成熟的观察量表，应在正式观察前熟悉、试用此量表，如有不清楚的地方，应查看量表的使用说明或查阅相关资料。如果是自编的观察量表，在正式使用前也要试用，以便发现观察量表中不合理、不恰当、不好操作的地方。

4. 辅助观察设备的准备

观察过程中我们会借助一些电子设备来帮助我们进行观察和记录，如拍照、录音、录像等。但是在使用这些设备的同时，我们需要考虑一些问题：这些设备应该放在什么地方？怎么才能减少对被观察者的影响？是否已经熟练地使用这些设备？这些设备在使用过程中可能会出现哪些问题，又应该如何应对，等等。

以上虽然是一些细节问题，却可能影响评价信息的收集。比如，拍照时的闪光、摄像机的位置存在问题，导致最后无法收集到有效信息，甚至可能因为录音笔的摆放位置不当、电池没电了、对按键不熟悉等影响评价信息的收集。

5. 拟订观察提纲

观察提纲的拟订可以让观察者观察时明确关注的焦点、注意事项，提示自己下一步应该观察什么，是否遗漏了一些重要信息等。

(五)叙述性观察法及其运用

1. 含义

叙述性观察法，又称描述性观察法，它是随着行为事件的发生，自然地将它再现出来，观察者详细地做观察记录，然后对资料进行分类和分析研究。

2. 类型

1) 日记描述法(婴幼传记法)

在较长的时间阶段内，反复观察幼儿的行为，持续地记录其变化，记录新的发展和新的行为。其是一种纵向的观察描述，是20世纪之前研究婴幼成长和发展的主要方法。这种方法的特点是具有全面性、连续性、顺序性、真实性、简便性、个别性与特殊性。

2) 逸事记录法

逸事记录法是一种着重记录某种有价值的资料或信息，抑或是研究者特意去关注的问题，也可以是突发事件的方法。这种方法是观察法中最容易、最简便的一种。

日期：1980年9月11日 儿童：班米拉

才刚刚下课一会儿，沙沙就尖叫起来。一条无毒的小蛇在她桌上爬着。顿时全班哗然，过了一阵子总算安静了下来。班米拉用纸做了一个口袋，主动提出让他把蛇弄出去。我同意了。放学后，我把班米拉留下，问是不是他在沙沙桌上放了蛇。他说："难道你也不喜欢蛇吗？"我重复了一遍我的问题。他开始抽泣，嘴里不停地咕哝着关于喜欢不喜欢蛇的事，说是奇怪怎么会有人喜欢蛇，又有人不喜欢。等班米拉停止哭泣时，我告诉他，如果他想谈蛇的话，以后我可以找个时间专门和他讨论蛇。他点头说："好吧。"

（解释：今天的行为对于班米拉来说，是一种异常行为。在我过去对他的印象中，他总是对同学们很友好，与沙沙的关系尤其不错。可能他实际上是想与沙沙共享这一令人惊喜的发现才这么做的，尽管他的这种愿望是不可能实现的。我很奇怪的是他在哪儿弄到了这条蛇。全班为此热闹了好一阵子。）

(古迪温等：《早期教育测量与评价手册》．1980年版，P136-137.)

3）连续记录法

连续记录法，是指在一定的时间范围或阶段内(一小时、一天)做持续不断的观察记录，按自然发生的顺序详尽地描述行为。一般情况下，观察者不介入当时的情景和被观察的行为之中。这种方法没有日记描述法时间长，又比逸事记录更详尽、完整。

4）实例描述法

实例描述法，即样本描述法，其根据一些预先确定的标准尽可能地对所发生的行为事件及其背景作详尽、连续的观察描述。这种方法更侧重于事件本身，就像叙述一个故事。

3. 叙述性观察法的运用

(1) 说明观察开始时的场景：时间、场合、环境及行为发生的背景。
(2) 准确、全面地了解行为及儿童对环境的反应，记录他是怎么做的。
(3) 注意描述其他人对被观察儿童的影响与反应，记录相互作用的情况。
(4) 按行为和事件发生的原有顺序进行描述。
(5) 用日常语言准确记录。
(6) 区别描述性资料与解释说明性资料。

4. 叙述性观察法的特点

(1) 按传统分类，属于定性研究。
(2) 手段简单、易行。
(3) 资料完整、自然、真实、生动。
(4) 观察对象有限，多用于个别儿童或小范围群体的观察研究。

(六)取样观察法及其运用

1. 含义

取样，即对行为或事件的选择。研究者需要选取一部分有代表性的行为或样本作为研究的对象，用来代表相同条件下的一般行为或事件。

取样观察法是一种以行为为样本的观察法，是依据预先确定的标准选取行为的若干方面作为样本进行观察研究。其属于正式观察和封闭型观察。

2. 取样观察法的优点、缺点

(1) 减少记录时间。
(2) 便于统计整理。

(3) 适合多个对象或对儿童群体的研究。
(4) 满足研究的客观性、可控性、有效性等要求。

3. 要求

(1) 观察前做大量的准备工作。
(2) 选择行为样本，确定其操作定义。
(3) 决定观察的形式。
(4) 设计记录表格。

4. 类型

1) 时间取样观察法

(1) 概念。

时间取样观察法是专门观察和记录在特定的时间内发生的特定行为，即在一个确定的较短的时间段内选择一定的行为事件样例进行观察。在使用时间取样观察法时要遵循两个条件：所观察的行为必须是经常出现的，频次较高，大于等于 1 次/15 分钟；行为是外显的，容易被观察到的。

(2) 优点、缺点。

① 优点。

时间取样观察法具有具体而明确的观察目的，使观察者的观察目标清晰；省时、省力，其获得的数据易量化和统计分析；其时间间隔的确定使评价者能在较短的时间内获得大量的观察数据资料，有利于保障样本的代表性。

② 缺点。

首先，它仅适用于易被观察到的外显行为，不适用于观察内隐的行为，如想象、思维、个人隐私等；其次，它仅适用于观察经常发生的行为，一般情况下，对于 15 分钟内不易出现的行为不适用，如成功、同情心等；最后，运用该方法获得的信息一般仅能说明行为的某种频率，很难考察行为间的连续性和相互关系。

(3) 实例运用。

下面通过时间取样观察法的一个实例来说明该方法的运用过程。

观察内容：在幼儿自由游戏时每隔 5 分钟对全班 25 名幼儿观察 10 秒钟，记录幼儿的行为表现。

观察表格已预先准备好，如表 3-1 所示。

2) 事件取样观察法

(1) 概念。

事件取样观察法是预先选取行为或事件为样本，但其测量单位不是行为发生的时间间隔，而是行为事件本身。

(2) 特点。

首先等待行为事件的发生，然后记录，侧重事件的性质、过程及起因等。

(3) 要求。

① 确定所要研究的行为或事件，并确定其操作定义。

➤ 任性：不服从教师或其他小朋友的正当要求，犯了错误不承认，抢其他小朋友的玩具，做游戏时争抢，争座位，以及破坏性行为和支使别人等。
- 任性与攻击性行为：抢到手，没有争执——攻击性行为；一下子没抢到，遭到反抗还要抢——任性。

表 3-1　幼儿自由游戏观察表

儿童姓名	10：00			10：05			10：10			10：15			10：20			10：25			10：30			总计		
	S	P	C	S	P	C	S	P	C	S	P	C	S	P	C	S	P	C	S	P	C	S	P	C

注：S 代表幼儿独自的游戏；P 代表幼儿平行的游戏；C 代表幼儿合作的游戏。

观察说明：(1)在 10：00～10：30 的游戏活动中，每隔 5 分钟观察每个幼儿各 10 秒钟。
(2)记录幼儿在 10 秒钟内出现的独自游戏、平行游戏或合作游戏行为，并在表格中打"√"。

② 了解行为或事件的一般状况，以便在最有利和适当的时机和场合进行观察，如任性行为或事件，应预备观察两周。此类事件多发生在上课、用餐和自由活动中。
③ 确定所需记录的资料内容(种类)，记录形式。
- 争执事件：情景；攻击者、卷入者；攻击性行为、报复性行为；持续时间、行为结果、后续反应等，尤其是幼儿之间的真实谈话。
- 任性行为：任性者与任性行为对象，任性行为起因，任性的表现形式(语言、动作、表情)、行为结果，任性者是否达到了目的，持续时间等。
- 记录形式：叙述性记录或提前编码记录，如专断事件。

(4) 优点、缺点。
① 优点：保留了事件发生的背景(起因)；收集资料所用的时间比较经济；没有特定条件的限制；适用范围较广。
② 缺点：不易量化分析。
(5) 实例运用。
美国研究者达维(H.C.Dawe)为我们提供了运用事件取样观察法研究学前儿童争执事件的经典研究案例。下面，以幼儿争执事件为例对该方法的运用加以说明。
观察目标：幼儿争执事件。
观察内容：在幼儿争执事件发生时记录时间，在如表 3-2 所示的记录表上填写相应的情况。

表 3-2　幼儿争执事件记录表

幼儿姓名	年龄	性别	争执持续时间	开始情况	过程	行为类型	言行	结果	影响

二、访谈法

(一)访谈法的概念

访谈法,又称谈话法,是指通过评价者和评价对象面对面的交谈来了解评价对象的心理和行为的心理学基本研究方法。在幼儿园中,幼儿教师通过与幼儿之间的交谈与对话来了解幼儿某一方面的特点、性格和生活状况。但是访谈法与日常的谈话交流不同,日常的交谈较为随意且无目的性,而访谈法有明确的谈话目的,且谈话形式也有一定的要求。访谈法因其简单且易操作的特点而广泛运用,能够简单地收集多方面的工作分析资料,因此深受幼儿教师的青睐。

(二)访谈法的种类

根据不同的标准,访谈法被分为不同的类型。例如,根据访谈的结构化程度,可将访谈分为结构式访谈、非结构式访谈;根据访谈对象的年龄,可将访谈分为对成人的访谈和对儿童的访谈;根据访谈对象人数的多少,可将访谈分为个别访谈、小组访谈和集体访谈;根据访谈者与受访谈者是否直接见面,可将访谈分为直接访谈和间接访谈;根据对同一访谈者访谈的次数,可将访谈分为一次性访谈和多次访谈。

1. 结构式访谈和非结构式访谈

结构式访谈是较为正式和标准化的访谈,即访谈者按照统一的设计要求,根据事先制定好的题目、提问顺序及问题,进行比较正式的访谈并记录,被访谈对象根据问题回答并做出反应。这种结构式访谈被较多地运用在学前儿童的发展评价中。非结构式访谈,也称自由式访谈和非正式的访谈,即访谈者事先确定一个谈话的主题,并没有预先设计好详细的问题,通常只有一个粗线条的访谈提纲或范围,甚至可进行自由提问和做出回答。这种方法有利于发挥访谈者和被访谈者的主动性和创造性,环境无压力,易于问题的深入探讨。例如,学前教师在幼儿早上入园的时候和家长交流谈话,以了解孩子的有关情况。

2. 对成人的访谈和对儿童的访谈

在幼儿园中,成人访谈的对象一般是幼儿教师、家长和其他幼儿园的工作者,儿童访谈的对象一般是该班的幼儿。需要注意的是,对儿童的访谈要有一定的特殊性,需要具备一定的经验和进行一些训练。在学前教育评价中,儿童是评价信息的重要来源,如果评价过程中缺乏儿童的声音,无论如何都是不全面的。

3. 个别访谈、小组访谈和集体访谈

个别访谈,是指幼儿教师进行一对一的访谈;集体访谈,是指幼儿教师对一个集体(一个班级、一个寝室、一个教研组等)的访谈;而小组访谈对象的人数则介于二者之间。

事实上,小组访谈通常有固有的含义,并且也有一定的人数限制,这种访谈的受访人数通常为6~8人,或5~10人,不宜过多,也不宜过少。如果小组人数过多,就会有很多人没有发言的机会,讨论也不易深入。

与个别访谈相比，小组访谈能一次性获得更多的数据、信息，同时因为小组成员之间可能相互启发，讨论就会比较深入，小组成员之间在集体建构知识。然而，小组访谈也可能出现分层现象，容易出现话语霸权，有的成员没有机会发表自己的意见或发表不真实的意见等，同时小组访谈对访谈者也有一些特殊的要求，可能出现局面非常混乱或者大家随便说两句的现象。

4. 直接访谈和间接访谈

直接访谈是指评价者与评价对象直接面对面交流的访谈，访谈者可以直接看到对方的表情、体态，比较方便追问，交流更直接。缺点是比较花时间，而且对受访者的时间配合的要求也比较高。有些受访者，如时间比较忙、不愿意露面者，直接访谈会存在一定的困难。

间接访谈是指借助中介与被访谈者进行间接的交流或收集资料的一种方法。比如，电话、网络访谈逐渐成为一种被大家接受的访谈方式。间接访谈有其适用范围，比如，我们在评价一所幼儿园的教育质量，需要对家长和社区群众进行访谈时，如果采用直接访谈，可能无意间就阻止了一部分人员的参与。因此，这个时候就需要我们对其进行电话访谈或者通过 QQ、BBS 等现代网络技术进行间接访谈，比较省时、省力和省钱。随着网络技术的发展，不少班级和家长有自己的 QQ 群，这都是收集资料的途径。

5. 一次性访谈和多次访谈

一次性访谈是指对一个个体或群体只进行一次访谈。多次访谈，是指对一个个体或群体进行两次以上的追踪性访谈，也称为回访。多次访谈多适用于长期性的或者需要深层次访问的问题，有利于进一步厘清一些问题。

(三)访谈法的优点和缺点

1. 访谈法的优点

访谈法灵活性强，简单易行，引导深入交谈可获得可靠、有效的资料。对于个别访谈和直接访谈而言，不仅能够清楚、简单地收集访谈者想要的资料，而且能够获得对方一些非语言信息，如表情和动作，进而也了解了个人的性格和特征；集体访谈，不仅节省时间，而且与被访谈者交流起来也较为放松，针对较难且不易理解的问题成员之间可以相互启发影响，有利于促进问题的深入了解。

2. 访谈法的缺点

访谈法的缺点是访谈样本小，需要较多的人力、物力和时间，应用上受到一定的限制。另外，无法控制被访问者的种种影响(角色特点、表情态度、交往方式等)。所以，访谈法一般在调查对象较少的情况下采用，且常与问卷法、测验等结合使用。

(四)访谈前的准备

收集信息前，我们要做好访谈的准备工作，访谈者要区分日常谈话和访谈。因此，我们要做好以下工作。

1. 明确访谈目的

访谈目的是访谈工作的重点，访谈者要围绕访谈目的制定访谈提纲，并选择访谈类型。因此，我们在访谈前要确定访谈的目的，这不仅能够保障我们访谈工作的顺利开展，还能帮助我们在访谈过程中抓住重要的信息，收集所需要的评价信息。

2. 选择访谈对象

访谈对象要具有典型性和代表性，并且要根据访谈目的选择访谈对象的数量和年龄大小。

3. 选择访谈类型

访谈法有多种类型，访谈者应依据访谈对象和访谈目的来选择适宜的访谈类型，并根据评价类型的特点、要求，做好相应的准备。比如，是采用个别访谈还是小组访谈？是否会有目的、有系统地采取多次访谈的策略？一旦确定，就去做相应的准备。

4. 编制访谈提纲

访谈提纲是访谈者进行访谈的指导性纲要，访谈者可根据访谈提纲对被访谈者进行提问，促使访谈工作有序进行，同时访谈提纲可以使访谈者在访谈过程中不至于因紧张或被访谈者的影响被带偏。

访谈提纲能够提醒访谈者要访谈的重要内容，提醒访谈者哪些问题更值得追问等。

编制访谈提纲的一个重要内容是预计要提的问题，以及对提问的一些预计。比如，如果受访者不明白问题的意思，怎么加以解释说明；可以从哪些方面来进一步追问；等等。正是因为提问具有重要性，所以不少人的访谈提纲都是以提问的形式呈现的。

(五)访谈过程中需要注意的问题

1. 与评价对象建立融洽的访谈氛围

在访谈过程中，评价者与评价对象是相互影响、相互作用的。良好融洽的访谈氛围会影响评价的质量，有利于保障访谈的顺利实施，因此，我们要尽量营造融洽的访谈氛围，建立友好的关系。

2. 掌握访谈技巧

在访谈的过程中，需要掌握访谈技巧，要学会倾听，学会回应评价对象，这些技巧是保障访谈顺利进行的组成部分。

3. 认真做好访谈记录

在访谈过程中，评价者要与评价对象进行交谈，所以访谈过程中做访谈记录并不容易，最好在征得评价对象同意的情况下进行录音或者拍照，这样评价者在访谈过程中可以对评价对象的态度、表情等进行关注。

三、问卷法

(一)问卷法的概念

问卷是评价者按照一定目的编制的，对于被调查的问题，评价者可以不提供任何答案，也可以提供备选的答案，还可以对答案的选择作出某种要求。评价者根据评价对象对问题的回答进行统计分析，就可以得出某种心理学的结论。问卷法较为直观、简便，且操作简单，因此比较受幼儿教师的欢迎。在学前教育评价中，由于幼儿的认知发展水平和语言能力有限，因此问卷调查的对象一般是家长或教师，有利于了解幼儿在某方面的动机、兴趣、态度、需要和观点。当然，一部分针对幼儿的调查问卷可以由家长或教师代幼儿填写。

(二)问卷法的种类

根据不同的标准，问卷法被分为不同的种类，主要有以下几种。

1. 封闭式问卷和开放式问卷

1) 封闭式问卷

封闭式问卷又称结构式问卷，它通常是有备选答案的，以供被调查者选择或排序，类似我们通常所说的客观性试题。封闭式问卷的问题或项目一般包括选择式、量表式、排序式等几种类型。此种问卷的优点是效率高、省时、调查覆盖面广、易于作答、便于进行量化分析与处理、结果具有可比性等。其不足之处也是显而易见的，如答案限制了被调查者的回答、所列答案不能代表被调查者的真实想法、无法了解被试作答时的真实想法、编制问题时需花费较多精力等。

2) 开放式问卷

开放式问卷又称非结构式问卷。此种问卷的特点是只提问题，不列出答案，要求被调查者就问题写出自己的真实看法或情况，类似我们通常所说的主观性试题。此种问卷的问题或项目一般包括填空式和自由回答式两种类型。开放式问卷的优点是收集到的信息比较生动、丰富，有时可能会得到一些有价值的、非预期的资料，具有更强的灵活性，被试自由发挥的空间大。其不足之处在于被试作答时所需花费的时间较多，有时被试答非所问，调查者可能得不到自己想要的信息，对信息的归纳、整理较为费时、费力，且调查结果难以进行量化分析和处理。其实，封闭式问卷和开放式问卷常结合起来使用，一般以封闭式问题为主，开放式问题为辅，这样能收集到更全面和完整的资料。问卷法想要成功进行，编制良好的问卷是关键。

2. 自填问卷和访谈问卷

一般的问卷是自填问卷，即被调查者自己填写问卷。访谈问卷则针对一些比较特殊的群体，如不方便读写或不能读写的人群采用访谈者读问卷、受访者回答、访谈者帮助记录的方式进行。访谈问卷通常有较高的回收率，同时也更大可能地保障了被调查者是理解题意的。虽然对幼儿无法进行自填问卷的调查，但进行访谈问卷的调查还是有可能的。比如，如果想倾听西部农村儿童的心声，就可以采用访谈问卷。因为有一些西部农村儿童的文化程度不高，无法自填问卷，尤其是通过自填问卷可能会影响儿童的表达，降低其有效性。再如，地震之后调查地震对 0—6 岁儿童有何影响、儿童有何需要时，也大量采用了对家长的访谈问卷的方式。其主要原因是，在当时的情景之下，自填问卷的回收率相当低，相当一部分家长不识字、不会写字或者不能流畅地进行书写。

(三)问卷法的优点和缺点

1. 问卷法的优点

1) 具有统一性

问卷调查对所有的被调查者都是用同一问卷进行提问,这样有益于对被调查者在同一情况下进行比较分析,又能调查出与社会不同意识的被调查者,并可以对个体情况进行分析。

2) 具有广泛性

问卷调查不受人数、范围限制,设计方面给出的可能回答范围一般是由调查对象做选择,这样也方便调查对象对调查内容的理解。问卷调查大多是以封闭式方式进行调查,因此在资料的整理过程中,可以对答案进行编码并数据输入,以便进行定量的处理和分析。

2. 问卷法的缺点

调查问卷设计难,调查结果广而不深,问卷调查经常采用由用户自己填问卷的方式,所以其调查结果的质量和回收率难以保障。

(四)问卷法的实施步骤

1. 调查对象的选取

调查问卷的调查范围比较大,我们要根据调查的目的和内容确定调查对象的范围,采用科学、适当的抽样方法,从总体中抽出有代表性的样本。为使抽取的样本能代表总体,具有典型性和代表性,一般常采用分层随机抽样(类型抽样或分类抽样)和等距抽样(系统抽样或机械抽样)的方法。

2. 调查问卷的发放

调查问卷主要通过以下三种方式发放:有组织的分发作答、邮寄作答和当面发送作答。有组织的分发作答,即调查者通过一定的方式、渠道(各地的幼教组织、各地的科学教育研究所等行政部门),有组织地把问卷分配给被调查对象的过程。这种方法具有发放速度快、回收率高、便于收集和整理等特点,其应用较为广泛。邮寄作答,即通过邮寄的方式进行问卷调查,较为简便易行,调查范围广,省时、省力,但回收率不高。所以,为保障问卷的回收率,建议不仅要在信封里附上一封感谢信或附上相关专家的推荐信,最好给被调查对象附上寄回问卷用的邮票和空白信封等。当面发送作答的方式是最为有效的,其易获得被调查对象的合作,回收率高且及时。

3. 调查问卷的回收

调查问卷回收后,在剔除不符合要求的问卷时,要统计有效问卷的回收率。一个较高的问卷回收率,是获得真实资料有效的保障。一般来说,如果被试是专业人群,就要求问卷回收率在 70%以上;但如果被试为一般民众,则要求的回收率会低点。如果问卷回收率过低,就需进行补充调查和追踪调查。

(五)使用问卷法应注意的问题

有些问卷是了解调查对象的心理活动,而一个人的心理活动又往往是不轻易、不情愿让别人知道的。因此，有时对方并不会积极合作；有时，被调查者还会隐瞒真相，这都会对调查的可靠性带来影响，这是问卷法的最大缺点。因此，在拟定、设计问卷时，一定要特别慎重。问卷调查主要应注意如下几点。

(1) 设法短期内与调查对象建立相互信赖的关系。在调查双方还没有良好的沟通基础时，最好不要马上应用调查对象的心理活动的问卷。待时机成熟，关系融洽之后，再调查对方的心理反应，结果会更真实。

(2) 回答方式越简单越好，应当尽量避免设计难以回答的问题。

(3) 属于敏感性的问题，最好迂回设问。

(4) 使用不记名的问卷，可以使调查资料的可靠性增加。

(5) 问卷初稿形成后，最好请有经验的同志审阅或共同讨论、修改。

(6) 在小范围内进行模拟调查，发现问题，及时改进。

(7) 按照统计要求设计问卷。设计问卷时必须考虑用什么方法统计和分析，有些调查做得很细，包括内容很多，但由于未按照统计要求设计，难以得出有价值的统计结果。

四、测验法

(一)测验法的概念

测验法是指通过心理测验和教育测验，对被测的心理现象或心理品质进行定量分析，推测人的心理特点。常用的心理测验有以下几种。按照内容分为能力测验、成就测验、态度测验和人格测验；按照形式分为文字测验和非文字测验；按照规模分为个别测验和团体测验。在管理心理学的研究中，心理测验常常被作为人员考核、员工选拔、人事安置的一种工具。测验的两个基本要求是信度和效度。

(二)测验的信度和效度

1. 信度

信度是指一个测验的可靠程度、一致性和稳定程度。例如，用智力测量表来测量幼儿的智力，第一次测得的智商为90分，第二次测得的智商为120分，那么，这样的测量结果是不可靠的，信度是低的。再如，用体重计称量一位6岁幼儿的体重，第一次称得的结果是20公斤，第二次称得的结果是25公斤，那么，这样测量的结果也是不可靠的，信度必然也是低的。

2. 效度

效度是指一个测验有效地测量了所需要的心理品质，指测量的有效性和正确性。它反映了测量的数据或结果与所要测量的对象之间相符合的程度。例如，用米尺测量长度是有效的，而用米尺去测量重量则是无效的。同理，用智力测验的题目去测量幼儿的智力发展水平是有效的，而用智力测验的题目去测量幼儿体格发育的情况则是无效的。测验是否有效，测验的效果又如何，对于正确评价被评价对象是十分重要的。而这一点也不容易做到，是评价者必须特别注意的。例如，对低龄幼儿进行智力测验时，给出了若干个题目让幼儿回答，那么，测量的结果究竟是该幼儿的智力还是该幼儿对题目的理解能力呢？这就不容易区别。又如，如果让城市幼儿和农村幼儿分别回答同样的题目，结果又会有很大的差别，那么，这一测量的结果是幼儿的智力水平还是幼儿的知识水平呢？如果是后者，这个测验的效度就会很低，难以说明问题。

信度和效度是既有区别又有联系的。效度是指正确性，而信度是指稳定性，稳定性强的并不一定是正确的。例如，用4岁组幼儿的智力测验项目去衡量3岁组幼儿，3岁组幼儿的智商分数为70—80分，稳定性很高，但这种稳定性并不代表正确性。一般来讲，测验的信度高，其效度必然高。测量理论研究表明：效度的最大值小于或等于信度的平方根。

(三)测验法的优点和缺点

1. 测验法的优点

(1) 测验法所使用的标准化测验编制十分严谨、效果可靠。

(2) 测验法结果的量化程度高。测验法用数字对人的心理或行为进行描述，施测者容易控制，有助于减少被试者在回答问题时受主观因素的影响，从而提高评价结果的客观性，测验法的结果处理十分方便。

(3) 有常模进行比较。测验法有设立好的常模，可以直接进行比较。

(4) 简便、省力。

2. 测验法的缺点

(1) 测验是一种间接测量，即通过对行为的测量来推断要测量的心理。如果行为样本未选准，项目所引起的反应就难以推断所要测量的心理。

(2) 测验不可避免地受到经验和文化条件的影响。

(3) 测验法对施测者要求较高，他们应该具有一定的专业知识和较熟练的测验技能，熟悉测验手册的各种要求。

(4) 测验成绩只表明结果，不能反映过程。

五、教育测量法

(一)教育测量法的概念

所谓测量，就是按规则给对象或事件赋值。教育测量就是根据某种规则或尺度，以数量化的形式描述教育现象或教育对象的某种属性。教育测量法就是根据教育目标的要求，运用测量工具，按照一定的规则和程序，通过对被试的实际测定并收集资料数据的评价方法。教育测量是对教育领域的许多事物和现象等进行数量化的描述过程，如儿童的各科成绩、语言、注意力、兴趣、动作技能、智商、反应速度等都具有一定的数量属性，都可以进行某种程度上的测量。这就为教育工作者、研究者对幼儿的发展状况、教育的有效性等进行科学评价提供了大量的数据资料。因此，教育测量法不仅是教育研究者收集资料的重要方法，也是学前教育评价中的重要方法。

通俗来说，教育测量法就是根据一定的规则给事物分派数字。1、2、3、4、5，这些数字本身是没有数量或质量意义的，只是一个符号。当我们规定 1 代表学业成绩的最低等级"不及格"；2 代表"及格"；3 代表"中等"；4 代表"良好"；5 代表"优秀"时，1、

2、3、4、5才具有实际意义,数字按规则被赋予了意义。

(二)教育测量法的特点

教育测量法的基本特点就是根据一定的法则,以测验为工具对研究对象进行测试,从而获得数量化的结果,并通过进一步分析获得相关结论。它可以把抽象、概括的理论研究成果(群体发展的平均指标、一般特征、理论学说等)转化为反映个体发展水平、教育发展状况的便利工具,并提供可靠的数据。教育测量法具有间接性、不确定性和目的性。

(三)教育测量法的要素和种类

教育测量法有三个要素,具体介绍如下。

(1) 参照点。参照点分绝对零点和相对零点,教育测量所应用的参照点都是相对零点。

(2) 统一的单位。一个好的测量单位必须具备两个条件,即要有明确的意义和相同的价值。

(3) 量表。量表就是具有单位、参照点及表示量数的测量工具。教育测量常用的工具是试卷,而试卷是由测试题构成的,故我们必须高度重视命题的研究,提高试题的质量,这样才能保障测验的可靠性和有效性。教育测量中我们常见的量表有四种,分别是名称量表、顺序量表、等距量表和比率量表(见表3-3)。

(四)社会测量法

1. 社会测量法概述

社会测量法是心理学家莫里诺(Moreno)1934年提出的一种研究方法。它主要用于研究团体(特别是小团体)成员之间人际关系和人际相互作用的模式,即所谓的社会结构,通过社会测量,人们可以了解人的人际知觉方式、团体凝聚力等团体特征。它是涉及社会性的变量。它主要研究人际关系及人际结构特征,强调人与人之间的相互作用。社会测量是对人的某种评价,因此它容易引起被测人较强的兴趣与动机。测量结果特别适合于小团体研究,在研究团体效率和凝聚力等方面具有很强的应用性。

2. 社会测量法的种类

社会测量法的种类有很多,本书只介绍以下三种常用的方法。

1) 同伴提名法

在社会测量法中,同伴提名法是一种最基本、最重要的方法,即让被试根据某种标准,从同伴团体中找出最符合标准的成员来。例如,测量者以"喜欢"和"不喜欢"为依据,让被试说出班上他最喜欢或最不喜欢的两个成员,然后对测量的结果进行技术处理,最终了解被试的人际关系发展状况。研究者运用该方法对被试进行个别施测时,一般又采取两种具体的方法,即照片提名法和现场提名法。

2) 人物推定法

人物推定法可理解为同伴提名法的一种变式,即测量者首先向被试提出各种人物类型和行为方式类型,然后请被试写上自己认为最符合测量者所提供的形象的名字,如"团体中最热情、最大公无私、最积极的人是谁?"或"团体中最冷漠、最懒惰、最自私自利的人是谁？"前者被选上的人可得正的分数，后者被选上的人可得负的分数，最后一统计，就可知道团体中每个人的位置。这种方法被广泛运用于班级成员中个别差异、创造性或班级中重要人物等方面的评估，便于研究者或教师较为迅速地了解班级中的中心人物和人际关系的特征。此方法特别适用于对学前儿童人际关系的测量。

表3-3 教育测量中的常见量表

量表	条件	例子
名称量表	名称量表是一种最简单、最低水平的量表，即根据法则用一定的数字或其他标志对事物的类别进行标识	例如，用"1"和"2"区分男生、女生。这种数字只是一个符号或称呼，既没有任何数量大小的含义，也没有任何高低序列的意思，不能对其进行任何运算，只能在每一类别中计算其所包含的次数。因此，其所运用的统计都属于次数的统计，如百分比、X检验等
顺序量表	顺序量表，即表示事物顺序关系的数值特征的量表。这类测量的数值具有等级性和序列性等特点。顺序量表优于名称量表，它既能对事物进行分类，又能标识各类别间的顺序关系。但它并没有告诉我们各数间的距离相等，因此，该量表不具有等距性，也不能进行加、减、乘、除的运算。在教育测量中，应用该量表进行统计处理的方法主要有中位数、百分位数和等级相关系数等	例如，学生学业成绩的名次可分为第一名、第二名、第三名等
等距量表	等距量表最为显著的特点是等距性，即它对事物所作的数量划分是等距离的，是确定的。这类量表上所表示的数值可进行加减运算，但不能用倍数关系表示，不能进行乘除运算。等距量表没有绝对的零点，该类量表的起点是人为选定的	例如，某学生考试成绩为零分，但并不表示他一点知识也不懂、一点能力也没有。在教育测量上常用该量表的一个重要原因是，在一个等距量表上所得到的数据，可换到另一个与该组信息计算的参照点和单位不同的等距量表上；另一个重要原因是，该量表能较广泛地应用统计方法，如标准差、计算平均数、差异量、相关系数和 Z、t、F 检验等。最为常用的方法是把原始分数转换成标准分数，而标准分数就是一种等距量表
比率量表	比率量表是教育测量中最高水平的量表，除了有名称量表、顺序量表和等距量表的特点外，它既有绝对零点，又有相等的单位。该量表在物理测量中被广泛地运用，但由于它的应用条件极为严格，所以在教育测量中运用较少	如温度、高度

3) 社会距离测量法

社会距离测量法是按五点量表，将人们的接纳水平从最接纳到最排斥分为 5 个等级，要求被试按此 5 个等级把团体中其他成员分成 5 类，每类的人数不作任何限定，完全由被试自由选择，如"请分别写出与你关系最好、比较好、一般、比较差、最差的人的姓名"。其具体做法是：请每个成员给团体中的其他成员评分，例如，对与自己关系最好的人给 5 分，比较好的人给 4 分，一般的人给 3 分，比较差的人给 2 分，最差的人给 1 分。最后统计每个人的得分情况，所得分数就表示社会距离，得分越多就表示与别人的社会距离越接近，反之，就越疏远。表 3-4 所示为成员 F 对其他成员的社会距离总分数。该方法适用于大、小群体，被广泛应用于当前的学前教育评价中。

表 3-4 成员 F 对其他成员的社会距离总分数

其他成员	关系最好 5	比较好 4	一般 3	比较差 2	最差 1
A		√			
B			√		
C		√			
D					√
E					√
F					
G	√				
H	√				
I		√			
J		√			
K		√			
合计	10	20	3	0	2

六、其他方法

(一)投射法

投射法来源于临床心理学，它是采用一种无结构的、非直接的方式使受试者将感情投射到无限制的情境中，从而探究受试者隐藏在表面反应之下的真实心理，以获知其真实的情感、意图和动机。常用的投射法包括词语联想法、句子或故事完型法、绘图法、漫画测试法、照片归类法等。所谓投射，就是把自己的某些不能为社会所接受的想法、自己所不喜欢的事情，推到别人身上，或投向外界，以减轻自己的心理负担。

在学前教育评价中，投射法是对被评价者给予一定的刺激，如提问、观看材料等，让其自由反应，通过各个不同的反应来了解被评价者的个性和心理状态的一种方法。

(二)档案袋评价法

1. 档案袋评价法概述

档案袋评价法又称为成长记录袋,起源于20世纪的教育改革运动,是一种新的质性评价方式。它是指教师和学生有意将各种有关学生表现的材料收集起来,并进行合理的分析与解释,以反映学生在学习与发展过程中的努力、进步状况或成就。

成长记录袋记录着幼儿成长中的一系列故事,即指汇集了有关幼儿学习成就或持续进步信息的一系列表现、作品、评价结果和相关记录及资料等。成长记录袋作为一种评价方式,是指通过记录袋的制作过程及最终结果的分析对幼儿的发展状况进行评价的过程,是一种较为理想的评价方式。

2. 档案袋评价法的类型

(1) 以不同的功能为标准,将学生成长记录袋分为理想型、展示型、文件型、评价型和课堂型五种,具体介绍如下。

➢ 理想型。理想型主要由三部分构成,作品的创作过程及其入选理由、一系列精选作品,以及引导学生对自己的作品的深化入分析和反思。通过一段时间的积累,引导学习者成为自己学习历程的思考者和非正式的评价者。

➢ 展示型。展示型主要是由学生选择的其最喜欢的作品集。自我反思与自我选择比标准化更重要,给由家长和其他人参加的展览会提供学生作品的范本。

➢ 文件型。文件型是根据一些学生的反映以及教师的评价、考查、逸事、成绩测验等得出的学生进步的系统性、持续性记录。以学生的作品、量化和质性评价的方式,提供一种系统的记录。

➢ 评价型。评价型是主要由教师、管理者、学区所建立的学生作品集。评价的标准是预定的,向家长和管理者提供学生在作品方面所取得成绩的标准化报告。

➢ 课堂型。课堂型由三部分组成:一是根据课程目标描述所有学生取得的成绩的总结;二是教师的详细说明和对每个学生的观察;三是教师的年度课程和教学计划及修订说明。在一定情境中与家长、管理者及他人交流教师对学生成绩的判断。

(2) 根据入选材料性质的不同,可以把学生成长记录袋分为最佳成果型、精选型和过程型三种。

(三)个案评价法

个案评价就是选择一个或几个学前儿童作为评价的对象,首先对他们进行追踪并收集有关信息,然后分析评价对象的问题、特点和形成原因等,以便对其采取相应的有效措施。个案评价法是一种综合性的评价方法,在进行个案评价时,需要综合运用调查、观察、问卷、访谈等多种方法,但一般情况下,个案评价还是以观察法为主。另外,运用该方法对幼儿进行评价时,既要听取教师、父母或同伴的意见,又要参考有关医生或专家的报告,以便更好地评价幼儿。使用个案评价法,不仅能帮助我们更好地了解儿童某些问题的原因,还能为我们对幼儿进行测量和评价,提供有关儿童的生长、发展和变化的资料。此外,还能帮助我们给幼儿制定恰当的教育措施。

在对幼儿进行个案评价时,应注意收集以下几方面的资料。

- 儿童的一些基本情况(包括姓名、年龄、性别、所在幼儿园等)。
- 家庭的背景情况(包括父母的基本情况、经济状况、家庭结构等)。
- 幼儿园情况(包括幼儿园的性质、师资配备等)。
- 儿童活动的模式。
- 儿童社会性的发展状况。
- 儿童各方面的发展状况。
- 儿童的生活习性。
- 儿童使用的各种玩具、材料等。

在对上述资料进行收集和记录时，应尽可能地详细、客观和公正，以便得到更科学、有效的评价结果。

第二节　评价信息处理方法

我们在第一章第四节学前教育评价的基本准则中了解到，在进行学前教育评价时，我们要确保评价方法中量与质的并行性，两种方法的并行有助于评价结果的主、客观性相结合，使教育评价既能够提供简明的、概括性的发展情况报告，又能对报告中的现状给予补充和说明，促使教育评价的水平与质量进一步提升。

评价信息处理方法

一、质性法

(一)质性法的界定

1. 质性法概述

质性法又称为质化法，从字面上看，质性法与量化法是相对的一个概念。国内学者的典型代表人物是陈向明，她对质性法的定义为："质性法是以评价者本人作为研究工具，在自然情境下采用多种资料收集方法对社会现象进行整体性探究，使用归纳法分析资料和形成理论，通过与研究对象互动对其行为和意义建构获得解释性理解的一种活动。"典型的质性研究方法包括实地研究、文献研究等。

2. 质性法的目标

质性法的目标是着眼于研究特殊的个体，旨在揭示个体独特心理和行为特征，从而描述和解释特定研究情境中人们的经验，理解社会以及人们日常生活的意义。

3. 质性法的研究取向

质性法以现象学、释义学、建构主义为哲学基础，认为社会科学不像自然科学那样客观化、理性化，社会科学的研究对象是人及人类的主观意识，具有主观性，事件随时间、地点而变化，因此，人们不能独立地认识现实，现实也不能被完全了解，都要受到社会、历史、经济、文化等因素的影响，研究者和研究对象之间是主体与客体的关系，彼此影响，密切联系。

4. 质性法的特点

质性法被广泛运用于社会科学研究中，其主要特点可归纳为以下几个方面。

(1) 质性评价是在自然情景中进行的，需保持研究情境的自然状态。质性评价不仅注重实地研究，认为任何事件都不能脱离其环境而被理解，同时也注重评价的整体性和完整性，理解涉及整体中各部分之间的互动关系，对部分的理解必须依赖于对整体的把握，而对整体的把握又必然依赖于对部分的理解。强调在自然情境下对被评价对象生活环境的考察，要求评价者与被评价对象要有直接接触和面对面的直接交流。此外，评价者还把被评价对象、事件等视为一个整体，在对事件或被评价对象等进行考察时，要用系统的观点，从其不同的方面、角度等进行全面的探究，只有这样，才能深入被评价对象的内心世界，从而更好地了解被评价对象基本状况的完整性。

(2) 不追求所谓普遍适用的客观规律。社会生活是复杂的、多层次的，即使某些经验具有普遍性，也只是在特定的历史时期和具体范围具有普遍意义，超越时空的客观真理的真实性在社会科学领域是令人怀疑的。质的研究通常描述的是某一特定的社会文化和历史背景，重视社会历史发展中的主体选择性及其背后所体现的主体价值倾向性。

(3) 质性评价多采用描述方法来收集资料。描述方法强调在资料收集时，要注重情景中的每个细节，认为一切事物都是重要的、有价值的。具体的收集信息的方法，主要采用访谈记录、观察、现场记录、照片、备忘录、录像等，旨在通过这些图片、文字的描述性记录，对被评价对象在现场中的语言、情绪及行为表现等进行深入分析，从而解释各种社会现象或问题的内在联系性，进而做出更科学和有效的评价。

(4) 质性评价注重运用归纳的方法分析资料。质性评价是把已经收集到的原始资料组合到一起并形成抽象概括。从研究的基本思路看，质的研究主要采取的是归纳的方法，在原始资料的基础上建立分析类别，另外质的研究中的理论建构也是采用归纳的方法从资料中产生理论假设，然后通过相关检验和不断比较逐步得到充实和系统化。我们称这种自下而上形成理论的方式为有根据的理论。其分析和归纳是持续不断的，通过不间断地收集整理资料，发现其中的关联性。所以，其评价结果一般只适用于特定条件下和场景中，外在效度不高。

(5) 重视研究关系的影响。质的研究非常重视研究者与被研究者之间的平等关系，正是由于研究者和被研究者双方之间的互动，研究者才可能对被研究者的思想和言行进行探究，因此，在研究报告中研究者需要对自己的角色、个人身份、思想倾向，自己与被研究者之间的关系等因素对研究过程和结果可能产生的影响进行反省。

(6) 重视意义的解释性理解。质的研究的主要目的是对被研究者的个人经验和意义建构做解释性理解或领悟。研究者通过移情作用对被研究者的生活故事和意义建构作出解释，了解自己与被研究者达到解释性理解的机制和过程。研究者既要从被研究者的角度出发了解他们的思想情感、价值观和知觉规则，还要了解自己是如何获得对被研究者意义的解释的，自己与被研究者的互动对理解被研究者的行为有什么作用，自己对被研究者行为进行的解释是否确切，等等。

5. 质性法的优点与缺点

质性法作为一种教育评价研究的另一种研究范式，有其自己的优点和缺点。

质性法的优点如下。

(1) 可获得深入、广泛的资料，如深层次的观点、情感反应。

(2) 研究耗费少。

(3) 研究方法灵活。

质性法的缺点如下。

(1) 不适合进行宏观层面的、大规模的研究，研究者的观点和思想对结果解释的偏差，使其研究结果不具有广泛的代表性，推广性不强。

(2) 花费时间长，过程费时、费力。

(3) 分析资料、归纳资料难度较大，对研究者的水平要求高。

(二)质性法的实施步骤

质性研究应该尽量客观、自然地反映事实，使研究内涵更为丰富，因此，要注意质性研究的程序，其研究程序大致可分为以下几个。

(1) 质性法的基本设计。需要研究者进入现场，建立研究角色，包括界定有必要评价的现象，提出有价值的问题，对研究问题做出相应的界定和陈述(主要陈述研究的目的和意义)，构建基本的概念和框架，选取恰当的评价对象和方法，等等。

(2) 确定什么是有效资料及有效收集资料的方法。

(3) 保持研究者的价值中立，收集客观的资料。主要运用观察、访谈、查阅相关文献、录音等描述性方法进行相关资料的收集。

(4) 整理、分析资料和得出结论。对收集到的原始资料进行加工和归纳分析，逐步形成理论，建构理论后，再对分析所得的理论结果进行信度、效度、推广度和伦理道德等的检测。

(5) 撰写质的研究报告。撰写报告是对评价结果的呈现。在撰写报告的过程中有可能产生新的问题，这就需要再重复上述过程。所以，运用质性法进行评价是一个相互渗透、循环往复的过程。

(三)质性法在学前教育评价中的生成契机

学前教育就其本质来讲，是一种启蒙性整体效应，与系统的、分科的学校教育相比，学前教育更加强调各种教育活动在效应上的相互渗透与融合。而质性法，特别是质性法中的"扎根理论"被广泛地运用在学前教育评价中，这不仅与学前儿童的特点有关，也与学前教育的特点有关。

1. 质性法的取向和幼儿发展的特点相适应

(1) 学前儿童具有发展的整体性。儿童的发展是一个整体，各领域教学都不是孤立的，而是相互渗透和整合，促进幼儿身心全面、协调发展的。儿童不是机械的，也绝不是成人的附庸，而是有着独特个性和鲜明特色的有机体，并且这个有机体是作为一个整体对外部世界做出反应的。

(2) 学前儿童具有发展的独特性。学前儿童群体有其自身的独特性，学前儿童的身心发展也遵循其自身的特征和规律。首先，其话语体系、思维方式、社会交往方式等方面与成人不同；其次，儿童之间也存在差异，每一个孩子都是独特的，没有一个孩子是另一个孩子的复制品。

(3) 学前儿童具有发展的阶段性。学前儿童的发展有其阶段连续性。每一阶段都是前一阶段发展的延续，同时又是下一阶段发展的开始；前一阶段总包含后一阶段的某些特征的萌芽，而后一阶段又总带有前一阶段某些特征的痕迹，而这种阶段过程需要多方面的综合分析。

(4) 学前儿童具有发展的动态性。幼儿的身心发展受多方面因素的影响，如社区、家庭、同伴、幼儿园环境和教师等。幼儿的身心发展处于不断变化发展的系统环境中，因此，幼儿身心发展的这种动态且与时俱进的变化过程是难以用量化的数据来完全表征。

2. 质性评价路线符合学前教育学科特点

(1) 质性法注重保持情境的自然状态与学前教育评价相符合。质性法认为，任何事件都不能脱离其环境而被理解。布朗芬布伦纳的人类发展生态学理论提出，要对学前教育现象进行研究，必须将其放在整个社会的大生态环境系统中去分析，才能透过现象看本质。质性法讲究开放和灵活，也涉及整体中各个部分之间的互动关系，强调评价的互动性、情境性及动态性等，只有在动态发展中不断地研究、评价，才能了解真实的、动态的教育。

(2) 质性法对价值的探讨追求符合学前教育的特点。质性法能明确地对价值进行追踪，力求关注到每一个人的价值和意义，并认为价值和事实联系密切、密不可分，这恰恰与学前教育评价的导向性特点、关注每一位儿童、尊重儿童的特殊性等相符合，具有内在的一致性。同样地，质性法的主要目的也是对被研究者的个人经验和意义建构进行解释性理解，也同样表现出尊重个人的思想与价值观。

(3) 质性法强调双方关系的互动性。这不仅可能对研究过程和结果产生积极影响，也促进新时代"研究型"教师的发展。在学前教师专业发展方面，现代教育要求教师不断提升专业能力，快速成长为一名研究型教师。而质性法不仅强调重视每个人的生活经历和意义阐释，还要求研究者不断理解和反思，这就为学前教师从被动变主动，成为研究型的教师提供了切实可行的途径。

(4) 质性法的整体性也与学前教育的特点相一致。质性法不追求所谓普遍适用的客观规律，因为社会生活是复杂的、多层次的，即使某些经验具有普遍性，也只是在特定的历史时期和具体范围内具有意义。学前教育现象作为一种社会现象，受文化、社会、经济、政治等多种因素影响，是极其复杂的。通过质性法，从不同角度对事物进行深层次的了解和探究，不仅符合学前教育的整体性，而且通过重视社会历史发展中的主体选择性及其背后所体现的主体价值倾向性，也为学前教育评价提供了一条有力途径。

二、量化法

(一) 量化法的界定

1. 量化法概述

量化法，又称定量分析方法。量化研究，是指着重探讨研究对象的数量特征、关系和变化，并以此预测社会现象的发展趋势的研究方法。量化法是一种对事物可以量化的部分进行测量和分析，以检验研究者自己关于该事物的某些理论假设的研究方法。简单地讲，量化法就是指以问卷、结构式访谈、量表、统计报表和实验方法获得的数据资料为基础，运用数学方法进行统计描述和相关性分析，以精确地描述社会现象的存在状态和发展变化趋势，揭示社会现象的数量特征、数量差异和数量关系的方法。量化法从属于实证主义研究，以实证主义作为其理论基础。该方法主要应用于各种社会现象的相关因素分析，如儿童情绪表达与人际冲突的关系、儿童智力与语言能力的关系等。量化法的目的不仅要把握事物量的规定性，还要对被评价对象的可测特征进行简洁而客观的揭示。所以，量化法具有一套完善的操作技术，具体包括抽样方法、资料收集方法和数据统计方法等，一定程度上能够把握事物的本质，个人的价值观、感受或观点不影响测量。

2. 量化法的目标

量化研究着眼于一般性的群体，探求心理与行为的普遍模式和一般规律，从而对行为进行控制和预测。

3. 量化法的取向

(1) 以实证主义作为其哲学基础，强调事物是客观存在于人类之外的，不依赖于人的主观意识而独立存在。

(2) 客观现象是可以被认识的，人们可以通过经验的方法感知客观世界，把握客观世界的规律。

(3) 量化法的对象是一些事实、变量和固定不变的客观事物，研究者通过经验的、数量化的方法发现研究对象运动变化的规律。研究者和研究对象是主体和客体的关系，彼此独立分离。

4. 量化法的特点

量化法的特点可归结为以下几点。

(1) 量化法研究对象的可统计性。由于量化研究是借助数学方法的研究方法，因此研究对象必须先转化为可以运算的数据，以便进一步的分析，用统计数据来抽样、测量和计算，以验证表征研究结论。数字是其必不可少的表征符号，且多配以图形或表格来展示统计结果。

(2) 量化法注重被评价者的可测性特征，进而对评价结果进行简要且精确的量化描述。

(3) 运用量化法所得的评价结论具有可重复验证性。量化法的研究设计、样本及方法选择等都是有严格的规定和要求的，进而也在一定程度上保障了评价结论的可重复验证性。

(4) 量化法的研究结论客观性强，具有很强的推广性。它强调从经验事实出发，对研究对象进行变量分析，通过变量分析获得对客观事物的认识，依靠事实证实研究结果。量化法的整个实施过程尽可能地排除无关变量的影响，揭示事物之间的客观规律，能得到较为客观且推广性强的结论。

(5) 操作程序的固定化。量化研究的每一种具体方法都有它固定的、具体的操作程序。如数学建模法，要求在统计和测量的基础上建立主因素变化的数学模型，然后通过数学模型的运作把现实事物的变化反映出来。

5. 量化法的优点和缺点

量化法的优点如下。

(1) 研究结论推广性强。

(2) 精确化和标准化程度较高，逻辑推理较为严谨。

(3) 适用于大样本研究，覆盖面广。

(4) 研究结论较少受评价者的主观影响，较为客观、公正。

量化法的缺点如下。

(1) 量化研究所能达到的解释程度的问题。量化法只能对比较表面的、可量化的部分社会现象进行研究，很难获得比较深层次的、具体的信息。

(2) 量化研究适合度的问题。量化的实施过程不仅很难控制，而且很难建立事物之间的因果联系，不仅很多社会现象不能用数字表征，而且确实会涉及一些难以量化的问题，甚至是无法观察和经历的问题。另外，实证主义自上而下的归纳式研究有时会损害社会科学研究的整体性、意义性和动态性。

(3) 量化法实施过程的要求是非常严格和规范的，且对研究者的要求也很高，较为费时、费力。

6. 量化法的适用范围

量化法在学前教育评价中有着广泛的适用范围，主要表现在以下几个方面。

(1) 适合宏观研究。在宏观层面对教育现象进行较为大规模的调查和详细的研究、分析。

(2) 适用于对大样本进行评价研究，对教育现象进行数量化的因果分析和相关分析，发现趋势性的因果规律和相关规律。例如，全国大范围的某一学前教育现象及全国不同地区的某一学前教育现象的对比研究等。

(3) 适用于课程改革、教育评估和评价、学生发展等方面的评价、描述和预测性研究。通过观察、实验、测量，对数据加以分析和归纳，发现和推断具有代表性的、可推广的特征和模型。

(4) 适用于对群体的整体状态进行综述，且能对被评价者的可测特征进行客观而精确的描述等。

(5) 能够证实或证伪已形成的理论假设，并不断地修改或完善已有的理论假设。比如，学习心理领域的许多理论就是通过验证或证伪方法发展起来的。

7. 量化法描述数据的简要统计量

量化法描述数据的简要统计量主要包括以下两个。

(1) 集中量。集中量主要反映了被评价对象(包括幼儿、幼儿教师、家庭、幼儿园等)的整体状态水平，既可用来进行组间比较，组内的个体成员也可以参照集中量来了解自己所处的位置，其是主要代表一组数据的集中趋势或典型水平的量。比较常用的集中量有中位数、算术平均数、众数等。

(2) 差异量。差异量，即分化的程度，其不仅反映了评价对象群体的离中趋势和程度，也代表了一组数据的离散程度或变异程度。所以，一般来说，群体成员之间的分化程度越高，就说明差异量的数值越大。比较常用的差异量主要有全距、方差、标准差、四分位差等。

(二)量化法的操作步骤

量化法的具体操作步骤如下。
(1) 确定所要研究和评价的问题。
(2) 设计研究方案。在探索性研究的基础上，并结合已有的结论，充分发挥科学的想象力和创造力来提出研究的假设。
(3) 对研究假设所涉及的抽象命题进行操作化定义，并形成可观察和测量的具体变量。对实验步骤进行评判或改进。
(4) 通过观察、实验、调查研究等方法收集资料。
(5) 分析和研究资料，分析研究数据，并概括和检验研究假设。
(6) 得出研究结论、讨论启示及意义。

三、质性法与量化法在教育中的优化结合

量化研究和质性研究在研究的出发点、侧重点和归宿等方面存在着明显的不同，因此，如何正确对待和处理二者的关系一直是社会学研究方法的重大问题。

(一)二者关系

(1) 二者实际上是相辅相成、互相促进的关系。两者的最终目的都是解释、预测和控制。
(2) 研究过程中，质性研究也会采用一些量化的手段，借助数据来进行判断、推理，最终形成结论。量化研究的假设部分和研究结论部分一般也是质性性质的，离不开质性的研究思维和方法。

所以，评价者在处理评价资料时，应选择适当的方法，不能盲目地根据自己的喜好来选择一种方法，而贬低或排斥另一种方法。选择方法时，应结合使用质性法和量化法两种方法，尽量从两个侧面对被评价对象做出较为客观、公正、有效的综合评价。

(二)二者的有机结合

两种研究结合也具有方法论方面的支持。教育存在着极大的复杂性，这决定了教育的很多事实不能用明确的概念定义和量化。因此，在一项课题研究中可将质性法和量化法结合起来使用，优势互补。

具体操作方面，首先可以提出一个理论，然后由量化研究收集资料，验证理论，最后在这些数量的基础上再上升为更高层次的定性分析，如此才能对事物的本质有更加深刻的认识和真正的把握。这一过程将不断循环，直至对研究的教育问题能真正地、深刻地把握。最后，应从这些关系中归纳并揭示更为深层的本质，以作出理论上的解释和总结。

第三节 评价信息的处理工具

面对收集到的大量数据时,我们不得不使用一些现代工具来帮助我们处理和整理数据,从而得到一些客观的结果,以帮助我们进一步分析问题,因此,我们常会用 Excel 和 SPSS 这两个统计软件,以下是这两个软件的操作步骤和优、缺点及其使用案例。

一、Excel 统计软件

(一)基本概念

Excel 统计软件是一种计算机数据表格处理软件,用来分析数据和做出更明智的业务决策,它的功能有数据处理、图形及制表等。它可以生成数据分析模型,编写公式对数据进行计算,以多种方式透视数据,并用各种具有专业外观的图表来显示数据。与常用而复杂的 SPSS 统计软件相比,Excel 统计软件简便易行,可方便地进行数据资料的统计分析,省去大量的计算工作和复杂的选择公式,尤其适用于广大幼儿教师的分析数据处理工作。

(二)Excel 的优点

(1) 功能全:几乎可以处理各种数据,操作方便,适用范围较广。
(2) 丰富的数据处理功能、绘制图表功能和自动化功能等。
(3) 运算快速准确、方便的数据交换能力,省时、省力。

(三)适用范围

运用 Excel 统计软件对数据资料进行处理,虽然非常简便易行,但必须明确其运用的前提条件,即必须明确各种数据统计方法的定义和具体的适用条件或范围,否则最后得到的统计结论或结果可能会出现一定程度的错误或偏差,最终对研究结果的科学性、可靠性及有效性等产生严重的影响。此外,还要求研究者要会一些 Excel 的基础知识。

(四)基本案例

北京市宣武区 0~6 岁幼儿家庭的调查研究(节选)

"十五"时期,北京市将着力推进学前教育社区化的进程,逐步建立起以社区为依托的、正规与非正规教育并举的现代化学前教育体系。为实现这一目标,促进幼儿园、家庭、社区一体化教育格局的形成,并有针对性地开展社区家庭教育工作,以提高学前儿童家庭教育水平,宣武区学前办于 2000 年 3 月对全区 0~6 岁幼儿的家庭进行了普遍调查。

一、方法

1. 调查对象

调查对象是宣武区辖区内学龄前儿童的家长,其中,孩子就读于市立幼儿园的有 1935 人,就读于机关、街道、厂矿幼儿园的有 1169 人,散居的有 1124 人,共计 4228 人。

2. 调查内容

调查内容为宣武区学龄前儿童的基本情况(幼儿的年龄、性别)、家庭情况(家长的学历、家庭经济状况、幼儿同住的家庭成员)以及家长对幼儿园的需求等6个方面。

3. 调查方法

调查采用普查法和抽样法。

二、调查结果

1. 家长的文化水平

如图3-1所示，被调查的4228名幼儿家长的学历为：初中及以下占16%；高中、中专占44%；大专、本科占37%；硕士及以上占3%。其中孩子就读于市立幼儿园的家长学历情况为：初中及以下占5%；高中、中专占18%；大专、本科占20%；硕士及以上占2%。孩子就读于机关及街道、厂矿幼儿园的家长学历情况为：初中及以下占6%；高中、中专占13%；大专、本科占8%；硕士及以上占0.6%。散居幼儿家长学历情况为：初中及以下占5%；中专、高中占13%；大专、本科占9%；硕士及以上占0.4%。由此，我们可以明显地看出，幼儿家长的学历绝大多数都在高中、中专与大专、本科这两个阶段中，共占81%，加上硕士及以上学历的3%，总计高中以上学历的占84%。这就为我们有针对性地实施家庭育儿教育辅导奠定了良好的文化基础。

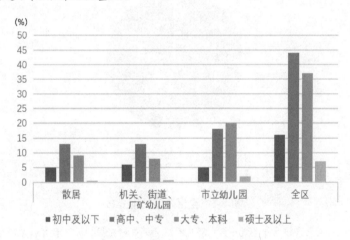

图3-1 全区儿童家长学历分布

2. 幼儿的年龄及性别状况

(1) 如图3-2所示，全区被调查的4228名幼儿中，3周岁以下的占30%；4～6周岁的占69%；7周岁以上的约占1%。

其中，3周岁以下的幼儿中，市立幼儿园的幼儿约占3.5%；机关、街道、厂矿幼儿园的幼儿约占6.5%；散居幼儿约占20%。在4～6周岁幼儿中，市立幼儿园的幼儿约占41%；机关、街道、厂矿幼儿园的幼儿约占20%；散居幼儿约占8%。由此，我们可以明显地看出，3周岁以下的儿童只有10%被送入各类园所，尚有20%散居在家中；而4～6岁的儿童则大部分在各类型幼儿园中，共占61%，尚有约8%散居在家中，未能接受正规的学前教育。这就为我们开展社区学前家庭教育提出了必要性。

(2) 如图3-3所示，全区幼儿男童、女童所占比重分别是53%和47%，男童高出女童达6个百分点。

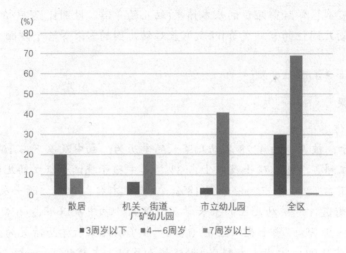

图 3-2　全区儿童年龄分布

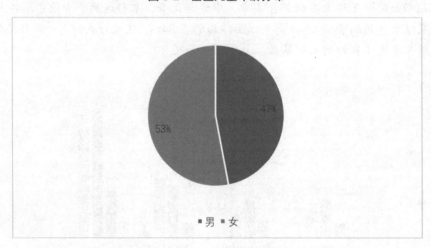

图 3-3　全区儿童性别分布

(资料来源：《北京市宣武区 0—6 岁幼儿家庭的调查研究报告》，教育科学研究，2001(7): 31-33.)

二、SPSS 统计软件

社会科学统计软件包(statistical package for the social sciences，SPSS)，是一款功能强大的统计分析软件，它在教育统计中有广泛的应用。SPSS 可以帮助教育研究者更好地分析数据，以便更好地理解教育现象。

SPSS 可以帮助幼儿教育研究者收集、整理、分析和汇总数据，从而更好地了解幼儿教育现象。它可以用来研究幼儿教育政策的影响，研究幼儿学习表现，研究幼儿园的教学效果，以及研究幼儿园改善的有效方法等。此外，SPSS 还可以用于研究社会因素对学习成绩的影响，以及学校环境对学习成绩的影响等。

(一)SPSS 常用版本介绍

SPSS 统计软件在国内的影响力较大，以其数据分析深入、使用方便和功能齐全而深受国内各学者和研究人员的青睐。截至 2023 年，SPSS 已经更新到 SPSS 29.0 版本，该版本相对其他版本更加方便，功能更加齐全，准确性也更高，同时操作也更便捷。本节将以 SPSS 29.0 for Windows 为例进行简单的介绍。

(二)具体安装步骤

SPSS 软件的具体安装步骤如下。

(1) 打开计算机，启动 Windows，并在官网将 SPSS 软件下载到 D 盘。

(2) 打开"我的电脑"，双击 D 盘，然后在目录窗口中找到名称为"SETUP.EXE"的安装程序图标，并双击该图标，此时屏幕上会出现 SPSS 安装界面，单击 Install SPSS 按钮，启动安装程序，进入欢迎安装 SPSS 界面。

(3) 单击 NEXT 按钮，开始安装。然后安装界面会询问"是否同意该软件的使用协议"，继续单击 YES 按钮。如果单击 NO 按钮，则退出安装。

(4) 安装程序还会询问"该软件在电脑中的安装位置"，既可选择单击 NEXT 按钮接受系统默认的安装路径，也可单击 Browse 按钮，选择其他位置作为安装路径，然后单击 NEXT 按钮继续。

(5) 首先输入用户名、使用单位及软件的序列号，再单击 NEXT 按钮继续。然后，系统会给出三种安装程序的选择方案供用户选择，即标准型安装(Typical)、最小化安装(Compact)和针对一级用户的自定义安装(Custom)。用户可根据实际需要选择相应的安装方案，并单击 NEXT 按钮继续。接着，根据屏幕上的操作提示进行。最后，单击 FINISH 结束按钮。

(三)利用 SPSS 进行统计处理的基本步骤

利用 SPSS 进行统计处理的基本步骤如下所示。

1. 数据的录入

将数据以电子表格的方式输入 SPSS 中，也可以从其他可转换的数据文件中读出数据。数据录入的工作分为两步：一是定义变量；二是录入变量值。

2. 数据的预分析

在原始数据录入完成后，要对数据进行必要的预分析，如数据分组、排序、分布图、平均数、标准差的描述等，以掌握数据的基本特点和基本情况，保障后续工作的有效性，也为确定应采用的统计检验方法提供依据。

3. 统计分析

按研究的要求和数据的情况确定统计分析方法，并对数据进行统计分析。

4. 统计结果可视化

统计完成后，SPSS 会自动生成一系列数据表，其中包含了统计处理产生的整套数据。为了能更形象地呈现数据，需要利用 SPSS 提供的图形生成工具将所得数据可视化。如前文所述，SPSS 提供了许多图形来进行数据的可视化处理，使用时可根据数据的特点和研究的需要进行选择。

5. 保存和导出分析结果

数据结果生成之后，则可将它以 SPSS 自带的数据格式进行存储，也可以利用 SPSS 的输出功能以常见的数据格式进行输出，以供其他系统使用。

案例

（1）张教授在幼儿园进行调研活动时，跟班进行一日生活的观察。一个星期以来，他发现班上有个叫果果的幼儿对其他小朋友很不友好，并经常欺负他们，还有几次动手打了其他小朋友，这引起了张教授的重视，他决定对这个幼儿进行长期的观察。

假如你是张教授，请制定一个个案观察研究课题，并说明选用的具体方法及理由，尝试制订详细的观察计划和记录表格。

（2）江苏省某幼儿园发生了一起安全事故。该幼儿园大班在进行手工活动课时，张三故意拿出剪刀要剪李四小朋友的手，李四见他伸手过来，两手握住剪刀使劲剪张小朋友的手，由于剪刀锋利，张三的手流血了，他很害怕，就使劲抢李四的剪刀，就在争夺剪刀的时候，剪刀插向了张三的肚子，张三受了重伤。虽然现在教师、家长等各界社会人士都很重视幼儿园的安全教育，但安全事故还是无处不在。结合材料，设计并制作一份幼儿园安全教育状况的调查问卷。

（3）某省级示范性幼儿园要对各班级教师的互动行为事件主题的频次进行统计，包括约束纪律、指导生活、照顾生活等(见表 3-5)，试将互动行为进行人数和百分数的统计，并运用 Excel 统计软件对数据资料进行处理。

表 3-5 各班级教师的互动行为事件主题的频次

班 别	主 题								
	约束纪律	指导生活	照顾生活	抚慰生活	提问	师幼做事	共同游戏	表达情感	询问
小班	55	72	35	9	11	5	4	2	3
大班	59	79	26	1	18	15	1	7	5
合计	114	151	61	10	29	20	5	9	8

(资料来源：刘晶波. 社会学视野下的师幼互动行为研究——我在幼儿园里看到了什么. 南京：南京师范大学出版社，1999:80.)

思考练习

1. 请简述学前教育评价中的信息收集方法。
2. 请简述如何做到质性法与量化法在教育中的优化结合。

3. 李老师在幼儿园大班进行调研活动时，跟班进行一日生活的观察。一个星期以来，他发现班上频频出现告状行为，这引起了李老师的重视，他决定对此进行长期的观察。

假如你是李老师，请制定一个观察研究方案，并说明选用的具体方法及理由，尝试制订详细的观察计划和记录表格。

第四章 学前儿童发展评价

本章学习目标

- 了解学前儿童体格发展评价、言语发展评价、社会性发展评价的实施。
- 掌握学前儿童各方面发展的评价指标与标准。

重点与难点

- 掌握学前儿童各方面发展的评价指标与标准。判定学前儿童发展评价方案。
- 能够对给出的具体评价指标和体系进行操作。对最终评价结果进行处理与分析。

导入案例

幼儿运动的观察

沐沐走上拱梯中间的横档,摇晃着身体通过5节横档,并在第4档和第5档两档停下,等待前面的小朋友通过,他坚持了8秒,快速跨过3把小椅子后,来到侧面竖立起来的拱梯面前,迈上拱梯,摇晃3次后双脚都站到了梯子上,摇晃3秒后刚要迈出脚步,被一旁的教师发现,立即扶住他的一只手并帮助其通过,他跳下后跌倒在地。

(资料来源:邹佩华.构建运动评价体系 助力幼儿健康发展[J].山西教育(幼教),2022(12):16-18.)

对于幼儿的动作发展,教师从不同的角度会有不同的评价,那么,我们要依据什么来对这些幼儿的动作发展进行评价呢?

第一节 学前儿童体格发展评价

学前儿童体格的发展,也称为学前儿童身体健康与动作的发展。对学前儿童来说,体格的发育和生长不只是身高和体重等增长,还包括各种动作的发展。也就是说,体格包括身体与动作的发展。学前阶段是儿童身体和动作迅速发展的时期。

学前儿童体格发展评价

一、学前儿童身体健康发展评价

(一)学前儿童生长发育的评价

对学前儿童的生长发育进行评价是非常基础和重要的工作,但专业性也非常强,尤其需要相应的医学和生理的知识和技能。对于儿童教育工作者来说，对学前儿童的生长发育的评价相当程度上依赖妇幼保健院等专业机构，依赖专业机构收集数据后做出评价。对于生长发育的各项指标，儿童教育工作者尤其要理解这些指标的含义，如在日常活动、课程与教学中如何配合进行教育、如何要求家长配合等。对学前儿童进行生长发育评价，必须有相应的评价指标。常见的生长发育指标包括形态指标、生理功能指标和心理指标。可以对学前儿童的生长发育建立儿童成长档案，将不同时期的数据进行简要处理，如此就可以比较直观地看到儿童的发展变化。

1. 形态指标及测量

1) 身高

身高是指从头顶点至地面的垂直距离。一般以厘米(cm)或米(m)为单位。身高反映了人体的纵向生长，且受遗传因素的影响较大。一般来说，正常情况下，人出生时平均身高为50厘米左右；1周岁内身高增长迅速，可达75厘米左右；2周岁时身高为85厘米左右；3~7周岁每年增高6~15厘米。大多数人到11~12周岁时，身高可达155~160厘米。这一时期，大多数人的身高差别不是很大。

三岁以下的孩子，一般测量的是卧位身长。测量时，儿童需要脱去鞋袜和外套，仰卧于量床板底中线上，一人用手左、右固定孩子的头部，使其头顶紧密接触头板。另一人站在孩子右侧，左手握住其两膝，使下肢并拢紧贴量床，右手移动足板使其紧贴孩子双脚足跟，并记录数值。一般来说，测量的卧位身长较直立身高长1厘米左右。

三岁以上的孩子可以站立测量身高，让孩子立于测量计的台板上，然后取立正姿势，两眼直视前方，胸部稍挺起，轻收腹部，双臂自然下垂，脚跟靠拢；脚尖分开约60°，头后部(枕部)双肩、臀部和脚后跟部等几个点同时成一条线接触测量计立柱。测量者手扶滑测板轻轻向下移动，直到板底与头顶部相接触，需要注意的是，测量者的眼睛要与滑测板在一个水平面上。最后读取测量数值。

2) 体重

体重是指人体各器官、系统、体液的总质量，以千克(kg)为单位，是衡量健康状况的重要指标。一般情况下，足月新生儿的平均体重为3千克。1岁内体重，前半年增加速度最快，平均每月增长0.6千克，计算方法为：体重(千克)=月龄×0.6+出生时体重。后半年平均每月增长0.5千克，计算方法为：体重(千克)=6×0.6+(月龄-15)×0.5+出生时体重。1~2岁约增加4千克，2岁时体重约为出生时的4倍(12千克)，2~12岁平均每年增加2千克，具体计算方法为：体重(千克)=(年龄-2)×2+12。测量体重的过程中需要注意：同龄，不同性别、地区、种族的幼儿，上下在10%范围内波动，视为正常；测量体重应在早上、空腹、排尿后进行，并准确减去衣物的重量。

3) 头围

头围是指从眉弓上方突出部，绕经枕后结节一周的长度，与脑的发育密切相关。婴儿出生时平均头围为34cm，前半年增长8~10cm，后半年增长2~4cm。6个月时，为44cm；1岁时头围为46cm(同胸围)；2岁时为48cm；5岁时为50cm；15岁时接近成人头围，为54~58cm。

头围测量方法：幼儿采取立位、坐位或仰卧位，测量者应位于幼儿前方或后方，站立或坐下,用左手拇指将软尺零点固定于幼儿头部右侧齐眉弓上缘处。软尺从头部右侧开始,经过枕骨粗隆的最高点,然后回到零点,软尺在头两侧的水平要一致,紧贴头皮。如果幼儿有长发,应先将头发在软尺经过的位置分开。测量结果以厘米为单位,并记录至小数点后一位。

4) 胸围

胸围,一般是指人体胸部的外部周长,通常用英寸或者厘米表示。胸围是评价幼儿生长发育水平的重要指标,也反映体育锻炼的效果。新生儿的胸围平均约为32厘米,比头围小1~2厘米;1岁左右,胸围与头围大致相等;1岁后头围小于胸围。营养摄入不够、缺乏体育锻炼以及一些疾病(佝偻病)造成的胸廓畸形等均会影响胸围的生长发育。

胸围的测量方法:幼儿应站立,处于平静状态,双手自然下垂,目视前方,双脚分开与肩同宽,双肩放松。测量者面对幼儿,用左手拇指将软尺的零点固定于幼儿胸前乳头下缘,右手拉紧软尺,使其绕过幼儿背部右侧肩胛骨下角,再绕回左侧,注意前后左右对称。各处软尺轻轻接触皮肤,在幼儿平静呼吸时读取数据。以厘米为单位,读数记录到小数点后一位。

2. 生理功能指标及测量

生理功能指标,是指身体各器官、各系统在生理功能上可测出的各种度量。儿童的生理功能受生长发育和外界条件的影响,变化迅速且范围也比较广泛。下面,列举几项生理功能的指标。

1) 脉搏

脉搏为人体表可触摸到的动脉搏动,是反映心血管系统功能的一项重要指标。正常成人为每分钟60~100次,正常为每分钟70~80次,平均约为每分钟72次。老年人较慢,为每分钟55~60次。脉搏的频率受年龄和性别的影响,胎儿为每分钟110~160次,婴儿为每分钟120~140次,幼儿为每分钟90~100次,学龄期儿童为每分钟80~90次。

测量时用左手握持幼儿的手,取手掌上位,以右手食指、中指及无名指按其腕部的桡动脉,测量脉搏。以10秒为单位,连续测量3个10秒的脉搏,若其中两次测量值相同,并与另一次测量值相差不超过1次时,就可以认为幼儿处于安静状态。测量30秒钟脉搏数乘以2,即为每分钟搏动次数。

2) 血压

血压是指血液在血管内流动时对血管壁的侧压力,它是推动血液流动的动力。在不同的血管被分别称为动脉血压、毛细血管压和静脉血压,通常所说的血压是指体循环的动脉血压。血压是反映心血管功能的另一项重要指标。

7岁以下的儿童测量血压,常用8厘米的压脉带。测量前让幼儿静坐5~10分钟,然后取坐位,使上臂中点与右心房同高。将血压计的压脉带缠于右臂,注意,不能过紧也不能过松,压脉带下缘距肘关节2~3厘米。将听诊器探头放在肱动脉上,但不能用力压。打气加压至水银柱大约升至180毫米汞柱,然后缓慢放气,同时仔细监听声音。当听到第一次脉跳声时,记录水银柱的读数作为收缩压;然后继续放气,当声音突然变弱时,汞柱所指数值为舒张压。连续测量三次,其中较接近的两次相近读数的均值即为幼儿的血压值。

3) 肺活量

肺活量,是指在最大吸气后尽力呼气的气量。它一定程度上代表呼吸肌的力量和肺的容量及其发育状况。常用湿式肺活量计进行测量，测量前将标尺调至零点。让幼儿站立，两脚稍微分开，深吸一口气，然后迅速向吹口尽力吹气，直到吹不出气为止，标尺上所指的容量数即为肺活量。连续测三次，取最大值记录。

3. 心理指标

心理指标反映学前儿童的心理活动、个性特征和行为方式。一般通过对感觉、知觉、语言、记忆、思维、情感、意志、能力和性格等进行观察来获得数据。通过对学前儿童心理的观察和研究，可以针对学前儿童从小到大的年龄特征制定心理卫生方面的措施，促进学前儿童的生长发育。

(二)学前儿童生长发育的评价标准

学前儿童生长发育的评价标准，是指用来评价个体或集体儿童生长发育状况的统一尺度。一般情况下是指某一段时间内一定地区范围内，选择有代表性的幼儿就某几项发育指标进行测量，然后整理测量所得的数据，并对所得数据进行统计学处理，所得到的资料即为该地区个体或集体儿童的发育评价标准。

学前儿童生长发育的评价标准受所选择样本的影响，根据所选择样本的不同将它分为现实标准和理想标准两种。

1. 现实标准

现实标准，是指一个国家或地区大多数儿童的发育水平。所选用的样本是除去那些特殊儿童以外的其他所有正常儿童，且对样本不做严格的挑选。

2. 理想标准

理想标准，是指生活在最适宜的环境中的儿童，其生长潜力得到较好的发挥，因此生长发育的状况比较理想。最适宜的环境包括营养和膳食安排合理，营养素供给充足；良好的生活居住环境；可以得到及时的、良好的医疗保健服务等因素。一般来说，根据在最适宜的环境中生活的学前儿童作为样本所制定出来的生长发育评价标准高于一般儿童的发育水平。

(三)学前儿童生长发育的评价方法

1. 指数评价法

指数评价法，是指利用数学公式，根据身体各部分的比例关系，将两项或多项指标相关联，转化成指数进行评价。该方法计算方便、直观，应用广泛。常用的指数有以下 5 个。

(1) 身高体重指数，表示单位身高的体重，体现人体充实度，也反映营养状况。

(2) 身高胸围指数，反映胸廓发育和体型。

(3) 身高坐高指数，通过坐高和身高比值，反映人体躯干和下肢的比例关系，反映体型特点。可根据该指数，将个体的体型分为长躯型、中躯型和短躯型。

(4) BMI 指数：体重(kg)/身高的平方(m^2)，又称体重指数。近年来，该指数受国内外学者高度重视，认为它不仅能很好地反映身体的充实度和体型，且受身高的影响较小，与皮脂厚度、上臂围等指标与体脂积累程度密切相关。我国已建立的学龄儿童和青少年 BMI 超重、肥胖性别—年龄别筛查标准是 BMI 在儿童生长发育领域的具体应用。

(5) 肺活量指数：分别利用肺活量与体重、身高的密切关系，并利用单位体重或身高矫正肺活量，以更确切地反映机体肺通气的能力。

BMI 指数存在显著的种族、地域、性别、年龄和身高等差异，因此，应用时应结合专业知识，避免机械性地使用指数。制定和应用评价标准时应注意以下问题。①不能忽视身高因素。性别、年龄相同而身高不同的儿童，身材高大而粗壮者和身材矮小且瘦弱者可同样被评价为"体型匀称"。可以利用年龄段的身高标准，先筛选出那些生长发育迟滞者。②充分注意指数(尤其源自体格指标者)鲜明的种族、地区差异。③大多数指数呈非正态分布。因此，推荐使用百分位数法进行分级，并确定其等级含义。

2. 离差评价法

离差评价法，是指根据学前儿童生长发育状况呈现正态分布来进行分析，将儿童的发育数值与标准的均值及标准差进行比较，以评价个体生长发育的一种方法。常见的离差法具体如下。

1) 等级评价法

等级评价法是离差法中最常用的一种。它利用标准差与均值的位置划分等级。评价时，将个体该发育指标的实测值与同年龄、同性别相应指标的发育标准比较，以确定发育等级。如身高，以均值 $\bar{X}$ 为基准值。以其标准差 s 为离散，将发育水平划分为 5 个等级，制定出五等级评价表，如表 4-1 所示。

表 4-1　生长发育五等级评价标准

等　级	均值标准差法	百分位数法
上等	$> \bar{X}+2s$	$> P97$
中上等	$> \bar{X}+s \sim \bar{X}+2s$	$> P75$
中等	$\bar{X} \pm s$	$P25—P75$
中下等	$< \bar{X}-s \sim \bar{X}-2s$	$< P25$
下等	$< \bar{X}-2s$	$< P3$

一般生长发育评价中，身高和体重是最常用的指标。个体的身高、体重值在判定标准均值 ±2 个标准差范围内(约占儿童总数的 95%)均可视为正常。但在均值 ±2 个标准差外的儿童不能据此判定为异常，需定期连续观察，并结合其他检查，慎重做出结论。个体的体重有增有减，易受内、外环境影响。若儿童体重连续数月下降，则应先排除疾病因素，再评价营养状况。

等级评价法的优点是方法简单、易掌握，可较准确、直观地反映个体儿童的发育水平。在评价集体儿童时，所得结论不会受两个群体内部成员性别、年龄等差异限制。这是因为，尽管两个群体的成员组成不同，但评价时各个体都是按该指标各自的年龄、性别评价标准进行的。换言之，群体的等级百分数是建立在个体等级评价的基础之上。等级评价法的不足是只对单项指标进行评价，无法准确判断发育的匀称度，且在动态观察中变化趋势的直观性不足。

2) 曲线图评价法

曲线图评价法是离差法中另一种常用的评价方法。作曲线图时，将某地不同性别—年龄组某项发育指标的均值、均值±1 个标准差、均值±2 个标准差分别在坐标图上(纵坐标为身高，横坐标为年龄)，然后将各年龄组位于同一等级上的各点连成曲线，即制成该指标的发育标准曲线图，如图4-1 所示。连续几年测量某儿童的身高或体重，并将各点连成曲线，则既能观察该儿童的生长发育现状，又能分析其发育速度和趋势。以身高为例，若个体的测量值在均值±1 个标准差内可评价为发育中等；均值在+1~+2 个标准差者可评价为发育中上等；均值在-1~-2 个标准差者可评价为发育中下等；均值在+2 个标准差以上者可评为上等；而均值在-2 个标准差以下者可评价为下等。如上所述，均值在±2 个标准差外的儿童，不能一概评价为不正常，应连续观察其发育动态，判断其发育曲线是趋向好转还是趋向恶化，再做出正确判断。

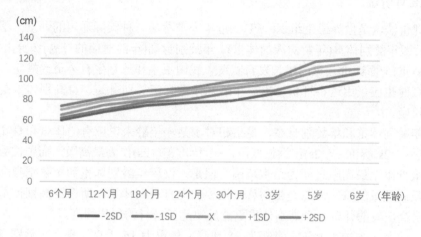

图4-1 儿童身高发育标准曲线

用曲线图来评价儿童的发育现状简便易行。可在同一坐标纸上将该群体各年龄组的某项指标均值和该地区同年龄阶段发育的标准均值都绘成曲线；比较两曲线相差的高低和距离远近。同理，也可比较某地不同年代某指标的均值曲线。曲线图评价法使用广泛，主要有以下优点。①方法简单，结果直观，使用方便。②能描述儿童的发育水平等级。③能追踪观察儿童某指标的发育趋势和速度。④能比较个体和群体儿童的发育水平。曲线图法的局限性在于，不同性别的每个指标都要制作一张图，也不能同时评价几项指标，分析比较发育的匀称度也存在局限。

3) 体型图评价法

体型图评价法的原理与曲线图相同，也是通过均值与标准差结合起来评价发育水平。不同的是，这种方法是每个儿童用一张图纸(分男、女)，图纸上同时列出几项指标(身高、体重、胸围)的标准，即均值与±1 个、±2 个、±3 个标准差的绝对值。评价时，将这些标准连成线，通过个体对均值的离差进行各发育标准的分等评价，并分析体重、胸围对身高比例的影响。一般来说，体重、胸围对通过身高点的垂线偏差在 1 个标准差范围内时，则可以认为该儿童身体发育较匀称；但当个体身长超过均值 1 个标准差时，则不能准确地反映胸围、体重与身高的相互关系。图4-2 所示为 7 岁女童的体型。

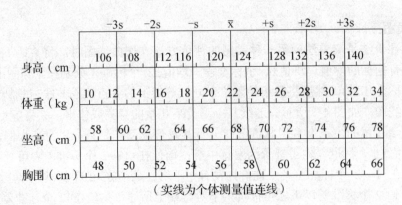

图4-2 7岁女童体型

3. 综合评价法

综合评价法，是世界卫生组织(WHO)近年来推荐的一种国际通用的评价方法。它采用三项指标，即年龄别体重(年龄对应的体重)、年龄别身高(年龄对应的身高)和身高别体重(身高对应的体重)全面评价儿童的生长发育状况。我国卫生和计划生育委员会规定，评价儿童的体格发育时也应采用这种评价标准。年龄别体重、年龄别身高、身高别体重是该标准使用的三个尺度。

所谓年龄别体重和年龄别身高，是指相对于某一年龄来说应有的体重和身高。标准中有三组数字：-2s 标准差(-2s)作为最低限，+2 标准差(+2s)作为最高限，而中位数则代表平均水平。最低限至最高限之间为正常范围。但是，仅用年龄别体重和年龄别身高这两个尺度并不能反映儿童的身体形态是否匀称，还要加上身高别体重。所谓身高别体重，是指相对于某一身高应有的体重。身高别体重更能反映儿童身材的匀称程度。

例如，一个3岁的小女孩，身高为88厘米，体重为16千克。查"年龄别身高"表可知，3岁女童身高的正常范围为86.5～101.4厘米，她的身高处于正常范围内。查"年龄别体重"表可知，3岁女童的正常体重范围是11.2～17.9千克，小女孩的体重是16千克，属正常。那么，再用"身高别体重"来衡量。女童身高88厘米时，正常体重范围应是10.3～14.1千克，而她的实际体重为16千克，已超出正常范围。因此，用三个尺度来衡量高矮胖瘦才更全面、客观。

二、学前儿童动作发展评价

(一)学前儿童大动作发展评价

1. 学前儿童大动作发展的内容

学前儿童大动作发展主要体现在大肌肉动作的发展，指幼儿全身或身体的大部分参与的动作，如行走、跑步、跳跃、投掷、平衡、钻爬、攀登、滚动、上举等。大肌肉动作对儿童发展的意义、价值是众所周知的。尤其是在当前我国儿童身体素质普遍下降的趋势下，评价学前儿童的大肌肉动作发展是非常有现实意义的。

1) 0～3岁婴幼儿大动作发展评价的内容

在婴幼儿时期，大肌肉动作发展主要涉及爬行、坐立、站立、行走以及手部的抓握等基本动作技能。格塞尔发育量表中的评价内容涉及姿势的反应、头的平衡、坐立、站立、行走等动作发展的里程碑式特征，Alberta 婴儿运动量表则从俯卧位、仰卧位、坐位、站立位等姿势的视角对大肌肉动作发展进行评估。总体上看，婴幼儿期的大肌肉动作发展评价内容以反射性动作和基础动作为主，包括反射、姿势、移动、实物操作等运动变化，注重对运动质量的评价。

2) 3岁以上儿童大动作发展评价的内容

随着神经系统和肌肉系统发育的逐步成熟，3岁以后，儿童进入更为复杂、高级的动作发展阶段。有学前阶段，大肌肉动作发展的主要任务是练习走、跑、跳、爬、攀、抛、接、掷、推、拉、捕等基础动作，学龄期则进入学习专门动作和竞赛运动期。儿童大肌肉动作发展测试(TGMD-2)主要测试儿童的移动能力和物体控制能力，包括跑、前滑步、单脚跳、跨跳、立定跳远、侧滑步、定点击球、原地拍球、接球、踢球、高手掷球、低手滚球等12个项目；卡森动作发展测试的内容有静态平衡、动态平衡、敏捷、投掷和抓握五个项目。学前儿童大肌肉动作质量量表(PGMQ)的测试内容则包括移动、操作物体、平衡能力三个方面。

2. 学前儿童大动作发展的测量工具

在日常情况下，我们可以通过观察儿童在户外活动、游戏过程中所表现出来的运动能力，了解儿童大肌肉动作的发展情况。与传统的描述性评价不同，大肌肉动作发展测量工具可以使我们更客观、科学地评估大肌肉动作发展的质和量的变化，以为教学提供改进的依据。根据应用功能的特点，可将大肌肉动作发展测量工具分为筛查类评估工具、结果性评估工具、过程性评估工具。

1) 学前儿童大动作发展筛查类评估工具

在运用大肌肉动作发展筛查工具时，评估人员可通过检核清单对儿童的大肌肉动作表现进行检核，然后参照对检核结果进行解释的手册，初步判断儿童大肌肉动作发展是否存在潜在问题。这类筛查工具操作简单，对评价人员专业知识与技能要求较低，普遍适用于家长、教师及其他与儿童教育工作相关的人士。国际上常用的儿童大肌肉动作发展筛查工具有：丹佛发展筛查测验(Denver developmental screening test，1967)、威廉姆斯学前儿童动作发展检核表(Williams' preschool motor development checklist，2001)、动作发展家长检核表(motor development checklist for parents，2001)等。

2) 学前儿童大动作发展结果性评估工具

大肌肉动作发展的结果性评估通过标准分数、百分位数、标准差等统计量评判儿童在群体中的相对位置，或将评估结果与标准常模比较，考察个体大肌肉动作发展是否达到预期的发展水平。其重在评估儿童运动能力所达到的水平，如跑步速度、投掷距离等量的变化信息。结果性评估工具广泛用于3岁及以上儿童的大肌肉动作发展评估。常用的大肌肉动作发展结果性评估工具有儿童动作测量量表(movement assessment scale for children)、Peabody运动发展量表(Peabody developmental motor scales-Ⅱ、卡森动作发展测试(cashin test of motor development)、麦卡锡儿童能力量表(McCarthy scales of children's abilities)、儿童身体协调测试(KTK)等。

3) 学前儿童大动作发展过程性评估工具

就早期儿童大肌肉动作发展而言，过程性评估比结果性评估对促进儿童动作发展更具现实意义，它能够反映大肌肉动作技巧的强度及不足。与筛查类评估工具和结果性评估工具相比，过程性评估工具对评价人员的专业素养要求较高，需要相关人员对儿童动作技能的学习与发展特点有所了解，并具有在游戏或其他自然情境中观察儿童运动行为的实践经验。当前应用最为广泛的过程性评估工具是 Dale A. Ulrich 博士编制和修订的《大肌肉动作发展测试-Ⅱ》(Test of Gross Motor Development-Ⅱ，2001)。该评估工具专门用于对 3~10 岁儿童大肌肉动作发展的评估，由身体移动和物体控制两大模块组成，共 12 个具体项目，目前已在国内投入使用，信度、效度良好。此外，常用的还有我国台湾学者编制的学前儿童大肌肉动作质量量表(PGMQ，2010)，威廉姆斯等人编制的《动作控制过程检核表》(Motor Control Process Checklists，2001)等。

(二)学前儿童精细动作发展评价

个体手部的精细动作能力，指主要依靠手以及手指等部位的小肌肉或小肌肉群的运动，在感知觉、注意等多方面心理活动的配合下完成特定任务的能力，它对个体适应生存及实现自身发展具有重要的意义。对处于发展早期的儿童来说，他们面临多种发展任务(如书写、绘画和抓取物体等)，精细动作能力既是这些活动的重要基础，也是评价儿童发展状况的重要指标。儿童精细动作发展的一些具体评价指标如下。

0~18 个月：抓住照看者的手指；双手伸出去抓取玩具、物品、瓶子等；学习拍手，说再见时有挥手动作；把小东西从一只手转移到另一只手；把东西从盒子里取出；用食指和拇指抓取物体；翻大书，通常能翻好几页；能用较粗大的书写(水笔、蜡笔、马克笔等)工具在纸上做记号。

18~36 个月：大多数情况下，能一页一页地翻书；用水彩笔涂鸦，并开始模仿绘制简单符号(如一个圆)；能使用刷子进行绘画。在成人的帮助下，能够折叠毛巾、纸等；把水从小杯子里倒出来；能通过转动、拉动等把门打开；能较好地使用一些餐具。

36~60 个月：能独立使用餐具进食；能使用各种绘画和手工工具(如蜡笔、刷子等)；能照着图样画形状、几何图形等；能一只手操作剪刀张开和闭合；能沿着直线和曲线剪，不一定很准确；能很容易地操作小物体(穿珠，把小东西放到小洞里)；能把大扣子扣好；能拉大的拉链；能使用订书机；能写出一些能被人们认出的字(数字、汉字、字母)。

60~72 个月：能打开或盖紧盖子(不是很难的那种)；在大人的帮助下，能够折出一些东西(纸飞机)；在成人的帮助下，能够学会打结或系鞋带；能书写自己姓名里的一些字母或汉字；能扣好衣服上的大扣子。

第二节　学前儿童心智发展评价

学前儿童心智发展的评价主要是从语言的发展和认知的发展两方面来进行。

学前儿童心智
发展评价

一、学前儿童语言发展的评价

语言作为自我表达和人际沟通的重要工具，对儿童思维、推理、逻辑、表达、社会适应能力发展起着重要的作用。学前期是儿童语言不断丰富的时期，发展速度也最迅速，是儿童学习语言的关键时期。由于儿童的生活环境、文化氛围、风俗习惯不同，学前期儿童的语言发展就出现了个体差异性，不同的儿童在词汇掌握、语音发音、语言使用方式等方面的表现是不同的。由此可见，为了更好地掌握学前儿童语言发展的情况，促进儿童语言的发展，对学前儿童语言发展进行评价十分必要。

(一)学前儿童的口头语言评价

1. 学前儿童的口头语言

《幼儿园工作规程》对学前儿童语言发展的目标做了规定，主要体现在"培养幼儿运用语言进行交际的基本能力"，由此可见，在幼儿语言发展的过程中，口头语言的发展占据着重要的地位。

传统的儿童语言发展研究常常是将语言因素分成语音、语义、语法三个相对独立的要素进行研究，但因口头语言的发展会受到儿童自身发展特点、环境、文化习俗等不同因素的交叉作用，学前儿童口头语言的发展因此显得更加复杂。

2. 学前儿童的口头语言评价举例

近年来，随着对儿童的语言运用能力的关注增加，在学前儿童语言的发展中，我们不仅关注其语音、语义、语法的发展，更加注重语言运用的能力。因此，学前儿童语言发展的评价主要从语音、语义、语法、语用四个方面进行。

1) 语音

语音是指语言的声音。学前儿童语音的发展主要表现在逐渐掌握本民族语言的全部语音、开始形成语音的意识。学前期是幼儿掌握语音的关键时期，做好幼儿的语音教育对幼儿的发展有重要的意义。幼儿语音教育的评价主要体现在培养幼儿准确的听音能力、教会幼儿正确发音、教会幼儿按照普通话的声调讲话、培养幼儿的言语表情、培养幼儿语言交往的修养五个方面。例如，在教会幼儿按照普通话的声调讲话中，中大班的幼儿在"妈""麻""马""骂"四个不同的声调中可以发出正确的声调。

2) 语义

语义是指语言的意义。语义的发展体现在词汇的理解与掌握上。儿童的词汇发展主要表现在丰富儿童的词汇、正确理解词义、词类范围逐渐扩大三个方面。评价时在丰富儿童的词汇方面，对小班的幼儿而言，丰富词汇的中心要求是学习运用能理解的常用词，如常见的交通工具、吃饭、穿衣、上课、游戏等活动名词；对中班的幼儿而言，掌握的词汇量要大幅增加，质量也要有明显的提高，例如，要教会幼儿学习运用多种多样的形容词来描述事物，如"美丽""新鲜""漂亮"等；对大班的幼儿而言，在巩固中班已掌握的词汇基础上，要大量增加幼儿掌握实词的数量，并学习一些常用的虚词，如"因为""所以""如果"等。

3) 语法

语法是指语言的组织法则。儿童要进行语言交际还必须掌握一定的语法体系，这样有助于正确地理解别人的语言、准确地表达自己的思想。儿童对语法结构的掌握主要表现在语句的发展和理解两个方面。在语句的发展阶段，幼儿掌握语句的句型从简单到复杂；句子的结构从松散到严谨；句子结构由压缩呆板到逐步扩展和灵活；句子结构和词性从混沌一体到逐渐分化。在句子的理解阶段，幼儿一岁之前，可以听懂大人说出的某些简单语句，并做出动作反应；一岁之后可以根据大人的指令做出更加强烈的动作反应；两三岁之后，幼儿开始与大人交谈，并能学习生动、有趣的歌谣；四五岁的孩子能和大人自由交谈，并且向他们提出各种各样的问题并渴望得到解答。

4) 语用

语用是指儿童使用语言进行表达和交流的能力。3岁以后，儿童的语用能力得到快速且全面的发展。例如，在对时间标记的使用中，一级水平为仅仅使用简单表示时间顺序的词语，如使用"当时""然后""现在"等。二级水平为有时使用较复杂的时间标记，如"从前""后来""直到""到……为止""一会儿""其次""不久之后""晚上""昨天上午"等。三级水平为儿童连续或大量使用上面所列的比较复杂的时间标记，且讲述的故事在时间序列上比较清楚。

(二)学前儿童的早期阅读评价

1. 学前儿童的早期阅读

儿童早期阅读能力是儿童学习能力的重要体现。儿童早期阅读与单纯的看书、识字教育不同，也不是寻常意义以文字为基础的正规阅读，更多注重的是阅读过程，实现成人用书面语言和学前儿童交流的活动。

学前儿童早期阅读活动具有两个基本特征。一方面，学前儿童早期阅读活动需要在一定的阅读环境中进行。首先，我们需要给儿童提供一个丰富的阅读环境，此环境包括一定的物质环境，如图书、阅读时间和阅读空间。其次，我们需要提供一定的精神环境，为学前儿童创造一种宽松自由的阅读氛围。另一方面，早期阅读活动具有整合性。其主要表现在它贯穿于各种活动中并与其他领域的活动紧密结合，另外它具有很多形式，例如，阅读活动和美工活动的结合。

2. 学前儿童的早期阅读的评价举例

学前儿童早期阅读评价主要表现在提高幼儿学习书面语言的兴趣、帮助学前儿童初步认识书面语言和口头语言的对应关系、帮助儿童掌握早期阅读的技能三个方面。例如，3~4岁儿童可以学习正确的阅读方法，会按顺序翻阅图书；对文字感兴趣，能学认常见的简单汉字。4~5岁的幼儿可以知道口头语言和文字的对应转换关系；能独立阅读图书并理解相关内容。5~6岁的幼儿能理解画面内容，会用恰当的语句表达；对学习阅读文字感兴趣。

(三)学前儿童的前书写评价

1. 学前儿童的前书写

前书写是指幼儿以笔、墨、纸张以及其他书写替代物为工具，运用图画、图形、文字、标记、符号等来表达和传递信息的活动。学前儿童进行绘画和涂鸦其实就是一种前书写活动。需要说明的是，前书写活动不等于书写训练，前书写更多强调其是一种准备。开展适当的前书写活动，一方面可以丰富儿童的书写经验，另一方面可以激发儿童掌握文字和书写的兴趣。

2. 学前儿童的前书写能力的评价举例

对学前儿童的前书写能力评价，主要列举不同年龄段儿童应该达到的目标和具体事例来进行说明(见表4-2)。

表4-2 学前儿童的前书写评价

年　龄	指　　标	举　　例
3～4岁	(1)通过画、说和扮演来表现故事	用玩具电话打电话，向老师说"我在和爷爷讲电话"
	(2)以涂鸦或非传统的形状写字	画一个圆形，在圆上涂上黄色，然后说"这是一轮月亮"
4～5岁	(1)通过画、说和扮演来表现故事	搭积木表现故事里的医院，并请老师帮忙写医院的标识牌
	(2)能以像字的形状、符号和字母来传递想法	从教室内的环创上抄下一些字，很享受写字的乐趣
	(3)了解书写的目的	在扮演角的餐厅画或写下客人点好的菜
5～6岁	(1)通过画、说和扮演来表现故事	与同学分享自己画的春游图
	(2)能以像字的形状、字母或字来传递想法	在教师的帮助下，试着在日记上写下某个字
	(3)了解书写的目的	询问在教室内所使用符号的意义(在语言区教师贴的"保持安静"的图片)

二、学前儿童认知发展的评价

认知是人类最基本的心理活动，是认识和知识。根据认知对象，可以把认知分为自然认知和社会认知。自然认知，是指对物理世界的认知，即对自然界各种现象、事物以及它们之间关系的认知，如对数量、时间、空间、因果关系、类别、序列等的认知。社会认知，是指对人和人类社会的认知，如儿童对人、人与人之间的关系、社会规则的认知等。从认知过程的角度来看，广义的认知包括众多的心理过程，如意识、智力、思维、想象、创造、计划、策略形成、推理、预测、问题解决、概念化、分类与联系、符号化和知识等，对于儿童来说，认知还包括记忆、注意、学习以及认知活动和交往活动中的语言运用。

学前儿童认知发展的评价一直是心理学的一个重要领域，也是一个实践性非常强的领域。由于学前儿童本身的特殊性以及技术和方法的限制，我们还不能直接看到主体内在的认知过程，但可以通过观察、分析各种外在表现来推断其在大脑内部进行的认知活动。根据评价者所持的不同观点，我们可以从不同角度对学前儿童认知发展进行评价。为方便不同群体对学前儿童认知发展进行评价，特梳理以下三种适用于专业人员、一般教师、一线教育工作者的评价指标。

1. 标准化测验中的认知发展评价

在一些标准化的测验中，对学前儿童认知发展测验进行了较多研究，下面，简单列举一些常见的与学前儿童认知发展比较紧密的标准化测验工具。在使用这些有关儿童认知发展的标准化时需要注意的是，一方面，要经过专业培训，不能根据自己的理解就对儿童进行这样或那样的认知(或者智力)测查。另一方面，对于测查所得的结果应进行科学的统计分析，并慎重地对待最终的结果，不要轻易用这些测查结果将儿童分类、贴标签。标准化测验量表专业性较强，但普通的教师、一般的评价者也可以利用这些工具。

(1) 韦克斯勒智力测查量表。韦克斯勒智力测查量表是广为流传的一个量表，其有多个版本，常模也被不断修正。此量表主要包括言语和操作两个方面。在言语量表中，从常识("太阳从哪儿升起")、类同("车轮与球有什么相似的地方？")、算术(简单的心算)、词汇(要求儿童对出现的词汇进行定义)、理解(为什么寄信要贴邮票？)和数字广度(主试念出一系列不断增长的数字，要求儿童顺背或倒背)等六个方面进行评价。在操作量表中，从图画补缺、图片排序、积木图案、物体拼组、译码、迷宫等六个方面进行评价。

(2) 伍德科克—约翰逊心理—教育测验(修订版)。伍德科克—约翰逊心理—教育测验(修订版)适用范围很广，可对2~90岁的人进行测验。这个测验的不少项目、题目也是可以借鉴的，主要包含认知测验和成就测验两个部分。其认知测验从长时记忆、短时记忆、加工速度、听觉加工、视觉加工、理解知识、流畅性推理等七个方面进行测验。

2. 自编测验中的认知发展评价

与标准化测验相比，自编测验没有常模，也没有进行信度和效度的检验，但简便易行，常为教育评价者、教育工作者所采用。对于一般的教师来说，也可以通过自编测验来评价。例如，中小学教师编制的各种考试试卷就是自编测验中的一种。但由于认知包括的内容比较广泛，要用一个测验评价儿童认知发展的各个方面是不现实的。因此，在对学前儿童的认知发展进行自编测验的评价时需要明确两个问题，一是测查的内容是什么，二是评价(记分)标准是什么。下面是部分例子节选。

(1) 测查内容。以感知能力、观察力、注意力作为测查的内容。

(2) 评价标准。感知能力的评价标准：感知是否准确、灵敏，是否能注意到细微或隐蔽的特征，是否能清晰、完整地反映事物。

观察力的评价标准：是否有目的性，观察的持续时间，观察的概括性和精确水平，能否使用一定的观察方法(有序地观察)。

注意力的评价标准：有意性、选择性、稳定性和集中性，注意的范围、注意的分配、注意的方法。

3. 日常教育情境中对学前儿童认知发展的评价

对于一线的教育工作者来说，对学前儿童的认知发展评价更多的是在日常情境而不是测验情境中进行的，更多是采用了非正式的观察、对话进行的。日常情境中的评价，因为缺乏明确的观察工具、评价量表，相对会比较随意。下面，主要列举两种方案。

1) 海伊斯科普(high/scope)课程模式

海伊斯科普(high/scope)课程模式将儿童日常情境中的认知发展表现归纳为"关键经验"，教师掌握这些关键经验，对其评价儿童、改进教学有非常积极的作用。例如，在"经验和表征"领域里，通过听、触、摸、尝、闻来认识物体；模仿各种动作和声音；把模型、照片、图片与真实的场景及事物联系起来；玩角色游戏；用泥巴、积木等材料来造型；用不同的笔绘画。凡是进行听、写、读的活动都称为儿童的关键经验。

2) 多彩光谱项目

多彩光谱项目分别从八大领域设计、开发了广泛触及幼儿认知能力和风格的活动系列和评估方法，将学习与评价相结合，在真实的任务情境中进行评价。例如，数学领域的评估活动"恐龙"游戏，游戏旨在评价幼儿对数概念的理解、计数技能、使用运算规则和运算技巧的能力，同时还评价幼儿对符号意义的理解以及把符号转化为运算的能力。"恐龙"评价主要通过棋板游戏进行，通过可移动的棋子，把对数字、规则和技巧的评价内隐于棋板游戏中，并促使幼儿积极、主动地游戏。在游戏中，恐龙身上有一条由35个空格组成的路，恐龙移动的方向和格数由游戏者通过掷骰子决定。一次活动只测评一个幼儿，观察者或参与幼儿游戏的成人均可以在所提供的观察表上填写幼儿的反应，以此进行评价。"恐龙"游戏中涉及的技能包括找到计算的捷径、解决问题、做出合理的估算、注意数字间的关系、快速地理解和归纳、发明和使用符号等。

第三节　学前儿童学习品质评价

学前儿童学习品质评价

学习品质(learning quality)，是学前教育评价的一个新领域，理解学习品质是评价学习品质的基础。"学习品质"这一名词来源于美国卡根(Kagan)博士等人。20世纪90年代美国颁布的全国性教育改革计划——《美国2000年教育战略》(America 2000，An Education Strategy)提出，把"学习品质"作为入学准备的一个重要领域。在我国，"学习品质"这一词是《3—6岁儿童学习与发展指南》健康、语言、社会、科学、艺术五大领域的核心，同时也是实践的难点。在该指南的"说明"部分指出："重视幼儿的学习品质。幼儿在活动过程中表现出的积极态度和良好行为倾向是终身学习与发展所必需的宝贵品质。要充分尊重和保护幼儿的好奇心和学习兴趣，帮助幼儿逐步养成积极主动、认真专注、不怕困难、敢于探究和尝试、乐于想象和创造等良好学习品质。忽视幼儿学习品质培养，单纯追求知识技能学习的做法是短视而有害的。"因此，本节主要从幼儿的这些学习品质：好奇心与学习兴趣、学习主动性、坚持与专注、想象与创造来进行评价。

一、学前儿童好奇心与学习兴趣的评价

(一)学前儿童的好奇心与学习兴趣

好奇与人类及动物的惊奇情感联系紧密，它是由新奇刺激引起的一种注视、接近、好奇、探索的心理与行为活动。而兴趣则是人们力求认识某种事物和从事某项活动的意识倾向，表现为人们对某种事物、某项活动的选择性态度和积极的情绪反应。

儿童具有好奇心与学习兴趣的一些具体表现：儿童具有好奇感、有寻求新信息的兴趣、对新知识敏锐、渴望学习等。好奇心与学习兴趣，通常是指在儿童面对新的人、事、物时有进一步学习、探索的愿望。也就是说，儿童面对新东西的倾向性，能表现出儿童的好奇心与学习兴趣的程度。比如，对幼儿园大环境、教室、教师、同学的一些变化，小朋友是否能够发现、呈现什么样的态度。这就意味着对儿童好奇心与学习兴趣的评价可以渗透在

日常生活的各个环节，没必要专门创设一个情境来评价。班里来了一个实习生，天气的突然变化以及种植区里植物的发芽、开花、结果，儿童的一个眼神、一个动作，都表现出他们的好奇心与学习兴趣，都可以是评价的证据。

儿童的各种问题(提问)是他们产生好奇心、学习兴趣的直接体现。关注儿童的问题，分析并解读儿童的问题可以发现儿童的好奇心和学习兴趣是什么、有何特点、如何发展变化等。比如，可以发现儿童的问题从"是什么"到"为什么"的变化，从问及人、物到问及思想、任务、事件等。

(二)学前儿童的好奇心与学习兴趣评价举例

学前儿童的好奇心与学习兴趣的表现通常是内隐而非外显的，是笼统的而非量化的，因此对幼儿好奇心与学习兴趣的评价也就变得困难。下面，从可观察、可测量的角度，通过幼儿的言行来探讨学前儿童的好奇心与学习兴趣的评价。

1. 提问

提问是幼儿好奇心与学习兴趣的重要表现形式之一，因此，评价者可以抓住幼儿这一外显的行为进行观察和评价。评价者可以通过观察和收集幼儿提问的频率、提问的类型、提问问题的质量以及幼儿面对自己所提出问题的态度和表现等这些信息，从而间接考察和评价幼儿的好奇心和学习兴趣。比如，有的幼儿时刻都在提问，有的幼儿不经常提问；有的幼儿会问"是什么""为什么"的问题，或者"怎么样""怎么办"这种问题；有的幼儿提出的问题质量高，提问会有幼儿个人思考或想象的参与，而有些幼儿只是随口一说，他们所提出的问题一般是未经过思考的，质量不高；有的幼儿面对自己所提出的问题持一种"打破砂锅问到底"的态度，必须要得到答案才肯甘休，而有的幼儿对自己所提出的问题漠不关心，转头就忘了。因此，评价者可以抓住幼儿"爱提问"这一特征，通过自制量表来间接地评价幼儿的好奇心和学习兴趣。

2. 对自然事物的态度

幼儿总是对自己周围的世界充满好奇心，特别是对大自然中的万物充满着无限的学习兴趣与好奇心。因此，对自然事物的态度也是幼儿好奇心与学习兴趣的表现形式之一。幼儿对自然事物的态度可分为两种：从距离上看，幼儿对自然事物的态度是亲近还是疏远；从时间上看，幼儿对新接近事物的态度和对同一事物不同时期的态度都是不同的。比如，当幼儿面对自己认知之外的事物时往往会表现出极强的好奇心和求知欲，而面对自己熟悉的事物时，也可能会表现出好奇心和学习兴趣，但求知欲不如面对新事物表现得强烈。因此，评价者可以针对幼儿对自然事物的态度来间接地评价幼儿好奇心和学习兴趣。

3. 对社会事件的态度

对社会事件的态度也是幼儿好奇心与学习兴趣的表现形式之一。幼儿在每天的生活中都会遇到不同的人或事，同样，其对这些人或事也会有不同的态度。因此，评价者应该充分利用幼儿对社会事件的好奇心和学习兴趣来对幼儿进行社会认知的补充，发展幼儿的学习品质。

下面，是对学前儿童好奇心与学习兴趣评价的一些具体指标(见表4-3)。儿童年龄不同，其好奇心与学习兴趣有很大的差异，因此采用分年龄段呈现的方式。

表 4-3　学前儿童好奇心与学习兴趣评价指标

年　龄	评价指标
出生至18个月	对周围的人感兴趣，如通过改变自己的行为表现出来；对新声音、语调表现出兴趣，如变得更加安静或积极、改变自己的面部表情等；对环境里的新东西表现出兴趣，想去弄一弄、动一动，或者是盯着看；通过自己的各种感官探索环境(伸手去摸雨)
18～36个月	对当下的环境积极探索，找出有什么(询问一个他所找到的新东西，收集玩具等)；对新的活动、别人的活动表现出兴趣；提出一些简单的问题(为什么、有什么、在哪里等)；对熟悉的人问问题
36～60个月	通过问问题来获取信息("那个是什么东西？""为什么月亮是圆的？")；用材料进行探索或做实验；对他人怎么做事、为什么要做那件事情表现出兴趣；运用"为什么"之类的问题获得周围世界运作的知识；有自己相对比较稳定的兴趣(火车、农场、动物等)
60～72个月	参与讨论新事物或一些突发事件("怎么会这样呢？")；对周围环境中的变化问问题；对野外活动或到新地方表现出极大的热情；在他人的帮助下，寻求新信息

二、学前儿童学习主动性的评价

(一)学前儿童的学习主动性

主动性，是指个体面对任务时表现出来的积极程度，是一种状态。比如，当我们布置儿童给花浇水或者跟保安叔叔借一个工具的任务时，就能看出儿童的状态。与主动相反的是被动，即在他人催促之下做事。主动性与积极性、独立性紧密相连。主动性的第一个表现是对任务的态度。比如，儿童是否愿意接受任务，是否愿意参与各种学习活动，学习新东西时是否能够合理冒险，等等。第一，"什么样的任务"。看动画片、玩手机的任务与收拾、整理玩具的任务相比，后者更能考察儿童的主动性。第二，风险、冒险的问题。那些有一定风险、可能失败的任务，更能看出儿童的主动性。"合理冒险"，不仅是身体上的冒险，也包括心理上的冒险。比如，敢不敢在很多人面前大胆地说出自己的想法，特别是那些有可能错误的想法、可能带来嘲笑和批评的想法？在进行有输赢的规则游戏(下棋)时，是如何面对输赢的？

主动性的第二个表现是儿童的目标意识，以及设立目标、形成计划和实施计划的能力。事实上，主动性也可以定义为个体按照自己规定或设置的目标行动，而不依赖外力推动的行为品质。对于学前儿童来说，是否有计划意识，能否制订计划并根据计划行动，既是儿童主动学习的表现，也是儿童良好学习习惯的一种表现。

(二)学前儿童学习主动性评价举例

目前对主动性的问题虽然有较多的讨论，但是主动性的定义还是不够明确，因此这给评价工作的开展带来了一定的难度。下面，从幼儿对任务的态度和幼儿的目标意识两个方面来探讨对儿童主动性的评价。

1. 对任务的态度

从学前儿童对任务的态度中可以看出幼儿的主动性。比如,幼儿面对一系列的任务和学习活动时是否愿意主动接受并参与,是否愿意迎接新的挑战,等等。面对这些问题,我们主要从两个方面进行讨论:一方面是"什么样的任务",另一方面是幼儿面对问题时可能会遇到的风险。首先,幼儿在面对自己喜欢的、能接受的、愿意做的任务和活动时,他们总能够表现出极大的积极性,如喜欢的玩具、爱看的电视和动画片等。相反,幼儿在面对自己不喜欢、反感的任务时,则会表现出极强的抗拒,如收拾玩具等。因此,"什么样的任务"能表现出幼儿的主动性。其次,幼儿在面对问题和任务时会有一定的风险,比如,可能会有失败的风险,这里的"风险"是指儿童"合理冒险"(take reasonable risks),并不是说幼儿鲁莽、粗心的冒险,因此冒险的态度能够很好地看出幼儿的主动性。

2. 幼儿的目标意识

幼儿的目标意识,是指幼儿学习主动性的目标意识的设立,主要包括设立目标、形成计划、实施计划的能力。我们按照主动性的定义来理解,目标是主动性的中心要素。对于学前儿童来说,面对一定的问题和活动是否有计划意识,是否能够制订计划并依据计划实施行动是幼儿主动性的表现,同时幼儿的这一表现也是幼儿良好学习习惯养成的重要标志。

表 4-4 所示为学前儿童学习主动性评价指标。

表4-4 学前儿童学习主动性评价指标

年 龄	评价指标
出生至18个月	积极探索周围的新事物;与熟悉的成人、儿童互动(微笑、接近、不退缩);表现出想吃东西的愿望;从众多东西中选出一个(一本书、玩具);表现出对活动、经历、互动的喜欢与不喜欢
18~36个月	尝试用新方法做事情,开始能够冒一定的风险;与别的小朋友一起玩,发起游戏;在众多活动里选择某一个活动,并且在随后的一段时间内一直从事该活动;提出如何安排时间;对打扮自己表现出兴趣(穿衣服);在成人的建议下能够开展活动;享受学习新技能、新经验的快乐
36~60个月	邀请同伴加入游戏;在大家的帮助下,能够加入已经开始的游戏活动;在游戏里能够选择新活动;在需要时提供帮助(扫走地上的土,帮忙把溢出的牛奶擦掉等);能够发现、使用材料来实现某一想法(找积木来修一座塔);在大家的帮助下,能够对做什么活动、用什么材料做出自己的决定
60~72个月	对自己感兴趣的活动能够主动进行选择,基本不需要帮助,就能形成一个方案(计划),并按方案做事;在他人的帮助下,能够说出适宜的冒险和不适宜的冒险(或者危险)的区别

三、学前儿童坚持与专注的评价

(一)学前儿童的坚持与专注

坚持,是指个人在行动中坚定不移、坚持不懈地克服一切困难和障碍,完成既定目标的品质。坚持包含精力和毅力两种品质。精力，是指一个人具有充沛饱满的精神去克服困难，达到行动的目的。毅力是人们长期不懈地保持充沛精力，坚韧顽强、不屈不挠地去克服困难，排除干扰，坚决完成任务。

坚持与专注有较为外显的行为表现。比如，当想要了解儿童的坚持与专注时，可以通过测量儿童不同情境中保持坚持与专注的时间。具体包括在一对一讲话的情境下，儿童保持坚持与专注的时间是多少；在集体活动情境下，儿童保持坚持与专注的时间是多少；对比较熟悉的、感兴趣的活动(玩喜欢的游戏)，保持坚持与专注的时间是多少；对不太感兴趣而又必须要参与的活动(收拾整理房间、穿珠子)，保持坚持与专注的时间又是多少；等等。

针对幼儿注意力的发展特点，我们在日常的教学活动中要注意诸多方面的安排。比如，学前儿童的坚持与专注品质尚在发展中，因此坚持与专注的时间都不宜过长、过强。但学前期是培养坚持与专注的重要时期，因此在平时幼儿坚持与专注能力的培养中我们要对幼儿提出一定的要求。比如，在完成任务时，幼儿能在坚持的同时集中注意力，不容易被干扰或被弄得很沮丧。在这里，强调的是儿童的任务意识，在面对干扰、困难甚至失败时能够有调节的机制，能够完成具有一定持续性的任务(持续3~5天的任务)等。

(二)学前儿童的坚持与专注评价举例

综上所述，坚持与专注具有较为外显的行为表现，因此，我们可以使用测量、量化的方法进行评价。

首先，幼儿的坚持是在完成任务的过程中表现出来的。第一，儿童能否坚持完成任务，能否有始有终地做好事情。第二，在完成任务的过程中，如果遇到困难，会有什么样的表现？比如，遇到一定的干扰，儿童是否还会愿意继续尝试？遇到困难，儿童是否愿意继续尝试？遇到失败，儿童是否愿意继续尝试？第三，对于持续一段时间的任务，儿童的行为表现更能体现其坚持性。比如，在一些持续一周、一个月的活动(浇水、喂食等)中，能够非常明确地看出儿童的坚持性。

关于评价学前儿童的专注性，除了可以考察专注时间的长短外，还可以考察专注的程度。比如，是否需要提醒、督促，活动过程中是否有不专心的行为表现，如东张西望、做小动作等。需要注意的是，一定要区分儿童当时所进行的活动。对于儿童痴迷的活动(看动画片、玩电子游戏等)，儿童自然会相当专注。评价儿童的专注，就是要考察那些儿童需要额外付出努力，需要更加专注的活动。

下面是评价学前儿童坚持与专注的一些具体指标(见表4-5)。

表4-5 学前儿童坚持与专注评价指标

年 龄	评价指标
18~36个月	一遍又一遍地做自己喜欢的事情；能够完成一些简单的事情(用积木拼一个简单的图形)；一段时间里坚持用相同的方法做事情(3~5分钟一直用积木拼一个建筑物)；敢于坚持自己的选择(穿什么衣服、做一件事情等)；当遇到问题时，能够寻求帮助、接受帮助；讲故事时能认真听，并有一些参与(帮着翻书)
36~60个月	对自己感兴趣的任务能够专注；至少能专注活动5~10分钟；认真地完成自己喜欢的任务；任务失败后，仍然坚持尝试完成任务；用至少两种以上的方法尝试解决问题；进餐时心情愉快，而不是总是注意力分散

续表

年龄	评价指标
60~72个月	在完成任务以前，保持对方案或活动的兴趣；在他人的帮助下，能够设立目标，形成计划，并根据计划行动；其他同伴和成人集中注意力时，自己也能保持专注(在故事活动中集中注意力)；能较长时间地完成某一任务，中断一段时间后还能重新回到原来的任务上(玩积木)；受到干扰后，能将注意力重新转移到原来的活动上；受到干扰时也能集中注意力；接受合理的挑战，能在沮丧中继续

四、学前儿童想象与创造的评价

(一)学前儿童的想象与创造

想象是头脑对已有表象进行加工、改造、重新组合形成新形象的心理过程，而创造则是产生新思想、发现和创造新事物的能力。学前儿童的想象力非常丰富，创造则有着自己独特的表现形式。然而作为学习品质的想象与创造，并不是完全将儿童的想象力与创造力直接视为一种学习品质，更强调儿童能够利用想象等拓展知识、进行新的学习。有的儿童拥有很强的想象力和创造力，但并不一定善于利用它们来进行新的学习。

(二)学前儿童想象与创造的评价

学前儿童在学习中的想象与创造评价问题，容易产生很多误解。一是想象与创造的评价与其他领域的评价不同。二是这里不是在评价想象与创造本身，而是学习者是否在利用想象与创造进行学习。

下面是学前儿童想象与创造的一些具体评价指标(见表4-6)。

表4-6 学前儿童想象与创造评价指标

年龄	评价指标
出生至18个月	探索自己的手、脚；用嘴咬、拉、扔物体；模仿在别的场景里观察到的行为(看到别的儿童用积木堆东西后，自己也学着用积木堆东西)；用不同的方式或创造性地使用物体(将桶口朝下作为城堡的底部)
18~36个月	在成人的帮助下，能够发明一些日常材料的新玩法；表现出对事物是如何运作的理解(大家扫地时，去把簸箕拿来)；喜欢玩装扮演戏；游戏中大量使用假装、想象
36~60个月	创造、发明一些新的游戏、玩法；运用想象产生一些新的想法；集体活动时想出一些大家都能接受的规则；编歌词、续编故事；通过艺术、建造、运动、音乐等表达自己的想法；大量参与"假装"游戏
60~72个月	用戏剧游戏或象征游戏进行假装；用新的方式组合活动、材料与设备；用与其他儿童不同的方式来完成活动(在积木游戏或绘画活动中用了与众不同的方法)；通过添加动作或角色等改编熟悉的故事；通过多种方式表征现实(假装游戏、绘画等)

五、评价学习品质应注意的一些问题

当提到评价学习品质时，不少教师会强烈建议上级领导或专家提供学习品质评价量表，似乎只要获得一个量表，学习品质评价的所有问题就迎刃而解了。可是，事实并非如此。我们在前文已经提到，学习品质本质是态度、倾向，而态度、倾向则具有一定的内隐性，并不必然表现为语言、动作。对于环境中的新变化，一个"看了五眼"的儿童，其好奇心、学习兴趣未必强于"看了一眼"的儿童。由此，我们提出以下几条策略供大家讨论。

一是定性与定量相结合，且以定性为主。有一些学习品质可以从儿童的言行中直接表现出来，如坚持、专注等，是可以采用定量评价策略的。但大多数的学习品质更适合定性评价的方式。幼儿教育工作者应该走出"工具崇拜""量表就科学"的误区。我们所熟知的新西兰的"学习故事"就是针对定量方式评价学习品质的不足而提出的一套叙事性的儿童发展评价模式。用"故事"的方式评价学习品质，更适宜、更恰当。

二是教师持续不断的观察是获得学习品质评价证据的重要方式。学习品质的评价更应该在日常生活中、在真实的情境中、在儿童不知不觉的过程中进行，而不是要挑专门的时间、专门的地点像考试一样进行。对儿童学习品质的评价，切忌因为儿童的某一次表现，就为其贴上"不主动""害怕困难"的标签。

三是在具体的活动中考察儿童的学习品质。儿童的学习品质不是空洞的，总是与某种任务、活动联系在一起的。不存在一个对所有的领域、所有的内容都感兴趣的儿童，也不存在一个对所有的领域、所有的内容都不感兴趣的儿童。每个儿童都有自己独特的学习品质。

四是教职员工之间应相互配合。幼儿园的所有工作人员，不仅是教师，还包括保育教师、实习生、保健医生、保安、厨师等，都可以是学习品质的评价者。因为每一位在园工作的成年人，都可以从不同的侧面提供学习品质的信息，让我们看到一个更加清晰的儿童形象。

五是评价结果要实用。评价结果不实用，评价就会成为教师又一个沉重的负担。评价的结果可以用于改进教育教学活动，它可以用于家长工作，还可以用于教师自身的专业成长。

第四节　学前儿童的社会性与情绪发展评价

社会性和情绪是相互联系、相互促进的。学前儿童情绪情感的发展与学前儿童社会性的发展息息相关。广义的社会性，是指生物作为集体活动的个体，或作为社会的一员活动时所表现出的有利于集体和社会发展的特性，是人不能脱离社会而孤立生存的属性。狭义的社会性，是指由于个体参与社会生活、与人交往，在固有生物特性的基础上形成的独特心理特征。社会性发展不仅是儿童心理发展的重要组成，更是形成健

学前儿童的社会性与情绪发展评价

康人格特征和良好社会适应的基础。此外，儿童的情绪发展也离不开社会化的过程。在丰富儿童社会认识的过程中，我们既要重视社会知识的传授，也要重视社会性情绪情感的培养。例如，可以让孩子参加各种职业游戏和角色扮演游戏，来模仿、巩固、内化社会性知识，从而让孩子明白劳动的意义。另外，平时也可以利用绘本、儿歌等工具向儿童介绍我

们伟大的祖国，让他们萌发爱国主义的情感，增强民族自尊心和自豪感。这样不断反复，逐步加深，儿童的社会性情感就能更加稳定、更加深刻，同时也能促进儿童情绪发展，从而提升情绪管理能力，使儿童学会正确处理不良情绪及不良社会性行为，以实现促进情绪发展与提升社会性能力的目的。

一、学前儿童的社会性与情绪发展评价指标

学前儿童社会性与情绪发展有诸多的评价指标，如自我认识发展、社会行为、自我控制、情绪表达、自我效能、与成人互动、与同伴关系等，下面列举了比较重要的几项评价指标。

(一)学前儿童的自我认识发展

自我认识是自我意识的认知成分，同时也是自我意识的首要成分，还是自我调节控制的心理基础。它主要包括自我感觉、自我概念、自我观察、自我分析和自我评价。自我分析，是在自我观察的基础上对自身状况的反思。自我评价，是对自己能力、品德、行为等方面社会价值的评估，最能表现一个人自我认识的水平，是对自己及自己与周围环境关系的认识，包括对自己存在的认识，对个体身体、心理、社会特征等方面的认识。简而言之，自我认识，是指人对自己及外界关系的认识，也是认识自己和对待自己的统一。这种认识是个体通过观察、分析外部活动及情境、社会比较等途径获得的，是一个多维度、多层次的心理系统。3岁以前，幼儿主要发展对自我生理特征的认识，如对身体的认识、对自己动作的认识等。3岁以后，幼儿开始对自我的社会角色以及心理活动进行认识，如知道自己的兴趣、需要等。

(二)学前儿童的社会行为

对学前儿童社会行为的评价是可观察和可测量的，具有可操作性，下面以同伴互动、学前儿童的告状行为和攻击性行为为例研究学前儿童的社会行为。

1. 对同伴互动的观察

对同伴互动的观察进一步划分，可以构建的指标体系如表 4-7 所示。

表 4-7　同伴互动观察记录

一级指标	二级指标	三级指标
儿童的行为	攻击	敌意
		利己
		争执
	友善	利己
		利他
		互利
	其他	

2. 学前儿童告状行为的评价

在幼儿园，告状是一种常见行为。幼儿告状的原因有很多，如与同伴争吵、争夺他人玩具、受人指使、被人拒绝、被人撞倒、被人欺负等。告状者的表现很容易被教师看到，但告状的原因及其他判断就需要教师拥有一定的智慧了。教师要学会处理告状事件，让告状幼儿和被告状的幼儿互相道歉、握手言和。

3. 学前儿童攻击性行为的评价

学前儿童攻击性行为是指当儿童需求得不到满足，或者自己的权益受到损害时，幼儿出现的身体上的进攻、言语上的攻击等侵犯性行为。在幼儿园中大多表现为：打、踢、咬、大声叫嚷、叫喊名字、骂人、暴力、抢走别人的东西等。影响学前儿童攻击性行为的因素有很多，比如，家庭因素，包括父母的教养方式等；教师因素；同伴关系因素；幼儿自身因素；等等。这都要求教师要联合家长及时进行干预，比如，改善生活环境，提升交往技能和社交技巧。

(三)学前儿童的同伴关系评价的指标

同伴关系是指年龄相同或者相近的儿童一种共同和相互协作的关系，是同龄人间或心理发展水平相当的个体间在交往过程中建立和发展起来的一种人际关系。这不仅是学前儿童社会性发展的途径，也是学前儿童社会性发展的重要内容之一。

二、学前儿童的社会性与情绪发展评价的标准

(一)学前儿童的自我认识发展评价的标准

对学前儿童的自我认识进行评价的一般标准是，知道自己的名字、性别、年龄，知道自己的爱好(最喜欢什么事情、最喜欢玩什么游戏等)，知道自己的优点和缺点(小朋友是否喜欢和自己玩，为什么；自己是否为好孩子，为什么；教师是否常常批评自己，为什么；等等)。

(二)学前儿童的社会行为评价的标准

对学前儿童的社会行为，可构建如表4-8所示的评价标准。

表4-8 儿童社会行为评价标准

三级指标	表现
敌意	打人、抢夺、设法要回、告状、要求、挑战、命令、破坏、不接受
自私	告诫、维护自己、占据、批评、耍赖
争执	被拒绝、被反驳、被要求、被命令
利己	被赞美、被接受、请求、独自玩、变换活动
利他	给予、有礼、接受意见、接受失败、被请求
互利	合作、分享、互动

(三)学前儿童的同伴关系评价的标准

学前儿童的同伴关系评价标准比较简单,可通过同伴提名进行描述,可以是孤立(无人选择,也不选择别人)、被拒(自己会选他人,但是没有人选自己)、互选(两名儿童相互选,是一对好朋友)、串联(三人以上的连锁关系)、小团体(封闭的连锁关系)、明星、领袖等。

三、学前儿童的社会性与情绪发展评价的方法

对学前儿童社会性与情绪发展进行评价,一般有以下几种方法。

(一)访谈法

和儿童进行交谈,记录谈话过程,最后做出定性总结。

(二)观察法

例如,对学前儿童的社会行为做评价时,主要是通过观察对学前儿童的行为做记录和统计,统计某儿童某种行为出现的次数,最后得出数据,分析总结,以此进一步了解儿童。

(三)同伴提名法

例如,让被试根据某种心理品质或行为特征的描述,从同伴中找出最符合这些描述特征的人。比如,研究者以"喜欢"或"不喜欢"为标准,让幼儿说出班上他最喜欢或最不喜欢的三个小朋友,然后对研究结果进行一定的处理,并作出解释。提名法测量的基本原理认为,儿童同伴之间的相互选择,反映了他们心理上的联系。肯定的选择意味着接纳,否定的选择意味着排斥。一个人在积极标准(喜欢)上被同伴提名次数越多,就说明他被同伴接纳的程度越高;反之,一个人在消极标准(不喜欢)上被同伴提名次数越多,就说明他被同伴排斥的程度越高。也就是说,同伴在一定标准上所进行的肯定性或否定性选择,实际上反映了同伴之间的人际关系。这样一来,通过分析同伴的选择结果,就可以定量地考察儿童同伴间的关系。

拓展阅读

情境学习理论

20世纪90年代初,美国加利福尼亚大学伯克利分校的让·莱夫(Jean Lave)教授和研究者爱丁纳·温格(Etienne Wenger)提出了情境学习理论这一新的学习方式。该理论强调将学习过程置入与所学的某一知识所对应的应用情境之中,实现知识与现实世界的结合。简单来说,就是该知识要用在哪里,就在哪里学习。

传统的知识观认为,知识是对客观世界的本质反映,是现存的、独立于认识者之外的,只有正确反映外部世界的情况,并能用一套客观的方法进行验证的才是客观而科学的知识,即真理,人们一旦掌握这种真理,就具备了支配世界的力量。而建构主义知识观则对传统知识观中将认识主体的能动性排斥在外的"机械反映论"加以批判。建构主义者认为,知识的本质是人们对客观现实、依据自己已有的经验所做出的一种假设或解释。由于这种解

释是依据个体已有经验做出的，所以它并非一种恒常的真理或法则，而是针对具体的情境或经验的观点形成的过程，而每个人在对源于客观世界的现实做出假设与解释时都会形成不同的观点，因此，教师不应将知识作为一种预先的、权威性的事物强迫学生接受，而应让学生通过自己积极主动的学习来完成知识的建构，且知识在一定情境中才有意义。因此学生对于知识的建构最好是在真实复杂的情境中通过实际任务来进行的，以实现知识的广泛迁移。这就是知识的建构性与情境性。

正是基于建构主义知识观的建构性、情境性等特性，莱夫和温格提出了情境学习理论，并在《情景学习：合法的边缘性参与》(Situated Learning: Legitimate Peripheral Participation) 一书中从人类学的角度出发，分析了情景学习的本质，并总结阐述了情景学习的四个要素。

(1) 社会实践与社会世界。人类学家认为，日常生活的实践中并不存在一种特殊的学习，只有依据文化背景的不同而不断发生改变的参与性实践活动，即"现实世界内创造性社会实践活动中完整的一部分"，是"对不断变化的实践的理解与参与"。因此，在人类学家对"学习"的定义中，学习并不是认识社会世界的方式，而是社会世界存在的方式。

(2) 合法的边缘性参与。前文提到，情境学习理论，即在能应用该知识的场景内进行学习，但有人对这一解释有所误解，认为情景学习就是"学徒制"的学习模式。莱夫基于"默会知识"(tacit knowledge, 由匈牙利裔英国哲学家波兰尼相对于显性知识所提出的，又称缄默的知识或隐性的知识，是指一种经常使用却又不能通过语言文字符号予以清晰表达或直接传递的知识，比如我们按照菜谱做菜，但每个人做出来的却又有所不同。)对此观点做出了批判，并提出"学习是实践共同体中合法的边缘性参与"这一论断，将个体变为社会实践的参与者而并非个体学习者。所谓"合法的边缘性参与"，即在实践共同体中的各方都愿意接受不够资格的新人成为这个共同体中的一分子，并允许他在一开始围绕重要共同体中的重要成员、参与到一些边缘性的外围的工作中，待技能成熟，再进入核心工作，在这个做的过程中，学习者对知识进行学习，即"参与"。

(3) 实践共同体。莱夫和温格所提出的这种"共同体"并不是一种所有成员都需同时存在的，可以明确定义的实在的小组或一种可以用清晰的社会界限进行划分的组织，而是参与者在对同一个活动系统进行参与的过程中，共享他们对于知识的理解，了解他们的所作所为在生活中的意味以及对于这个"共同体"的意义。1998年，温格对这种"共同体"做出了更为详细的阐述，他认为，在一个实践共同体中，有一系列个体共享的、相互明确的实践和信念以及对长时间追求共同利益的理解，形成共同体的最主要的因素就是要通过共同体的残念与在社会中赋予学习者一个合法的角色或者一个真实的任务。在这个共同体中，学习者从旁观者一步一步变为熟练的示范者，即由边缘性参与者变为核心成员。

(4) 学习课程。莱夫认为，学习课程的最基本特点就是情境性。它并不是在孤立思考中所生成的东西，而是由在实践共同体中参与者所共享的对活动系统的理解、依据这种理解所进行的行动以及该行动对参与者和实践共同体的意义所构成的事物。因此，也可以说，学习课程是实践共同体的主要特征。学习课程并不是永恒的，而是随着共同体的发展而不断生成的，因此具有极强的生成性。

1. 请简述学前儿童发展评价的具体内容包含几个方面?
2. 请说明评价儿童学习品质时应注意什么问题?
3. 某幼儿园为了提高幼儿教师的专业水平,要求每位教师每个月至少找两名幼儿进行观察,并记录其生活行为、社会行为和学习行为,反映其生活品质、心理品质和学习品质,并对观察对象进行客观评价。

假设你是该幼儿园中班的教师,请结合《3—6岁儿童学习与发展指南》,从上述三种品质中任选一项,构建一个品质发展的评价指标体系。

第五章 学前教师评价

本章学习目标

- 了解学前教师评价的价值与意义。
- 掌握学前教师评价的内容。
- 掌握学前教师评价工作的方式方法和评价工作的开展及量表的使用。

重点与难点

- 掌握学前教师评价的概念。
- 掌握学前教师评价的内容。

学前教师对"好幼儿教师"的看法

"对小朋友有爱心、耐心和温柔""有耐心且要喜爱孩子""最重要的是有耐心""要有足够的耐心和爱心,可以包容孩子的各种错误,并且及时纠正与引导""有耐心,小朋友吵闹的时候不烦躁,耐心对待""有责任心,对本班的孩子要负责""最基本的就是要有爱心、耐心和责任心,如果这三点都没有做到,那她就不适合做幼儿园的教师""最基本的爱心、耐心、责任心、细心""仅有责任心是不够的,还要有爱心"。

(资料来源:周艳芳,邓宵杰,王思慧. 利益相关者视角下的"好幼儿园教师"[J]. 徐州工程学院学报(社会科学版),2022(6):81-93.)

这是学前教师对自身职业的评价,但是在不同角色的视角下,对学前教师的看法也是不同的,那么,对学前教师的评价标准是什么呢?这是值得我们思考的。

第一节 学前教师评价

学前教师评价就是对学前教师进行价值判断,是幼儿园教育评价的重要组成部分,事关师资力量的完备、幼儿园教育质量的提升、幼儿园教育事业的成败以及学前教师自身的发展。

学前教师评价

一、学前教师评价的内涵及价值

学前教师评价是以促进教师专业提升为主旨,对学前教师专业素质及在保教工作中的行为表现进行价值判断。

《幼儿园教育指导纲要(试行)》[以下简称《纲要(试行)》]明确指出:"教育评价是幼儿园教育工作的重要组成部分,是了解教育的适宜性、有效性,调整和改进工作,促进每一个幼儿发展,提高教育质量的必要手段。"学前教师评价是幼儿园教育评价的重要组成部分。对学前教师做出恰当、正确的评价有利于促进教师的专业发展,提升教育教学质量,确保幼儿园各项工作正常开展,同时有利于教师明确自身的工作职责,也有利于教师调整工作状态和工作态度。学前教师评价是对幼儿园工作的再次审视,也是教师自我成长的重要途径。

二、学前教师评价的内容及模式

(一)学前教师评价的内容

在对教师进行评价时,评价内容包括如下几个。

(1) 师德修养。如是否热爱教育事业、是否热爱儿童等。

(2) 教育理论和研究素养。如有关教育目标、课程、教育心理学的理论知识,是否能够开展科学研究等。

(3) 专业知识和能力水平。如一个科学教师的科学素养、一个语文教师的语文修养等。

(4) 教学业务能力。如讲解是否清晰、明了,教学设计是否合理,是否能够熟练地使用教学设施设备,能否面向全体、兼顾个体等。

(5) 教学效果,即儿童最终的发展。当然,如何衡量儿童的发展也是有争议的。不能将儿童的发展片面化,如不能用儿童的认知发展代替全面发展,更不能错误地将儿童的读、写、算技能作为发展的标准。此外,有的教学效果具有滞后性,需要一定时间效果才能显现。

(6) 教师工作量。如果教师的工作量过少,教师的作用就没法表现出来;如果教师的工作量过大,也会影响教育的质量、教师的专业成长等。

(二)学前教师评价的模式

1. 奖惩性教师评价

教师评价产生于19世纪末20世纪初。当时,各国纷纷进行教师评价,其主要目的是想通过对教师的表现进行一种自上而下的判断,以便作出相应的加薪、减薪、晋级、降级以及解聘等奖惩决定,从而取得更好的教育管理效果。这一评价模式的理论假设有三条:①学校教育质量的保障主要靠摒弃不称职的教师;②在可预见的时间内,这些不称职的教师很难把自己提高到预期水平;③教师的动力来自外部压力。

奖惩性教师评价通常采用以下三种策略。

(1) 定级。即根据不同的等级要求，通过评价将教师分为不同等级。等级的评定既可以由行政管理者完成，也可以由教师自身、教师群体或学生群体来完成。其优点是简便、易行。

(2) 系统观察。系统观察，即根据事先设计的观察方案，对教师大课堂教学行为进行观察与判断。系统观察要求观察指标真正反映课堂教学的本质，有益于教学质量的提升，这是观察有效的前提。

(3) 学生的测验成绩。可根据学生的测验成绩来对教师的教学进行评价。这种评价策略的优点是一定程度上很快明确教学的得失，但过多使用则会导致教学误入应试教育的歧途。

随着教育评价理论的不断发展，人们开始对教师评价进行深入的思考：教师评价主要是为了绩效管理还是专业发展？教师评价的功能主要是甄别选拔还是共同进步？教师评价的内容是注重结果还是注重过程？随着对这些问题的反思，教师评价进入转型期，不少国家开始探索更加合理的教师评价模式。

2. 发展性教师评价

20 世纪 80 年代，英国教育界率先推出发展性教师评价模式，以弥补奖惩性教师评价的不足。发展性教师评价，是指通过制定明确、合理的评价内容和标准，对教师的现状与发展做出判断与诊断，从而有效地促进教师发展的评价活动。

发展性教师评价有 9 个特征：①学校管理者注重教师未来发展；②强调教师评价的真实性和准确性；③注重教师的个人价值、伦理价值和专业价值；④实施同事之间的评价；⑤由评价者和评价对象配对，促进评价对象的未来发展；⑥调动全体教师的积极性；⑦提高全体教师的参与意识；⑧增加交流渠道；⑨制订评价者和评价对象认可的评价计划，由评价双方共同承担实施发展目标的职责。

为实现评价的目标，发展性教师评价对评价过程的环节及要求有以下规定。

(1) 评价者的确定。发展性教师评价由同事或同行管理人员担任评价者。一般而言，上级人员比同级人员更适合担任评价者。

(2) 评价标准的设计。设计评价标准时，应参照幼儿园的规章制度，更为重要的是，应尽可能地让评价对象参与其中，让教师共同讨论并理解。

(3) 评价信息的收集。评价信息包括口头信息和书面信息。评价信息可以通过口头征求意见面对面交谈、课堂观摩、参观调查、重要事件记录、查阅资料和文献等方法进行收集。

(4) 进行评价面谈。面谈是教师评价的核心部分，具体内容包括：总结评价对象的教学工作；探讨评价对象在制定学校管理政策方面所发挥的作用；探寻评价对象进一步发展的方向、可能性或支持系统。面谈的目的是指出存在的问题和不足，探讨解决问题和克服不足的方法。

(5) 跟踪面谈。即对评价对象进行周期性的跟踪了解，其周期可以是半年，也可以是一年。跟踪面谈的目的是回顾评价过程，探讨之前确定的发展目标是否妥当，进一步落实实现发展目标的措施。如果发展目标有调整或修改，评价者与评价对象应说明其理由。

由此可见，发展性教师评价关注教师的自主发展，这是对奖惩性教师评价弊端的克服。随着这种评价模式的推进，教师评价两个方面的重要性凸显，国内外相关人士越来越多地倾向于将两种模式合二为一，以更好地促进教育的发展。

三、学前教师评价的方法

研究结果表明,有多种方法可以运用到学前教师工作评价的工作中,如教师自我评价、教师档案袋评价、家长评价、园长—同行评价、定量评价、形成性评价等。其中,教师自我评价和教师档案袋评价在相关研究资料和文献中提及最多,在教育实践中的运用较为广泛。

(一)教师自我评价

2001年6月,教育部颁发的《纲要(试行)》指出,建立促进教师不断提高的评价体系。强调教师对自己教学行为的分析与反思,建立以教师自评为主,校长、教师、学生、家长共同参与的评价制度,使教师从多种渠道获得信息,不断提高教学水平,强调评价的过程应以教师自我评价为主,以他人评价为辅。《纲要(试行)解读》中提到,评价的过程是教师运用专业知识审视教育实践,发现、分析、研究、解决问题的过程,也是其自我成长的过程。中央教育科学研究所幼教室组织编写的《幼儿教育自我评价指导手册》明确指出,自我评价是促进自我发展的有效方式,是区别于他人评价的一种自我认识、自我监测、自我发展的有效机制,并从教育目标、教育内容、教育环境、教育组织四个一级指标和多个二级指标、三级指标出发建立了科学的教师自我评价指标体系,促使教师自我评价从观念到行为可操作性转变的实现。

教师实现自我评价的方式主要有以下三种。

第一,根据别人对自己的评价来评价自己。从他人对自己的评价中看到自己的形象,并以此作为对自己评价的参照系。例如,一个经常受到上级、同事、学生或家长等表扬的教师,会获得较强的自信,在自我判断中也多持肯定的态度;相反,如果一个教师经常受到不同方面的批评,就会缺乏自信,甚至妄自菲薄,在自我判断时容易消极,不够自信。因此,教师评价要多肯定教师取得的成绩和进步,及时为教师提供肯定性、建设性的反馈信息,强化教师表现出的好行为在教师身上的持续、良性发展。

第二,通过与他人的对比来评价自己。通过与自己在地位、年龄、条件等方面相类似的个体或群体加以比较,然后对自己做出评价。例如,一个教师实际教学水平较高,但因他所在学校的大多数教师都比他水平高,则他对自己的评价可能是教学水平一般;如果学校的多数教师教学水平都比他低,则他会给自己一个较高的定位。因此,通过评价促进教师的整体发展,不仅对一所学校,而且对某个教师个体而言,都有着非常重要的作用。

第三,通过自我分析来评价自己。通过对自己教育教学行为的分析来评价自己。这个层次的自我评价不仅是对他人评价自己的反映,而且是在了解别人对自己的评价以及在与他人比较的基础上,结合自我观察、自我分析来完成的,这可以看作自我评价的最高层次。通过自我分析来实现自我评价是一个复杂的过程,是教师依据外在的价值尺度,如社会公认的某些成功标准或道德标准等,以及内在的价值尺度,如自身发展目标或愿望等,共同作用的结果。就教师未来职业规划及专业发展而言,教师自我评价应该更多地以科学、合理的内在价值尺度为准,而不能仅仅受外在价值尺度的影响,尤其当外在价值尺度与教师自身的发展目标或愿景相冲突时,听从"心向往之"才是正确的选择。

教师自我评价，是教师对自己的特征、行为的判断。其核心价值是使教师客观地认识自我、寻求新的生长点以获得在现有基础上的自我主动发展。教师自我评价具有一定的标准和依据，其结果可以是形成性的，也可以是总结性的。例如，教师在开展教学活动之后的"教学反思"就是自我评价的一种体现。

教师自我反思，是指教师在教育教学实践中，以自我行为表现为依据的"异位"解析和修正，进而不断提高自身教育教学效能和素养的过程。反思被广泛地看作教师职业发展的决定性因素。

教师自我反思的内容包括三个方面。一是对教学活动的整个过程的反思，即教师在教学之后对自己的教学设计、教学行为、教学效果的反思。二是对自己教学活动过程中的想法、表现和做法的反思。三是以上述两种反思为基础，总结经验，指导以后的教育教学活动。也有研究认为，教师自我反思的内容包括以下三个方面。一是反思成功之处，即对教育教学中自己满意的地方进行总结、归纳和反思，如是否达到预先设计的目的、教学方式方法的使用是否创新、课堂突发事件的处理是否妥当等。二是反思失误之处，即侧重审视教育教学中存在失误的地方，如对某个问题的阐述失之偏颇、教材的某个细节处理不当、对课堂生成性课程资源的估计不足等。三是反思疑惑之处，即总结、反思教育教学中预期与实际效果产生的偏差及其原因，多数是尚没有解决的问题或困惑。例如，精心准备的内容，学生反映一般；讲得一般的内容，反而受到学生欢迎；原以为是重点、难点的知识，学生学习障碍不明显；自认为简单易懂的知识，学生学习效果却不佳；等等。

教师工作自评量表(见表 5-1)通过表格的形式促使教师对每天每月的保教工作进行反思和自我评定，使教师成为自己工作的监督者和评价者，这是一个自我核对的过程，也是自我诊断、调整和完善的过程。

表 5-1　教师工作自评量表

班级：　　　　　　教师：

项　目	自评内容	分　值	自评分
师德师风	(1)遵章守纪，严守规章制度；无迟到早退、脱离岗位情况		
	(2)团结协作，乐于奉献，班级教师氛围良好		
	(3)以身作则，为人师表；目光柔和亲切，保持微笑，语气柔和坚定		
	(4)热爱幼儿，师生关系融洽，一视同仁，无体罚与变相体罚		
	(5)主动询问来宾，解决问题		
仪容仪表	(1)按要求着园服，不可穿便装到岗		
	(2)头发整洁，不染发，不留夸张发型		
	(3)当班时不佩戴饰品		
	(4)不在园内奔跑、呼喊，称呼他人亲切、有礼貌		
	(5)教师不得留长指甲，做美甲		
教育教学	(1)认真制订教学计划，按时上交教案		
	(2)有计划地组织一日活动，户外活动注意安全，运动量适中		
	(3)运用普通话教学，注意语言规范		
	(4)资料填报规范、详细，书写评语字迹整洁		

续表

班级：　　　　　　　　　教师：

项目	自评内容	分　值	自评分
教育教学	(5)课前充分准备教具，每周五检查区角材料投放情况		
	(6)家长园地及时更新，环境创设良好		
	(7)班级抽查教学效果有提高		
	(8)家长工作主动热情，和家长无冲突、矛盾		
保育工作	(1)出勤率高(大班95%、中班90%、小班85%以上)		
	(2)能够第一时间上报幼儿感染传染性疾病情况		
	(3)按规定做好清洁消毒工作		
	(4)班级离园时幼儿穿戴整齐，无脏污浸湿。幼儿特殊情况换下衣物需装袋，并及时给家长说明情况		
	(5)班级幼儿无伤害事件		
	(6)幼儿缺勤第一时间掌握基本情况		
	(7)幼儿进餐时情况良好		
教科研究	(1)按时参加教研活动，积极参与讨论，不无故缺席		
	(2)积极准备各类大型活动的实施方案		
	(3)每次教研活动后心得体会按时上交，并保障落实教研内容		
	(4)每月通过教研所准备的玩教具不少于四类		
家长工作	(1)家园联系册内容完整，当月最后一天发给家长		
	(2)班级群每天上传幼儿动态		
	(3)保证每月和班级2/3以上的家长进行沟通		
	(4)家长的意见和建议及时反馈给幼儿园		
总分			

(二)教师档案袋评价

教师档案袋评价，是指在某个过程中为达到某个目的而收集相关资料，并进行有组织的呈现，可以展示事情的进展过程或者个人的成长经历等。美国著名学者坎贝尔(Campbell)指出，"教师档案袋不只是课程项目和作业的文件夹，也是教学事迹剪贴簿。档案袋是一个有组织的、目标驱动的、个体在复杂的学习和教学活动中表现出来的作品编集。档案袋不仅是一个作品编集，更是一个正在成长着的专业人员所拥有的大量知识、技能和性向的有形证据"。教师档案袋评价作为一种动态评价过程，避免了以奖惩、定级为评价目的的弊端，真正立足于教师的专业发展和专业水平的提升，有助于促使教师积极开展自我反思，强化自主学习意识，为全方位评价提供更为有力的依据。

教学档案袋具有如下特点：①具有特殊的目的，反映教师的知识、技能和能力；②面向专门的阅读者，教学档案袋阅读者一般是教师本人或外部评价者；③包含典型的资料或证据，主要是一系列有针对性的、有组织、有系统的资料；④提出书面反思意见，由教师针对教学档案袋内的资料提出书面反思意见。

一个好的教学档案袋可以真实反映教师教学活动的面貌和过程，应该按照评价标准与要求，收集最能代表教师成就的教育教学信息，具体包括教学理念和教学目标的表述，单元和课堂教学计划，为学生编制的测验及学生成绩评定准则，学生学业成绩，家长、学生调查情况、职业活动、专业成长证明，正式评价，管理者的报告，科研计划及其结果，自我评价，等等。教学档案袋不仅是教师作品的简单收集和堆积，更是系统检查教学效果、与他人分享自己的观点、改进教育教学的一个有效途径。如美国康涅狄格州针对该州新教师的档案袋评价的目的，是对参与"新教师支持与培训项目"的教师进行基本教学技能的评价，在评价过程中，新教师需要证明自己掌握了教师必备的学科知识，并形成了制订教学计划、开展有效教学和评价学生成绩等的基本教学能力。新教师提供的档案袋内容非常丰富，并向教师提出了相应的反思性问题。

表 5-2 所示为教师个人成长档案袋内容，从表中信息可知，该幼儿教师成长档案袋主要包括"个人基本信息""个人培训学习""个人教育研究"及"个人工作成果"四方面的内容，信息收集得较为全面，有助于了解教师相关方面的情况，并有助于评价活动的有效开展。

表 5-2　教师个人成长档案袋内容

个人基本信息
(1)个人信息表
(2)三年个人发展规划表
(3)学期计划(附：教研计划、班组计划、个人计划、新教师计划)
(4)学期总结(附：教研总结、班组总结、个人总结、新教师总结)
个人培训学习
(1)教师参加培训、进修、考察访问情况统计表(附：参加培训记录表照片版)
(2)参加继续教育情况统计表(附：继续教育内容、学习笔记照片版、继续教育作业、学分登记表、继续教育证书复印件)
个人教育研究
(1)教师承担课题研究活动统计表
(2)教师参与课题研究活动统计表
(3)教师承担观摩教学任务情况统计表(附：证书照片版、教案、反思、过程照片)
(4)制作教学具、教学课件统计表(附：教学具展示页和照片、课件使用说明)
(5)我的主题教育活动统计表(附：主题活动记录)
(6)教师承担各级讲座、专题发言情况统计表(附：交流证书照片版、讲课稿件、文章、过程照片)
(7)家长工作统计表(附：新生入园家访记录表照片版、家长会讲稿、亲子活动策划方案及过程资料和照片、家长开放半日活动设计及过程照片)
(8)教师师徒活动情况统计表(附：师徒协议照片版、计划、总结、过程记录、照片)
个人工作成果
(1)获奖论文、案例统计表(附：获奖证书照片版、获奖文章)
(2)编写教材、发表文章统计表(附：报刊、图书封面封底照片版、发表文章)
(3)获奖荣誉统计表(附：获奖证书照片版)

评价标准对于教师档案袋的有效利用尤为重要,表 5-3 展示了吉林省 A 学前教师成长档案袋的评价标准,从内容到利用情况,能够很清晰地体现教师的工作情况,有助于教师的专业发展和个人成长。

表 5-3 吉林省 A 学前教师成长档案袋的评价标准

一级指标	二级指标	评价标准 A	B	C	D
学前教师成长档案袋内容	丰富性	资料呈现形式为4种以上,涉及学习、教学、科研、管理、个人生活5项以上内容	资料呈现3种形式,涉及学习、教学、研究及个人生活4项内容	资料呈现2种形式,涉及学习、教学、个人生活3项内容	呈现形式单一,为文字式;类型单一,涉及教学和学习2类及以下
	个性化	充分、适当地展现个人特点和个性化教育风格	较好地展现个人特点和个性化教育策略	基本展现个人特点,有个性化的教育认识和思考	个人特点不突出,较少个性化的教育思考
	原创性	资料原创性内容达80%以上	资料原创性内容为50%~80%	资料原创性内容为30%~50%	资料原创性内容为30%以下
	艺术性	板块设计独到,体现出教师想象力和个性表现力;色彩运用得当,图文并茂、文字清晰易读	板块设计合理,图文并茂、文字清晰易读	板块设计合理,文字清晰易读	板块设计明显不合理,字迹模糊看不清
学前教师成长档案袋的利用	个人的利用	充分利用幼儿教师成长档案袋资源充实教学教研;积极参与对同事的评价,并有很好的、具体的建议和意见;在自评的基础上经常进行自我反思,完善自我	能较好利用幼儿教师成长档案袋资源充实教学教研;能分析同事档案袋的优、缺点,并提出具体的建议和意见;有具体的自评和自我反思	基本能利用幼儿教师成长档案袋资源充实教学教研;能为同事提出建议和意见,但不具体;有自评和自我反思,但不具体	很少利用学前教师成长档案袋资源充实教学教研;很少或从不为同事提建议;缺少自评和自我反思
	家长的利用	家长浏览、留言平均每月3次以上	家长浏览、留言平均每月1~3次	家长浏览、留言平均每两个月1次	家长浏览、留言平均每三个月1次
	同行的利用	同行浏览、留言平均每周2次以上	同行浏览、留言平均每周1次	同行浏览、留言平均每月1~3次	同行浏览、留言平均每月1次以下

注:A、B、C、D 分别代表幼儿教师制作幼儿教师成长档案袋很好、较好、居中、尚需努力四个不同的等级。

(三)园长—同行评价

园长—同行评价法又称"三人评价法",即建立由第一评价者(园长)、第二评价者(同行)和评价对象(教师)组成的评价小组,由第一评价者与第二评价者共同对评价对象进行评价。园长—同行评价法的主要倡导者是澳大利亚的安东尼·欣克菲尔德,其基本指导思想是:学校将教师评价视为教育过程的一个组成部分;唯有采用建设性的教师评价法才能促进教师的专业发展;评价者与评价对象(教师)之间的合作和相互尊重是必要的;在实施教师计划之前,相关各方达成共识;教师自我评价必须是评价过程的重要组成部分。园长—同行评价法十分注重自我评价、建设性的反馈、评价双方面谈时的和谐氛围、教师的专业发展、来自学校的重视和支持以及教师的积极参与。

在园长—同行评价中,评价双方需要充分了解各自的角色及承担的职责。园长作为评价小组的第一评价者,必须发挥领导作用,熟悉评价政策,能够就评价政策向评价对象做出清楚的、令人信服的解释,保障评价小组有效地、积极地开展工作。第二评价者通常由别班教师、教研组长或年级组长担任,必须配合第一评价者,了解评价政策和评价程序,努力实现预期的评价结果。评价对象必须充分认识到,教师积极参与评价是预期结束成败的关键,能否完成自我评价以及能否获得建设性的评价结果,主要取决于教师本人。评价过程将促进教师个人的专业发展。

园长—同行评价法的实施包括以下五个阶段。

1. 营造氛围和制定政策

所有参与者都能以积极的态度支持教师评价,同时将教师评价制度作为一项长期的幼儿园政策列入文件。

2. 初步面谈

第一次面谈时被评教师向园长提出第二评价者人选,组成评价小组,同时园长充分阐述评价的目的和意义,并由园长解答评价对象有关教师评价的各种困惑;第二次面谈要让被评教师自我评价,园长和第二评价者分别列举教师的优点和缺点,同时为撰写反映评价对象优点和缺点的评价报告做准备。

3. 确定目标

约两周后评价双方再次面谈,对第二次面谈期间列举的优点和缺点进行比较和分析,并在充分讨论和达成共识的基础上,确定对评价对象的评价结果。

4. 课堂听课

评价对象提供听课时间并得到评价者的认可,听课持续一学年。在听课过程中,园长应该把听课的注意力集中在师幼互动、提问技能、课堂管理等方面,任课教师应该把注意力集中在活动内容方面。整个学年进行两次听课面谈,第一次面谈围绕的问题主要是,在历次课堂听课中,评价对象是否感到紧张和别扭?评价对象是否需要补充什么想法和意见?课堂听课是否达到了预期的目的?课堂听课是否遗漏了什么重要的观察内容?第二次面谈的主要任务是,了解评价对象是否一直在努力改善教学质量;补充新观察到的评价对象的优点;删去评价对象已经克服的缺点。

5. 总结会议

总结会议的任务包括两个方面:一是完成评价报告,需充分反映评价对象已实现的目标，包括评价前已具备的能力、评价过程中新获得和新发现的能力；二是给予帮助和建议，在肯定评价对象取得进步的基础上，注明评价对象取得进步的措施以及评价者给予教师的建议。

在学前教育活动中，每位教师的工作都离不开同行的相互配合与协作，又由于教师工作的相似性、共鸣性和理解性等特点，可以通过同行间的互评来了解学前教师实际工作的能力和效果。与此同时，幼儿园园长作为工作上的直接领导，需要考核教师的工作能力与效果，也可以通过直接评价对学前教师实际工作的能力和效果进行深入了解。为此，可构建同行与园长评价表，如表 5-4 所示。

表 5-4　教师工作绩效之同行与园长评价表

被评教师姓名：	所在班级：	评定日期：	
评价项目(权重)	要素	评分	小计
思想品德、工作态度(15%)	(1) 事业心与责任感		
	(2) 工作积极性		
	(3) 对幼儿的态度		
	(4) 教育思想		
	(5) 品德修养		
知识能力 (30%)	(1) 一般文化知识		
	(2) 学前专业理论、知识与技能		
	(3) 语言表达能力		
	(4) 组织活动与观察了解幼儿的能力		
	(5) 教玩具的制作与使用		
	(6) 自学创新能力		
工作负荷 (10%)	(1) 出勤情况		
	(2) 工作量		
工作质量、成绩与效果(45%)	(1) 工作计划的制订与执行		
	(2) 作息制度的执行		
	(3) 活动环境的创设与利用		
	(4) 教育活动的组织与开展		
	(5) 教育效果、经验总结及研究成果		
突出特点			
总分			

备注：根据实际情况，评出分数后，进行加权计算。满分为 100 分。突出表现可加分。
等级评定：优秀(90～100 分)、良好(80～89 分)、及格(60～79 分)、不及格(60 分以下)

第二节 家园沟通合作评价

陈鹤琴先生认为，儿童教育是整个的，继续的。做父母的应该知道小孩子在幼稚园里做些什么，学些什么。如此则两方所施的教育，就不致发生冲突，而所得的效果也必定很大。为了搭建起幼儿与家长之间沟通的桥梁，家园沟通合作就成为幼儿教师工作中重要的组成部分。《幼儿园教师专业标准》对幼儿教师相关方面的专业能力发展提出了基本要求即"幼儿教师应能与家长进行有效的沟通，共同促进幼儿发展"。因此，有效的家园沟通合作不仅是确保幼儿教师正常开展的重要条件，也是幼儿园教师必备的专业能力之一。

家园沟通合作评价

幼儿园教育强调"家园共育"的突出特点是使幼儿园教师具备良好的与家长沟通和合作的能力，这样才能对幼儿实施良好的保育和教育。因此，为了能够更好地发展和评价幼儿教师的家园沟通合作能力，本节将从家园沟通合作的内涵及价值、具体评价的内容、评价方式及工具这几方面进行详细的讲述，为幼儿教师家园沟通合作能力的发展提供一个科学的评价标准和方法。

一、家园沟通合作的内涵及价值

(一)家园沟通合作的内涵

合作是一种社会交往能力，家园合作是家庭与幼儿园密切配合，将家庭教育和幼儿园教育有机地结合起来，以使幼儿更好地发展。家园合作的关键是幼儿园充分利用家长资源，通过双方之间的沟通来实现家庭共育，促进幼儿整体素质的提高，促进幼儿的身心全面发展。从家长参与的角度来看，家园合作包括两个方面：一是家长以各种方式参与幼儿园的教育活动，同时幼儿园要营造有利于家长参与的氛围；二是在幼儿园教育活动的影响下，在家庭中家长对孩子的教育行为。

因此，从以上的分析可以得出，家园沟通合作是指在学前教师的指导下，家长与幼儿园依据幼儿的身心发展特点和需要，通过多种合作形式，相互沟通交流、分享教育资源，共同参与到幼儿教育的各项工作中。这种合作致力于父母与教师积极、平等、主动地双向互动，以共同促进幼儿的全面、和谐发展。

(二)家园沟通合作的价值

《纲要(试行)》指出，家园合作是幼儿园和家庭都把自己看作促进幼儿发展的主体，双方积极、主动地相互了解、相互配合、相互支持，通过幼儿园与家庭的双向互动共同促进儿童的身心发展。因此我们可以得出，家园沟通合作对幼儿、幼儿园和家长都具有重要的意义。

1. 家园沟通合作对幼儿发展的意义

家庭是幼儿成长的开始，而父母则是幼儿的"第一任教师"，父母对幼儿的发展起着极其重要的作用。他们作为幼儿早期成长的支持者、学习者和模仿的对象,为幼儿的健康发展和良好习惯的养成奠定了基础,使幼儿成为有自理能力、有一定学习能力、独立能力和有个性、创造能力的人。

幼儿园对幼儿的全方面发展起到促进作用,并且对幼儿各方面的发展都起到正确的引导作用。而家庭作为幼儿最主要的成长场所,时刻都在潜移默化地影响着幼儿的发展。那么,如果两种影响朝着同一个方向起作用,势必能够将幼儿在家庭、园所的经验统一起来,让幼儿得到秩序感、安全感,从而促进幼儿的发展。如果两种影响作用的方向不一致,甚至相反,幼儿的经验便是矛盾的,幼儿会感到无所适从,难以形成正确的认知,甚至会影响其人格的健全发展。而让家庭和幼儿园的教育形成合力的前提和基础便是家园沟通合作。

2. 家园沟通合作对教师发展的意义

在家园沟通合作的过程中,家长与教师的交流是必不可少的,教师在向家长交代幼儿一天的表现和在园的状态时,家长也要向教师反馈幼儿的特点和在家的生活习惯,从而增加教师对幼儿的了解。教师在了解幼儿的基础上,才能制定出更全面、更合理的教育方案。

除此之外,教师在与家长沟通的同时,可以提高教师的沟通技能,完善教育理念。

3. 家园沟通合作对家长的意义

幼儿园具备科学的教育理念和方法,对幼儿的教育是有目的、有计划、有组织地进行的,因此,家长在与幼儿园沟通合作的过程中自然会学到很多育儿方法和理念,对家庭良好氛围的营造起到极其重要的作用,对家长教育理念的完善也起到积极的作用,从而促进幼儿的成长,家长也受益。

4. 家园沟通合作对幼儿园的意义

幼儿园在家长的配合下,一方面可以有效地提高幼儿园的教育质量,另一方面可以丰富幼儿园的教育资源。比如,在每次的家园合作中,通过家园双方的积极配合与合作,促进双方的了解,共同培育、促进孩子发展的同时,也在进一步提高该幼儿园的教育质量。此外,幼儿园中各个孩子家长的背景、职业和经历与教育理念都是不同的,因此从这个方面来说,家长的参与能够进一步丰富幼儿园的教学资源,同时利用家长所在社区的资源共同促进幼儿的发展,为幼儿的发展创造一个丰富多彩、适宜的环境。

二、家园沟通合作评价的内容

对于家园沟通合作评价的内容有不同的说法,主要有以下几点。

刘轶指出,家园合作评价的内容应互相补充。教师在日常生活中对幼儿的观察获得的印象一般是个别的、零散的、非系统化的,而家长可充分了解幼儿行为产生的背景和原因,对教师在幼儿园内无法评价的内容进行补充评价。丁艳芬指出,家长在日常生活中关注幼儿的发展内容依次为:身体与健康,社会性发展(尤其是幼儿性格、社会交往能力等),生活习惯,语言与认知发展,艺术表现,等等。但是家长认为实践中易于操作的评价是对幼儿身体与健康的评价,而教师也认为,身体与健康方面的指标体系更易于操作,因此幼儿园在这方面的评价也容易实施。此外,在幼儿园的指导下,家长与幼儿园合作进行的幼儿发展评价主要集中在社会性发展、生活习惯等方面，但是对幼儿社会性其他方面的测查标准不易把握，所以与家长合作时也有困难。

因此，综上所述，我们可以从家园沟通合作的机制设置、家园沟通合作的过程、家园沟通合作的效果三个方面对家园沟通合作情况进行评价。

(一)家园沟通合作的机制设置

关于家园沟通合作的机制有以下几种说法。

陈女士从实践角度出发，结合其园内新型的家园合作模式——幼儿成长助教团，形成了一套"选择应聘家长助教—建立网上助教资源库—培训家长助教—在课程实施中开展助教活动—评选表彰优秀助教—开辟助教论坛"具体、可操作的家园合作运行机制，以致力于真正保障家长的参与权与决策权。刘艳从家园沟通的角度出发，强调家园合作要建立一个家园沟通机制，以分享和认同共有的育儿理念和策略，这是保障幼儿园和幼儿家庭教育行为与理念一致的关键。家园沟通机制包括两个方面。首先，就幼儿园方面而言，幼儿园要尊重家长提出的各种建议和要求。其次，就家长方面而言，家长要主动、及时地了解幼儿园现在的教学计划，有意识地将自身育儿目标和幼儿园教育目标保持一致。程天宇从家园互动角度出发，认为家园合作中家长、幼儿园双方需构建一种实质性的家园互动机制。家园互动绝非单纯意义上的主体双方特定时间、特定地域上的接触与交流，它还具有双向建设的意义，表现为家长实质参与幼儿园活动，以丰富幼儿园课程，以及教师实际参与家庭指导，以挖掘家庭资源的教育价值。

针对上述关于家园沟通合作机制设置的说法，我们可以总结出，对家园沟通合作的机制进行评价，就是了解幼儿园和班级教师是否创设了这些沟通合作方式，沟通频率如何。评价者可以通过观察法或者问卷调查法获取相关信息。家园沟通合作方式及频率调查表如表 5-5 所示。

表 5-5 家园沟通合作方式及频率调查表

1.您一周大约与班级教师以口头或者书面的形式沟通几次？(　　)
　　A. 1～5 次　　　　B. 6～10 次　　　　C. 11～15 次　　　　D. 16 次及以上

2.您与教师沟通的主要方式是什么？请从以下选项中选出主要的三项，并按频率由高到低排列(　　)
　　A.家长会　　　　　B.家园联系手册　　　C.家长开放日　　　　D.电话
　　E.接送交流　　　　F.家长园地　　　　　G.亲子活动　　　　　H.家访
　　I.家长教育讲座　　J.其他

3.一个学期，幼儿园举办以下活动分别几次？
　　A. 家长会
　　　(1)没有　　(2)1～2 次　　(3)3～4 次　　(4)5 次及以上
　　B. 家访
　　　(1)没有　　(2)1～2 次　　(3)3～4 次　　(4)5 次及以上
　　C. 家长开放日
　　　(1)没有　　(2)1～2 次　　(3)3～4 次　　(4)5 次及以上

D. 家长学校
   (1)没有　　(2)1~2次　　(3)3~4次　　(4)5次及以上
E. 亲子活动
   (1)没有　　(2)1~2次　　(3)3~4次　　(4)5次及以上

4.您参与过以下哪些活动，在一个学期内频率如何？
   A. 给班级提供课程材料
      (1)没有　(2)1~2次　　(3)3~4次　　(4)5次及以上
   B. 做志愿老师
      (1)没有　(2)1~2次　　(3)3~4次　　(4)5次及以上
   C. 制订班级课程计划
      (1)没有　(2)1~2次　　(3)3~4次　　(4)5次及以上
   D. 作为家长委员会成员组织家长活动
      (1)没有　(2)1~2次　　(3)3~4次　　(4)5次及以上
   E. 与教师一起制订自己孩子的发展计划
      (1)没有　(2)1~2次　　(3)3~4次　　(4)5次及以上
   F. 观察评价班级教学工作
      (1)没有　(2)1~2次　　(3)3~4次　　(4)5次及以上

(二)家园沟通合作的过程

国内对家园合作的维度没有统一的划分，因此，不同的学者有不同的见解。

有学者认为，家园合作主要包括七个维度：对家园合作的理解、参与家园合作的态度、参与家园合作的形式、参与家园合作的内容、参与家园合作的频次、参与家园合作的程度、对家园合作的评价。其中，"对家园合作的理解"包括角色理解及职责理解，"参与家园合作的频次"包括交谈的频率及互动的频率，"对家园合作的评价"包括对合作效果的评价及合作关系的评价。

还有部分学者将家园合作分成四个维度：合作认知、合作内容、合作方式、合作效果。其中，"合作认知"包括家校双方对合作的了解、态度、目的的认知，"合作内容"包括沟通联系的次数、时间及内容，"合作方式"包括合作组织形式及沟通方式，"合作效果"包括对合作的评价、影响合作的障碍及需要改善的方面。

因此，家园沟通合作的维度可以划分为家园沟通合作的内容、家园沟通合作的方向和家园沟通合作的效果。

1. 家园沟通合作的内容

家园沟通合作的内容主要包含家长对幼儿园各方面的管理和教育的沟通，因此，我们可以分为以下两部分。

(1) 针对幼儿发展的沟通合作。

幼儿的发展主要包括幼儿身体、认知、品德与社会性等方面的发展，总的来说，就是幼儿身心的全方面发展。因此，我们针对幼儿发展的沟通应该包含幼儿各方面的发展。

此外，针对幼儿发展沟通的内容应该真实、可靠且具体，能够向家长说明幼儿一天在幼儿园生活的表现和各种行为，从而帮助家长及时获得幼儿的发展状况，了解幼儿的生活特点和习性。但是，教师向家长反映幼儿的状况可以是积极的，也可以是消极的。比如，"今天萌萌学会了拉拉链"，这样的内容就是积极的反馈；相反，"乐乐今天没有吃完午饭，还把剩饭倒进小朋友洗手的水池里"，这样的内容是消极的反馈。因此，学前教师与家长的沟通内容应该是客观的，不应该只沟通消极内容，否则，就将不利于双方之间的交流与合作。

最后，学前教师除了要向家长反映幼儿在园生活的基本信息之外，还要与家长进行商议和探讨，并及时向家长提出合理的建议供家长参考。

(2) 针对幼儿园教育、管理的沟通合作。

家长和幼儿教师不仅要针对幼儿发展进行专门的沟通，还要针对幼儿园的教育、管理进行深度的探讨和交流。因此，在家园合作中，幼儿园应当让家长参与幼儿园的各项管理和规章制度的实施，但这种参与并不是让家长以直接参与的方式进行，而是可以通过家长监督和反馈的方式进行管理。因此，幼儿园可以通过开展座谈会、交流会或做志愿教师等方式来促使家长间接地参与到幼儿园的教育与管理工作中来，从而增加家长对幼儿园各工作的了解，以便家园之间的深度合作与沟通。

2. 家园沟通合作的方向

沟通方向，是指家园双方在沟通过程中的信息反馈来源。家园沟通有两种沟通方向：家长—教师、教师—家长。家长—教师，是指家长向教师说明幼儿在家的种种表现情况，描述幼儿的特点，表达自己对幼儿的教育观点；教师—家长，是指教师向家长描述幼儿在幼儿园的表现情况，并且针对幼儿的不良行为等提出相应的建议和对策。

然而，当前家园沟通存在一些问题。虽然大部分幼儿园都意识到家园共育的重要性，同时也积累了一些家园沟通的方法。但由于家长群体的复杂性，他们的家庭教育观念、家庭背景、社会地位、学历层次等有所不同，因此家园沟通与合作的过程中出现了很多问题，而这些问题又成为家园共育的障碍，亟须我们去解决。目前，家长的教育观表现出两个极端倾向，一是"放纵不管、过度信任"。部分家长认为，只要孩子送到幼儿园，教育幼儿就是幼儿园的责任和义务。而自己对孩子的教育则是不管不问，很少与教师了解幼儿在园的表现，也很少与教师沟通幼儿的在家情况，导致家园共育出现脱节，进而影响幼儿的发展。二是"过度保护、缺乏信任"。这些家长在家庭教育中对孩子过分宠爱。孩子上幼儿园更是不放心，对幼儿园和教师缺乏信任。当教师与其进行沟通时，家长表面认同接纳，但在实际的家庭教育中仍然一意孤行。无论是上述哪种类型的家长，在家园共育上都难以达成共识，很难形成教育的合力，最终家园共育也难以落到实处。还有部分家长是"重理论、轻行动"，家长的育儿观念很好，但很少将理论付诸实践。交谈中，缺少公平、合作、尊重的沟通态度，片面的了解导致片面的教育，影响幼儿的身心发展。当今社会，由于隔代教育的差异，教师与老人进行家园沟通时存在一定的代沟，在实际的家园配合中也存在偏差，让幼儿的教育不管是在家还是在幼儿园都是不全面的，导致家园共育根本达不到预期目标。

除此之外，还有学者认为，目前的家园沟通是以幼儿园为中心，家长只是配合幼儿园，家长与幼儿园没有以平等关系为基础来进行沟通、合作。这个问题说明，教师—家长的沟通在频次上占主导，家长—教师的沟通较少，并且沟通的内容上更多地表现为幼儿的生活活动。然而在现实中，教师—家长、家长—教师双方的沟通频数不存在巨大的差异。

因此，对于家园沟通内容的评价可以结合文本分析法和行为检核表等多种方法。文本分析法主要是通过家园联系册、家长园地等文本性的沟通方式的内容进行分析。行为检核表则针对教师与家长沟通合作的外显行为进行记录和分析。利用行为检核表对家园沟通内容进行评量时应该注意的是，对同一位教师，应该多日观察，取得尽可能多的事件样本，进行综合分析。如果只是对教师进行一两天的观察，那么，得到的数据则难以避免各种偶然因素的影响。

3. 家园沟通合作的效果

家园沟通合作的效果，是指幼儿园和家长双方经过一段时间的合作和交流后共同创造的成果，这些成果可以从以下三个方面表现出来，分别是教师和家长形成的人际关系、家长参与活动的热情度、家长对班级工作的满意度。因此，我们在对家园沟通合作的效果进行评价时，可以从以上三个方面进行评价，并且每个方面都能在一定程度上说明家园沟通合作的效果。

三、家园沟通合作评价的方式及工具

家园沟通合作的评价方式及工具是多种多样的，每个学者站在不同的角度会有不同的看法。

有的学者认为，家园联合评价的方法应多种多样。比如，在不给家长添麻烦的前提下，根据评价内容及指标设计家长幼儿发展评价问卷；通过和家长的多次观察而不是通过偶发事件，获得幼儿发展的信息并进行价值判断；教师充分利用幼儿发展情况汇报单、家园联系单、家长接待日、家长热线、家长接送孩子的时间，通过与家长进行交流等形式，更好地了解幼儿在家中的表现，和家长共商教育计划，以保障家园共育的一致性。

还有的学者基于实践研究，在实验园使用《幼儿发展观察记录册》作为家园联系的新形式。该记录册详细列出了幼儿身体、认知、语言、社会性等方面发展的具体指标，由教师对幼儿进行定期的观察和评价，然后反馈给家长，家长根据记录册上所列指标，在家中对幼儿进行观察和评价，并将结果反馈给教师。

然而，有的学者从家长参与幼儿发展评价的角度出发，在调研中发现，家长在日常生活中对幼儿发展评价信息的获得主要是通过自然观察和与幼儿交谈两种方法，而幼儿在园情况的了解则主要通过与教师的沟通以及学期末幼儿园提供的家长报告单。

最后，一些学者结合案例，提出三点家园同步评价的方法并分别做了详细的介绍。第一，共同研讨法。让家长和教师在日常活动和教育中采用自然的方法对幼儿进行评价。第二，体验分析法。教师和家长站在幼儿的角度换位思考，以幼儿的视角全面赏识幼儿。第三，阶梯推进法。教师和家长都要以发展的眼光评价幼儿。

综合以上不同的看法得出，家园沟通合作的评价目的不仅在于检测教师开展相关工作时的沟通方式是否有效，还在于相关工作的开展是否有针对性。为了能够清晰、明了地检测幼儿教师家长工作评价的效果，我们可以通过评价表、调查问卷及教师自我反思评价等，如表5-6～5-7所示。

表5-6 教职员工与家长沟通评价表

等级	分类	指标
不合格	1	1.1 没有为家长提供与活动相关的信息资料 1.2 不鼓励家长观察或参与到儿童活动当中
达标	3	3.1 为家长提供管理方面的信息资料(费用、工作时间、员工的健康要求) 3.2 家长和教职员工分享与儿童相关的信息(非正式的交流,邀请家长参加家长会,提供一些与养育相关的资料) 3.3 有一些家长或家庭成员可能参与到儿童活动中 3.4 家庭成员与教职员工间的交流总体上是积极的,显示出对对方的尊重
良好	5	5.1 更加鼓励家长观察而不是参与儿童的活动 5.2 让家长了解机构实践的原则和方法(家长手册、纪律规定、活动描述) 5.3 家长和教职员工之间有很多与儿童相关的信息分享(频繁的非正式交流、定期的儿童会议、家长会、实时通信,提供与养育相关的资料) 5.4 鼓励家庭通过各种可选择的方式参与到儿童活动中(举行生日聚会,和儿童共进午餐,参与家庭便餐聚会)
优秀	7	7.1 每年一次的家长评估活动(家长问卷、集体评估会) 7.2 需要时,为家长推荐专业帮助(特殊的养育帮助、与儿童健康有关的帮助) 7.3 家长与教职员工一起参与活动的决策(家长代表出席会议)

表5-7 ECERS-R中"提供家长所需"子维度评量细则

分值	观察点
1	1.1 没有提供与中心相关的书面资料给家长 1.2 不鼓励家长来中心观察或参与以幼儿为中心的课程
2	
3	3.1 提供与家长保育措施相关的书面资料(各项费用、保育时间、幼儿作息的健康状况) 3.2 家长与教职员工分享幼儿相关的资讯(非正式的沟通、提出要求时才安排家长晤谈、提供一些亲子教育的资料) 3.3 提供给家长或其他家庭成员关于残障孩子在中心学习的机会 3.4 家庭成员与教职员工经常以正向与互相尊重的态度互动
4	
5	5.1 鼓励家长在幼儿入学前,先来中心进行观察、了解 5.2 协助家长了解中心遵循的教育理念,与施行的教学工作(家长手册、幼儿行为处理原则、各种学习活动的介绍、新生家长会议) 5.3 家长与教职员工分享许多与幼儿相关的资讯(经常做非正式的沟通,安排所有家长定期会谈,亲子座谈,定期刊物,有关幼儿健康、安全及发展的亲子教育资料) 5.4 多样化的活动,鼓励家长参与孩子在中心的活动(准备生日点心、与班级幼儿分享、与幼儿共进午餐、家庭参与会议)

续表

分值	观察点
6	
7	7.1 每年实施家长对中心的评量调查(家长问卷调查、团体考评会议) 7.2 必要时介绍家长寻求其他专业机构咨询(特殊亲子教育的协助、幼儿健康方面的咨询) 7.3 家长与教职员工一同参与中心的决策过程(董事会的家长代表)

注：ECERS-R 为托幼机构评价量表，英文全称为 The Early Childhood Environment Rating Scale-Revised。
(资料来源：HARMS, Clifford &Gryer, 2005)

此外，家园沟通合作评价作为教师评价和托幼机构质量评价的一部分，可以看出家园沟通合作评价的重要性，因此，我们需要通过一定的量表来进行评价。以下是托幼机构环境评价量表和发展适宜性实践量表的概述。

1. 托幼机构环境评价量表

ECERS-R 将托幼机构环境分为几个大的维度：空间与设备、学习活动、互动、倾听与交谈、课程结构、家长与教职员工。最后一个部分"家长与教职员工"中有"提供家长所需"这一子维度，其评量细则如表 5-8 所示。

表 5-8 "与家长的协作关系"适宜的做法与不适宜的做法

适宜的做法	不适宜的做法
与家长以伙伴关系合作，定期交换意见，以达到相互理解的目的，并确保儿童的学习需要和发展需要都被满足	只与家长谈问题或矛盾等内容
教师与家长一起商量讨论，以决定如何更好地促进儿童发展和学习，如何更合理地解决和处理问题，如何处理教师与家长的不同意见等	当儿童在幼儿园学习等方面出现困难时，教师会斥责家长；当儿童在幼儿园违反纪律时，教师会要求家长在家中惩罚儿童
总是欢迎家长积极参与幼儿教育工作、家长也很欢迎教师家访	不欢迎家长来访和参与幼儿教育工作；只在许多父母都上班的工作日举行家长会或其他应使家长参与幼儿教育工作的活动

(资料来源：胡惠闵，郭良菁. 幼儿园教育评价[M]. 上海：华东师范大学出版社，2009：122.)

需要注意的是，使用 ECERS-R 对家园沟通合作进行评价时，需要两个及两个以上的评价者同时进行观察评价，并依据所观察到的内容选择合适的分数。

2. 发展适宜性实践量表

全美幼儿教育协会(NAEYC)对教师与家长之间的沟通合作从"适宜的做法"和"不适宜的做法"两个角度进行了具体的描述，其既是内容，也是评价标准。

思考练习

1. 请简述学前教师评价的内涵及价值。
2. 请简述学前教师评价的内容、模式及方法。
3. 假如你是一名幼儿教师,请尝试对自己的基本素质、教育活动的组织和家园沟通合作进行评价。

第六章　幼儿园教育活动评价

本章学习目标

➢ 理解幼儿园教育活动评价的内容。
➢ 掌握幼儿园教育活动评价的方法及各部分评价工作的开展。

导入案例

幼儿发展评价内容与幼儿一日活动相融合

晨间活动，幼儿自主签到，教师通过分析幼儿连续性的签到记录来了解幼儿语言、书写、表达与表现等方面的发展过程；区域活动，教师通过区域观察表，观察、记录幼儿在某一个区域的活动表现，结合区域活动前幼儿的计划表进行分析与思考，了解幼儿社会性及情感发展的水平，帮助教师反思班级区域设置、区域材料的提供是否适合等。

(资料来源：张园园. 以"评"强观察 以"核"促发展——澳门某幼儿园教育评核活动启示[J]. 教育实践与研究(C)，2021(10)：47-49.)

针对幼儿一日活动的不同环节，教师采取了多种评价形式。但是面对幼儿园的各种教育活动，我们应该采用什么标准来进行评价呢？学前教师如何才算达标，幼儿园教育活动应如何进行才算合格？相关评价尤为重要。

第一节　教育活动评价

一、正规教育活动评价

正规教育，是指由教育部门认可的教育机构(学校)所提供的有目的、有组织、有计划，且由专职人员承担的，以影响入学者的身心发展为直接目标的全面、系统的训练和培养活动。因此，正规教育活动，是指教师按计划专门设计并组织实施的，以教师直接指导为主的，组织严密的教育活动。幼儿园正规教育活动将围绕五大领域——健康、科学、语言、社会、艺术展开，因而正规教育活动内容评价也以这五大领域为主。

教育活动评价

(一)健康领域评价

真正的健康不仅仅是指身体健康，还包括心理健康，它体现在身体和精神两个层面上都达到一种完满的状态。幼儿阶段是儿童身体发育和机能发展极为迅速的时期，同时也是形成安全感和乐观态度的重要阶段。发展健康的身体、积极的情绪、强健的体质、协调灵活的动作，以及培养基本的生活习惯和自理能力，既是幼儿身心健康的重要标志，也是科学、语言、社会、艺术等各领域学习与发展的基础，也是评价幼儿健康领域内容的重要标准。只有身心和谐发展，幼儿才能体现出真正的健康。

本书主要探讨幼儿的身体与运动。其包括身体生长、动作发展和创造性运动等三个方面，具体指标如表 6-1 所示。

表 6-1　幼儿身体与运动评价内容

一级指标	二级指标	具体内容
身体生长	生长发育形态	身高、体重、胸围、头围、坐高、上臂围、皮褶厚度
	生长发育生理功能	脉搏、血压、握力、肺活量、呼吸差
	疾病或缺陷	有无贫血、佝偻病、龋齿、斜视、弱视、脊柱弯曲等常见病
动作发展	大肌肉动作	走、跑(自然跑、障碍跑、最后冲刺)、跳(跳远、从高处跳)、跨栏、平衡(单脚站立)；拍球(单手拍、左右手交替拍)
	小肌肉动作	描线、剪、折纸、穿珠子
创造性运动	运动节奏	和着乐器节拍同步动作、根据固定或变化的音乐同步动作
	表现力	随着音乐做出不同的动作、用动作表现自我感受

1. 幼儿的身体生长方面

幼儿的身体生长，主要指幼儿生理方面的发展状况。衡量指标主要包括生长发育形态、生长发育生理功能、疾病或缺陷三个方面。具体内容包括身高、体重、脉搏、血压，以及有无贫血、佝偻病等常见病。

2. 幼儿动作发展方面

对幼儿动作发展的评价主要包括大肌肉动作和小肌肉动作两个方面。大肌肉动作的等级标准如表 6-2 所示。具体内容包括走、跑、跳、平衡、拍球等。

表 6-2　大肌肉动作的等级标准

内容	等级标准		
	一	二	三
走	上体正直、自然地走	上体正直，上下肢协调地走	听信号自然、协调地走
跑	两臂在体侧屈肘自然而然地跑	协调、轻松地跑	听信号改变方向和变速跑
跳	立定跳远 60 厘米	立定跳远 80 厘米	立定跳远 100 厘米
平衡	单脚站立 10 秒	单脚站立 20 秒	单脚站立 30 秒
拍球	单手连续拍球 10 下	左、右手交替拍球 15 下	单手运球 10 米

3. 幼儿创造性运动方面

幼儿的运动能力不仅促进骨骼、肌肉及各器官的发展，而且为幼儿的智力发展奠定了生理基础，其中最受关注的就是幼儿的创造性运动能力。幼儿的创造性运动能力关注的是运动的节奏和表现力。对该能力进行评价的指标主要包括对节奏的敏感性、动作的表现力、动作创意、配合音乐动作等方面。对创造性运动能力的评价，通过如表6-3所示的创造性运动观察来收集信息。

表6-3 创造性运动观察

儿童(年龄)	对节奏的敏感性	表现力	身体控制	动作创意	配合音乐动作	评注和观察

(二)科学领域评价

幼儿科学学习的主要目的是激发幼儿对未知的探索的欲望，增强幼儿的好奇心，让他们学会观察，并且学会发现和解决生活中的问题，关注周围的生活环境。只有善于观察、了解，幼儿才会对周边的事物产生兴趣，从而激发幼儿的学习能力。科学领域主要包括科学探究和数学认知。幼儿在对自然事物的科学探究和运用数学解决实际生活问题的过程中，不仅获得了丰富的感性经验，进而充分发展形象思维，而且在感知具体事物的基础上初步尝试了归类、排序、概括、抽象，逐步发展了逻辑思维能力，同样也促进了身心、认知、情感、社会性的发展，并为其他领域的深入学习奠定了基础。幼儿科学学习的核心是激发探究欲望，培养探究能力。大人要善于发现和保护幼儿的好奇心，充分利用自然和实际生活的机会引导幼儿通过观察、比较、操作、实验等方法学会发现问题、分析问题和解决问题，帮助幼儿不断积累经验，并运用于新的学习活动，形成终身受益的学习方法和能力。本书主要探讨幼儿的科学探究能力，具体评价目标如表6-4所示。

表6-4 幼儿的科学探究能力的评价目标

目标	年龄		
	3~4岁	4~5岁	5~6岁
亲近自然，喜欢探究	(1)喜欢接触大自然，对周围的很多事物和现象感兴趣； (2)经常问各种问题，或好奇地摆弄物品	(1)喜欢接触新事物，经常问一些与新事物有关的问题； (2)常常动手动脑探索物体和材料，并乐在其中	(1)对自己感兴趣的问题总是刨根问底； (2)能经常动手动脑寻找问题的答案； (3)探索中有所发现时感到兴奋和满足
具有初步的探究能力	(1)对感兴趣的事物能仔细观察，发现其明显特征； (2)能用多种感官或动作去探索物体，关注动作所产生的结果	(1)能对事物或现象进行观察比较，发现其相同与不同； (2)能根据观察结果提出问题，并大胆猜测答案； (3)能通过简单的调查收集信息； (4)能用图画或其他符号进行记录	(1)能通过观察、比较与分析，发现并描述不同种类物体的特征或某个事物前后的变化； (2)能用一定的方法验证自己的猜测； (3)在成人的帮助下能制订简单的调查计划并执行； (4)能用数字、图画、图表或其他符号记录； (5)探究中能同他人合作与交流

续表

目标	年龄		
	3~4岁	4~5岁	5~6岁
在探究中认识周围的事物和现象	(1)认识常见的动植物,能注意并发现周围的动植物是多种多样的; (2)能感知和发现物体和材料的软硬、光滑和粗糙等特性; (3)能感知和体验天气对自己生活和活动的影响; (4)初步了解和体会动植物对人类的贡献	(1)能感知和发现动植物的生长变化及其基本条件; (2)能感知和发现常见材料的溶解、传热等性质或用途; (3)能感知和发现简单的物理现象,如物体形态或位置变化等; (4)能感知和发现不同季节的特点,体验季节对动植物和人的影响; (5)初步感知常用科技产品与自己生活的关系,知道科技产品既有利也有弊	(1)能观察到动植物的外形特征、习性与生存环境的适应关系; (2)能发现常见物体的结构与功能之间的关系; (3)能探索并发现常见的物理现象产生的条件或影响因素,如影子、沉浮等; (4)感知并了解季节变化的周期性,知道变化的顺序; (5)初步了解人们的生活与自然环境的密切关系,知道尊重和珍惜生命,保护环境

(三)语言领域评价

语言是交流和思维的工具。语言领域主要是发展幼儿语言方面的能力,让幼儿学会聆听他人讲话,并且理解他人讲话的意思,培养幼儿喜欢听故事、看图书。幼儿期是语言发展的重要时期,特别是口语能力的发展。幼儿语言发展贯穿了发展的各个领域,对其他领域的发展有着至关重要的影响。幼儿的语言能力是在交流和运用的过程中发展起来的。幼儿的语言学习需要相应的社会经验支持,可以通过多种活动增加幼儿的生活经验,丰富语言的内容,增强理解和表达能力。所以,幼儿在运用语言进行交流的同时,也在发展自己的语言表达能力和人际交往能力,并通过语言获取信息,使学习逐步超越个体的直接感知。接下来,主要围绕语言领域的多彩光谱项目的活动设计和评价内容作简要介绍。该领域主要通过故事板和报告两大活动对幼儿的语言发展进行评价,如表6-5所示。

表6-5 语言领域评价内容与标准

活动	评价内容	评价等级标准及评分
故事板活动	讲述结构的特性	水平1:用最一般的词指代事件、物体、人物 水平2:人物之间的关系提及但未建立;偶尔插入人物的心理活动和动机 水平3:能分清几个不同的角色并为他们建立关系;详细描述角色的认知、情感和身体状态
	主题贴切	水平1:故事线索断开不衔接 水平2:故事线索含糊且只能维持一小段 水平3:连续超过4句话保持故事线索的一致性和相对连续性;把事件联系起来,并最终构成故事线索,很少偏离故事的发展

续表

活动	评价内容	评价等级标准及评分
故事板活动	叙述语气的使用	水平1：很少采用叙述语气详细地解释故事的意思 水平2：采用叙述语气，偶尔详细地解释故事所发生的事情 水平3：常常采用叙述语气，详细地解释、说明或加注故事细节；加以评判、对比的评论，使用明喻或暗喻，或对故事发表评论
	对话的使用	水平1：故事中没有或有很少对话 水平2：有对话出现，但角色之间的对话模糊而简短 水平3：大量出现对话，并且对话可持续几句；角色之间的对话富有意义，包含思想、情感和信息
	时间标记的使用	水平1：在说明故事的过程中仅仅使用简单的时序连词 水平2：有时用较复杂的时间标记，如用逻辑连词来表明事件之间的时间关系，用时间副词说明事件发生的时间 水平3：连续使用比较复杂的时间标记(从前、后来、夜晚)
	表现性	水平1：未使用或很少使用语调；用单一的语调呈现故事，而未根据角色的不同运用不同的语调或声音效果 水平2：偶尔用声音效果，或者其他形式的表达，或二者兼用 水平3：不断使用声音效果、生动的角色语气、高度表现力的叙述
	词汇水平	水平1：主要使用简单的语言，很少使用形容词 水平2：使用水平1的词汇，但有时用描述性、表现性的语言和一些形容词 水平3：运用大量的词汇，包括形容词和副词；使用描述性、情感性的词汇
	句子结构	水平1：使用简单、不连贯、并列的句子和句子成分 水平2：使用水平1的句子，但讲述中出现介词性词组和复合句 水平3：使用大量的句子结构，包括水平1的句子，出现状语从句、定语从句、分词短语或者几者综合使用
报告活动(电影报告)	内容的准确性	水平3：记得影片中大多数或几乎全部事件和角色
	结构性、主题感	水平0：不讲述影片中所发生的事，只讲自己的故事 水平1：极少关注影片中的主题，关注是局限的，不能把各零碎的事件概括为影片的主题 水平2：能揭示影片框架有限的某个方面；多少能说明影片的主题，但描述贫乏 水平3：较广范围内关注影片中各个零碎的事件，并将之概括为一个基本或多次出现的主题；对影片的框架有所了解
	词汇的复杂性、详细程度	水平1：对影片的描述空洞而不详细；使用简单的语言，几乎不使用形容词 水平2：对影片事件的描述有时详细；对影片中的某些事件的某些细节描述详细，忽略其他；使用一些清楚而详细，且具有表现力的词汇 水平3：对影片中的事件往往作详细的描述；使用多种词汇；语言常常是清楚而详细的，并具有表现力

活动	评价内容	评价等级标准及评分
报告活动(电影报告)	句子结构	水平 1：使用简单的句子和段落 水平 2：使用水平 1 的句子，但也使用介词性词组、复合句或二者同时使用 水平 3：使用各种句子结构，包括水平 1 和水平 2 的句子结构

(四)社会领域评价

幼儿社会领域的学习主要就是培养幼儿的一些行为，以促进幼儿健康、快乐地发展，让幼儿学会与人相处、交往，并且努力做好自己力所能及的事。只有从小就培养幼儿与人相处、交流的习惯，对幼儿长大后的生活才会更加有帮助。这个过程也是幼儿社会性不断完善并发展健全人格的过程，主要包括人际交往与社会适应。幼儿阶段是社会性发展的关键时期，良好的人际关系和社会适应能力对幼儿身心健康的发展以及知识、能力和智慧作用的发挥具有重要影响。幼儿在与成人和同伴交往的过程中，不仅学习如何与人友好相处，也学习如何看待自己、对待他人，不断发展适应社会生活的能力。

幼儿的社会性发展，是指幼儿在家庭、幼儿园和社会等环境因素的影响下，逐步学会掌握社会行为规范、形成社会行为的过程，我国幼儿的社会性发展是由七个因素组成的，即社会技能、自我概念、意志品质、道德品质、社会认知、社会适应、社会情绪。这是幼儿从一个生物个体逐渐转变为社会成员的过程。幼儿社会性发展的内容非常广泛，如幼儿对自我和他人的认知、对社会规范的认知、社会情感的发展与变化、道德的发展等都属于幼儿的社会性发展。所以，从这方面来说，幼儿园教育在该领域的内容要求主要体现为以下几点。

(1) 帮助幼儿形成自我意识，并对自己的身心状况有基本的了解和认识。
(2) 帮助幼儿学习扮演社会角色，使其能和他人建立良好的社会交往关系。
(3) 帮助幼儿理解社会规则。
(4) 帮助幼儿形成良好的社会态度。

当然，这几方面的内容也是我们对幼儿社会领域进行评价的主要内容，如表 6-6 所示。

表 6-6　幼儿社会性与情感的评价内容

一级指标	二级指标	具体说明
自我意识	自我认识	了解自己的身份；了解家庭和幼儿园的大致情况；了解自己的兴趣和爱好
	自我体验	欣赏自己做的事情；喜欢带头做事情；选择有难度的活动；愿意发表观点；寻求肯定评价
情绪情感	爱心和同情心	关心家人；能发现同伴的困难并给予帮助；关心能力差或有生理缺陷的人
	责任感	活动结束后收拾好用过的物品；爱惜集体的物品
	集体感	喜欢参加幼儿园的活动；主动为集体做事；关心集体活动(比赛)的结果
人际交往	交往态度	愿意与老师交流；和老师一起游戏表现很快乐；主动与同伴交往；愿意接受同伴的邀请或邀请同伴加入游戏；与他人交往时使用礼貌用语

一级指标	二级指标	具体说明
人际交往	交往行为	愿意与同伴一起完成任务；能接受老师或同伴的建议；当同伴有需要时愿意让出自己正在玩的玩具；愿意把自己的玩具拿出来和同伴一起玩；为同伴的成功而感到高兴；接受同伴不同的意见和做法；自己的意见受到同伴反对时能作出让步
守规约行	规则意识	有轮流和等待意识；遵守游戏规则
	自我调控	主动选择活动并专注于活动；完成交给自己的任务；掌握基本生活自理能力；自己能做的事不寻求帮助；不理会周围的干扰，把事情做完；有始有终地完成一件事；对被禁止的事情能坚持不做

(五)艺术领域评价

艺术是人类感受美、表现美和创造美的重要形式，也是表达自己对周围世界的认识和情绪态度的独特方式。艺术主要就是将幼儿的情感丰富起来，让幼儿可以初步感受环境中的美、生活和艺术中的美，并且让幼儿喜欢一些艺术方面的活动，培养幼儿的艺术天赋，如画画、音乐等。幼儿艺术领域的学习关键是创造充分条件和机会，在大自然和社会文化生活中使幼儿萌发对美的感受和体验，丰富其想象力和创造力，引导幼儿学会用心灵去感受和发现生活中的美，尊重每个幼儿的想法和创造性，肯定和接纳他们独特的审美感受和表现方式，分享他们创造的快乐，用自己独特的方式去表现和创造美。

艺术领域的内容要求主要有以下几点。

(1) 引导幼儿接触周围环境和生活中美好的人、事、物等，丰富他们的感性经验与审美情趣，激发他们表现美、创造美的欲望。

(2) 艺术活动中面向全体幼儿的同时，也要照顾到幼儿的个体差异。

(3) 为幼儿提供自由表现的机会，鼓励幼儿用不同的艺术形式大胆地表达自己的情感、理解和想象，尊重每个幼儿的想法和创造性。

(4) 在支持和鼓励幼儿大胆表现的同时，要帮助幼儿提高表现的技巧和能力。

(5) 指导幼儿利用身边的物品或废旧材料等制作玩具、手工艺品等，并用它们美化自己的生活或开展其他活动。

(6) 为幼儿创设展示自己作品的条件，引导幼儿相互交流、相互欣赏、相互学习，共同提高。

幼儿园艺术领域的内容包括幼儿音乐、美术等教育中，这些活动也是幼儿艺术领域的评价指标。

1. 幼儿音乐教育的内容评价

幼儿音乐教育的内容主要包括歌唱、韵律活动、打击乐器演奏的乐曲和音乐欣赏 4 个方面，具体内容如表 6-7 所示。

2. 幼儿美术教育的内容评价

幼儿美术教育的内容涵盖了幼儿生活的全部，幼儿所看见、所听到的，都可能成为他们进行美术活动的素材,这也有利于培养幼儿对形象的观察、注意和识别的能力。具体内容在表现形式上可分为绘画、手工和欣赏三大部分,如表 6-8 所示。

表 6-7 幼儿音乐教育内容的评价标准

内容	具体要求
歌唱	(1)应选择一些内容与文字有趣,为幼儿所理解,且歌词内容能用动作表现,有重复,发展余地的歌曲; (2)应选择一些适合幼儿音域范围和带有前奏、间奏、切分节奏及附点音符的歌曲; (3)应选择一些不同题材、性质、适合多种演唱形式的歌曲或国外有名的儿歌
韵律活动	(1)应选择一些简单的、易被模仿的、较形象的动作,让幼儿在音乐的伴奏下,合乎节拍地做动作; (2)应选择适合幼儿年龄阶段的基本动作和舞蹈动作; (3)可让幼儿进行其他节奏活动,如拍出语言的节奏、拍出唱过的简单歌曲的节奏等
打击乐器演奏的乐器	为幼儿提供的乐器演奏乐曲,应尽可能选择中国著名的民族民间乐曲、中外童谣和世界经典乐曲等
音乐欣赏	(1)应选择一些幼儿喜欢听的歌曲供幼儿欣赏; (2)应选择一些有标题的,性质鲜明、结构适中,且有一定内容、情节的乐曲供幼儿欣赏; (3)可让幼儿欣赏各种具有音乐性的声音(动物的叫声、风雨声等),以及结合生活专门创编的,可供感知音的高低、节奏的速度、音的强弱和音色的乐曲与歌曲

表 6-8 幼儿美术教育内容评价标准

表现形式	具体要求
绘画	(1)命题画:分为物体画和情节画,以单一物体为描绘对象,主要培养幼儿的造型能力; (2)意愿画:分为记忆画和想象画,主要培养幼儿的视觉形象记忆能力; (3)图案画:又称装饰画,其内容讲究系列性,有助于幼儿装饰水平的提高
手工	(1)引导幼儿学习多种手工工具和材料的使用方法,手工活动中教给幼儿点状材料的粘贴、线状材料的粘贴、缠绕,面状材料的粘贴、撕、剪、折,块状材料的粘贴、塑造、分割、组合等; (2)根据各个不同年龄段孩子的特点进行适当的活动,如各年龄段的泥工活动,也可利用废旧材料进行制作活动
欣赏	(1)绘画:选择绘画作品时要注意作品的内容和表现形式是幼儿可以理解和接受的,如"向日葵""奔马"; (2)雕塑:有圆雕和浮雕两种,选择作品时要注意形体的动作,如"渔童"; (3)工艺美术:有日用工艺和陈设工艺两类。选择作品时应注意日用工艺结合儿童的生活,陈设工艺要有可玩性,如"玩具汽车""布娃娃"等; (4)建筑:选择作品时要注意别致性,如"天安门""民居建筑"; (5)自然景物:可选择有显著美感并与幼儿生活贴近的自然景物,如"秋天的树叶"; (6)环境布置:可选择幼儿生活中的室内环境,如"节日的环境"

二、非正规教育活动评价

非正规教育与正规教育相对应。非正规教育活动，是指由教师组织和实施的，以教师间接指导或影响为主的，且组织较为松散的教育活动，如自选教育活动、进餐、如厕等常规的生活活动，自我服务劳动及简单的公益劳动等。非正规教育是有组织的，但不是充分制度化的；是系统的，但不是完全常规化的。其基本上是在校外进行，内容、方法、形式比正规教育具有较弱的正规性，较强的灵活性。在学前教育领域，我们主要探讨幼儿园进餐、如厕等常规性的生活活动评价。

在幼儿园一日教育的各个环节中，不少环节属于生活活动环节，如入园、盥洗、进餐、喝水、如厕等。值得注意的是，在对生活活动进行评价时，应尽可能与其他的"常规评价"相结合，不能孤立地进行，但也应坚持适度的原则，尽可能了解、满足每个幼儿的需求，以爱心、耐心满足个体需求，最终培养幼儿自信、关爱、责任感等品质。既不能简单地将教育生活化，也不能简单地将生活教育化。表6-9所示为幼儿一日生活制度常规及保教人员工作程序要求(部分)。

表6-9 幼儿一日生活制度常规及保教人员工作程序要求(部分)

环节	幼儿常规	教师职责	生活老师职责
入园及晨间活动	(1)衣着整洁，愉快进园，接受晨检，带手绢； (2)有礼貌地向老师、小朋友问好，与家长说"再见"； (3)将外衣、帽子等叠整齐，放在固定的地方； (4)用盐水漱口； (5)进行简单劳动，如擦自己的桌椅； (6)进行自制玩具等游戏； (7)值日生清洁餐桌，分发餐具	(1)做好室内外清洁工作及室内通风工作； (2)接待家长，做好交接手续工作； (3)晨间检查； (4)提醒幼儿做简单劳动； (5)组织晨间游戏活动； (6)组织幼儿早操(冬天例外)，精神饱满地与幼儿共同锻炼	(1)预先为幼儿盛好盐水； (2)指导值日生把工作做好； (3)做好盥洗准备，发放毛巾、肥皂等
餐后游戏	(1)谁吃完谁游戏； (2)可在指定范围内自选游戏玩具	(1)餐后安排轻松、安静的活动，如室内游戏、散步； (2)与个别幼儿谈话	收拾餐具、餐桌，清理地面、做卫生消毒等工作
如厕与喝水	(1)养成定时大小便的习惯； (2)学习自己擦屁股，穿好衣裤； (3)便后洗手； (4)需要时能随时如厕； (5)用自己的水杯按时喝水； (6)活动或口渴时随时喝水； (7)自己接水，排队不拥挤； (8)不浪费水； (9)将水杯放在固定的位置	(1)饭前、外出前、集体活动前、入睡前安排、提醒幼儿如厕； (2)允许幼儿按需要随时大、小便，掌握幼儿蹲坑时间； (3)提醒幼儿便后洗手； (4)提醒并指导幼儿用自己的水杯接水，不浪费； (5)检查幼儿饮水量	(1)准备好手纸等； (2)提前消毒水杯，每人一杯； (3)随时准备温水，供幼儿饮用； (4)其他与教师职责相同

续表

环节	幼儿常规	教师职责	生活老师职责
午睡	(1)安静地进入寝室； (2)按顺序脱衣、鞋，折叠好放在固定位置； (3)铺好被子，安静入睡； (4)不带小玩具上床； (5)养成良好的睡姿与习惯	(1)拉上窗帘，使寝室具有一定的室温； (2)指导或帮助幼儿脱衣，提醒正确顺序、方法； (3)检查幼儿盖被情况，纠正不良睡姿； (4)随时检查睡眠情况，值班人员不得离岗	照顾幼儿入睡
餐后活动与离园	(1)安静地进行自选活动； (2)收拾并整理好玩具； (3)穿戴衣帽； (4)向家长问好，与老师、小朋友说"再见"	(1)安排幼儿自选玩具、图书，安静地活动； (2)提醒幼儿收放玩具； (3)检查幼儿穿戴； (4)提醒值日生第二天工作； (5)与家长简单交流，有计划地与家长谈话，做家长工作	与教师职责相同

第二节 班级常规管理评价

幼儿园班级常规管理，是指在以班级为单位的集体环境中，教师如何帮助和指导幼儿建立一定的规则，以保障幼儿在园的日常生活、教学活动、游戏活动等顺利开展。对教师进行班级常规管理评价可依据幼儿常规标准、指标来评价某个幼儿或某个班级的常规情况，进而评价教师的常规管理工作。

扫码看视频

一、幼儿常规细则

幼儿常规表现在一日生活的各个环节之中(见表6-10)。借助幼儿常规评价可以对教师的班级常规管理及教育状况进行恰当的评价。与此同时，常规的培养具有延迟性，因此效果的呈现具有一定的滞后性，在对教师进行评价时应考虑到常规教育这一特点。

表6-10 幼儿常规评价

班级		小班		中班		大班	
	要求频度	经常	偶尔	经常	偶尔	经常	偶尔
生活常规	(1)来园时礼貌、愉快地和老师打招呼						
	(2)认清自己的椅子记号，不乱坐						
	(3)老师点名时及时响亮地答"到"						
	(4)认清自己的组别，按顺序行动						
	(5)吃点心进餐前、大小便后要洗手						

续表

班级 要求频度	小班		中班		大班	
	经常	偶尔	经常	偶尔	经常	偶尔
生活常规 (6)洗手前挽袖、洗手后手上的水落在水池后用毛巾擦干						
(7)小便时会排队，不推挤						
(8)小便洗手动作迅速，不逗留说话						
(9)每天的饭菜要吃完，不挑食						
(10)吃饭时手扶碗、椅子向前靠、背挺直、小脚并拢						
(11)吃饭时保持安静						
(12)保持餐桌和地上干净						
(13)吃完点心和午餐用毛巾擦嘴，午餐后要漱口，漱口时不推挤						
(14)垃圾自觉丢进垃圾桶						
(15)午睡前后自己脱穿衣、正确叠被						
(16)午睡前把脱掉的衣服和鞋子放在正确的位置						
(17)迅速安静入睡，不玩头发、衣服						
(18)午睡期间不发怪声影响别人睡觉						
区域活动、户外活动的活动常规 (19)做操时认真，动作到位						
(20)爱护玩具，不和同伴争抢						
(21)听到信号或指令将玩具放回原处						
(22)室内自由活动时不大声喧哗						
(23)和同伴友好相处，不侵犯他人						
(24)排队时两两牵手，不喧哗和推挤						
(25)活动时迅速听指令						
(26)户外活动不随意乱跑到别的区域						
(27)流汗时会报告老师要脱衣服						
(28)进入拖鞋区域前将鞋摆放整齐						
集体教学常规 (29)上课时坐姿端正，两脚并拢、眼睛看老师、手放在膝盖上						
(30)上课认真听讲，不打闹和说话						
(31)老师说话不插嘴，发言前先举手						
(32)坐在椅子上时，老师说话要安静地听						

二、教师班级常规教育方式

如何对幼儿进行常规教育，才能促进幼儿养成良好的常规并促进幼儿对规则的内化，教师运用的方法是否恰当，发挥了关键作用。教无定法，但需得法，在不同的情境下，教师需借助不同的教育方式方法对幼儿进行引导，刺激幼儿对规则的需求，如此方可见效。对学前教师常规教育方式的评价是班级常规管理工作评价的一个重要组成部分，具体如表 6-11 所示。

表 6-11　学前教师常规教育方式评价

内容	表现		等级		
		总是	经常	偶尔	从不
常规教育的呈现方式	言语				
	身体动作				
	音乐				
	图标				
常规教育的实施方式	指令	直接命令				
		规则要求				
		催促				
	行为强化	表扬奖励				
		诱导				
		批评				
		训斥				
		诘问				
		威胁				
		暂停				
		剥夺权利				
	体验建构	示范讲解				
		鼓励				
		安抚				
		说理				
常规教育的实施方式	体验建构	提问				
		"我"信息				
		协商讨论				

三、教师常规管理中需要注意的问题

前文所说的常规细则，同时也是评价儿童常规的标准、指标，将这些常规制作成常规评价表,以评价某个幼儿或某班幼儿的常规情况,以此评价老师的常规管理工作。教师也可以用这些常规评价标准定期(一个月)对全班儿童或某些儿童的常规情况进行评价,以发现儿童在常规方面的进步或存在的问题,从而使幼儿更好地发展。

然而,需要注意的是,通常情况所看到的幼儿常规,其实都是儿童表现出来的一种"结果性"的状态,而对儿童常规培训的过程则缺乏关注。因此,在对儿童常规进行评价时,应注意收集一些过程性的材料,以对儿童的常规、教师的常规教育做出恰当的评价。与此同时,常规的培养是一个长期的过程,培养效果的显现具有滞后性,常规评价时应考虑到这一特点。

常规评价另一个需要注意的问题是,如何处理常规度的问题。作为一个社会人,作为一个班级的一分子,行为处事肯定要遵循一定的规范,一个班级肯定会有常规。但是当常规成为一个儿童、一个群体学习、发展的束缚时,这样的常规就是没有必要的。此外,有的活动可能需要在某一时段突破常规,因为如果这时太顾虑常规,就可能会失去主动性、创造性。比如,儿童在进行某一个探索活动时,如果太顾虑常规,就可能不敢使用各种材料,不敢尝试。因此,在评价常规时,应该综合考虑。

第三节 生活活动评价

生活活动是幼儿良好常规建立的重要途径,生活活动的各环节为幼儿良好的生活习惯、卫生习惯、行为习惯的养成提供了丰富的内容,两者有密切的联系。因此,在对教师进行生活活动组织与实施环节的评价时,应和幼儿常规教育评价相结合。

生活活动评价

幼儿园保教人员应严格执行幼儿的生活作息制度,组织好各环节,并保质保量地完成各项教育任务。

一、教师在生活活动环节应遵循的基本要求

第一,根据幼儿生理和心理发展的需要,建立科学的一日生活常规,这既有利于幼儿形成集体生活秩序,又能满足幼儿个别的合理需要,不强求统一、整齐划一;引导、支持和鼓励幼儿参与生活规则的建立。

第二,组织和指导幼儿的生活活动时,要做好充分的预设和准备,以减少不必要的等待时间,避免隐性和显性的时间浪费;满足幼儿受保护的需要和独立的需要,避免包办代替。

第三,保障幼儿生活活动安全;有处理突发事件的应对措施。

二、教师行为细则

(一)入园环节

(1)主动、热情、礼貌地迎接幼儿和家长。

(2) 观察幼儿身体、情绪和精神面貌。

(3) 查看幼儿的晨检牌,检查幼儿是否携带了不安全物品,是否按要求带齐当天所需用品。

(4) 有针对性地向家长了解幼儿情况。

(5) 组织幼儿开展观察、劳动、值日、自主活动等。

(6) 清点幼儿出勤情况,并做好记录。及时与未到园幼儿的家长取得联系,并了解原因。

(二)饮水环节

(1) 运动后和上、下午各组织一次集体饮水,提醒并允许幼儿随时喝水。

(2) 观察幼儿的饮水量,保障幼儿的日饮水量为400~600毫升。

(3) 指导幼儿安全、有序地取水。

(三)盥洗环节

(1) 组织幼儿有序地盥洗。

(2) 指导幼儿正确盥洗。将正确的盥洗方法、爱清洁、节约用水等用图示、图像、简单文字、童谣等通俗易懂的方式,呈现在幼儿盥洗处,并提醒幼儿遵守。

(3) 检查或指导中班、大班值日生检查盥洗结果。

(四)餐点环节

(1) 为幼儿营造愉快的进餐环境(可播放轻音乐)。

(2) 组织幼儿按时进餐,两餐间隔时间不少于3.5小时。

(3) 餐前、餐后半小时不做剧烈运动,进餐前后15分钟内组织安静的活动。

(4) 增强幼儿的食欲,为幼儿介绍当餐食品。

(5) 给幼儿适当的选择机会,允许幼儿在一定范围内自由选择进餐座位、食物等。

(6) 鼓励幼儿独立进餐,不催促幼儿用餐。提醒幼儿在用餐时间内进餐完毕(中班、大班不少于30分钟,小班不少于40分钟)。

(7) 巡视指导幼儿正确使用餐具;观察进食量;并纠正不良进餐习惯;对特殊幼儿给予个别照顾;及时处理异常情况。

(五)睡眠环节

(1) 为幼儿营造良好的睡眠环境(可适当地播放催眠曲或讲故事)。

(2) 根据室内温度及时增减幼儿的被褥。

(3) 排除环境中的危险因素(保障幼儿携带的衣物、灭蚊器的安全)。

(4) 指导或帮助幼儿有序地穿脱衣、裤、鞋、袜,并提醒其放在指定的位置。

(5) 巡视、观察幼儿的午睡状况,帮助幼儿盖好被褥;纠正幼儿的不正确的睡姿;护理体弱幼儿;照顾入睡困难、情绪和身体有异常的幼儿入睡;对个别入睡时间短的幼儿,可安排其提早起床并进行安静的室内活动。

(6) 整理幼儿脱下的衣服、鞋子,并摆放整齐。

(7) 起床后检查幼儿的仪表、服装及鞋袜,及时为幼儿梳头。

(六)如厕环节

(1) 指导幼儿正确地使用便纸，提醒或帮助幼儿整理好衣裤，做到便后洗手。
(2) 观察幼儿大便情况，若发现异常，及时与家长联系并做好记录。
(3) 不限制幼儿如厕次数。
(4) 提醒容易遗尿的幼儿如厕。

(七)离园环节

(1) 稳定幼儿的情绪，安排适宜的离园前活动，与幼儿进行简短的谈话，小结当日活动情况；并交代次日活动准备和要求；组织幼儿开展小型安静的自选活动；等等。
(2) 提醒幼儿有礼貌地向教师和小朋友告别。
(3) 组织幼儿检查、收拾好自己的生活和学习用品；检查幼儿服装穿戴是否整洁、适当。
(4) 根据需要用小黑板、便条、家园栏等向家长介绍幼儿当日在园情况或通知有关事宜。
(5) 严格确认接幼儿的家长，若有陌生人来接，必须通过电话或其他方式与幼儿家长确认。注意观察幼儿是否跟随家长离园。
(6) 做好个别特殊幼儿的交接工作。例如，对于生病的幼儿和当天表现异样的幼儿，应向家长详述幼儿在园的生活及活动情况，提出希望得到家长配合与支持的要求和具体方法。
(7) 通过家园栏、信箱、联系本、便条、网站等不同方式与乘坐园车的幼儿家长联系，主动介绍幼儿在园的生活及活动情况。

幼儿教师在生活活动过程中的行为细则为教师评价提供了可供参考的标准，教师可依据行为细则对自己的行为做出自我监测和反思。管理者也可以依据行为细则对教师的行为和活动组织做出评价，以促使教师生活活动的组织水平与实施水平的提升。幼儿一日生活常规及保教人员工作程序要求(日托)如表 6-12 所示。

表 6-12　幼儿一日生活常规及保教人员工作程序要求(日托)

环节	时间	幼儿常规	教师职责	保育员职责
入园及晨间活动	7：30～8：00	(1)衣着整洁，愉快来园，接受晨检； (2)有礼貌地向教师、小朋友问好，同家长说"再见"； (3)将外衣、帽子等叠整齐，放在固定的地方； (4)值日生工作：分发玩具；给植物浇水；分发餐具等； (5)参加晨间活动	(1)打开室内门窗通风，清洁活动室； (2)热情接待家长及幼儿，主动向家长、小朋友问好，用真诚的微笑向家长传递尊重、信任、关怀的信息； (3)晨检及指导需服药的幼儿家长填写服药单； (4)提醒幼儿做简单的劳动； (5)组织晨间活动	(1)做好室内卫生，调节室温； (2)热情接待家长及幼儿，主动向家长和小朋友问好，用真诚的微笑向家长传递尊重、信任、关怀的信息； (3)帮助幼儿把衣物放到固定的位置； (4)准备好幼儿饮水； (5)做好餐前准备工作

续表

环节	时间	幼儿常规	教师职责	保育员职责
盥洗	餐前10～15分钟	(1)轮流洗手,不拥挤、打闹; (2)按照要求洗手,方法正确; (3)不玩水,节约用水; (4)用自己的毛巾擦手,用后放回固定的地方	(1)组织幼儿用流动水洗手; (2)教幼儿正确地洗手; (3)教幼儿用自己的毛巾擦手并放回固定的地方; (4)教育幼儿节约用水	(1)协助教师检查幼儿是否用正确的方法洗手; (2)照顾幼儿学会用自己的毛巾擦手; (3)做好幼儿毛巾、口杯的清洁和消毒工作
早餐	8:00～8:20	(1)正确使用餐具,一手扶碗一手拿勺(筷子),安静地就餐; (2)干稀搭配,细嚼慢咽,一口饭一口菜就着吃,不把菜全部倒入碗里吃; (3)吃饭时不东张西望,保持餐桌卫生; (4)不挑食,不浪费粮食; (5)餐后整理桌面,自己放餐具,漱口,擦嘴	(1)为幼儿创设安静、愉快的就餐环境,餐前、餐中不处理问题; (2)向幼儿介绍饭菜的名称,增加幼儿食欲,教育幼儿不挑食、不浪费粮食; (3)教幼儿正确使用餐具,提醒幼儿细嚼慢咽; (4)照顾个别幼儿; (5)教幼儿用正确的方法漱口、擦嘴	(1)照顾幼儿进餐,根据幼儿的饭量及时为幼儿添加饭菜; (2)关照吃饭慢、身体不适、病后初愈的幼儿; (3)协助教师培养幼儿良好的进餐习惯; (4)整理餐具,打扫活动室、盥洗室卫生; (5)清洗餐巾
如厕及喝水	饭前、外出、集体活动之前	(1)养成按时大、小便的习惯,有需要随时如厕; (2)自己脱、穿并整理裤子,学习自己擦屁股; (3)便后洗手; (4)用自己的水杯接适量的水,不拥挤,不洒水,不浪费水; (5)将水杯放在固定的位置	(1)提醒幼儿饭前、外出、集体活动、午睡之前如厕,允许幼儿有需要时随时如厕; (2)提醒幼儿便后洗手; (3)提醒幼儿用自己的水杯接水,不浪费水; (4)检查幼儿的饮水量,提醒幼儿喝足量的水	(1)准备好手纸; (2)随时保持地面干爽; (3)其他与教师职责相同
午餐准备	11:15～11:30	同早餐	同早餐	(1)同早餐; (2)拖走廊地,拉寝室窗帘; (3)帮小班幼儿铺好被子
午餐	11:30～11:50	(1)同早餐; (2)餐后按老师的要求散步,一个接着一个走,小朋友之间不推不挤	(1)同早餐; (2)组织幼儿散步,散步前对幼儿提出目的和要求,引导幼儿观察、讲述所看到的事物	(1)同早餐; (2)配合教师组织幼儿散步; (3)随时注意幼儿的安全

续表

环节	时间	幼儿常规	教师职责	保育员职责
午睡	12:00~14:30	(1)安静进入睡眠室； (2)按顺序脱衣服、鞋袜，衣服折叠好后放在固定的位置； (3)不带小玩具上床； (4)盖好被子，安静入睡； (5)午睡时需要大、小便主动向老师表示	(1)指导、帮助幼儿按顺序脱衣； (2)检查、指导幼儿叠放好衣服和鞋子； (3)检查幼儿是否带东西上床； (4)检查幼儿盖被情况，纠正不良睡姿	与教师职责相同
起床及午点	14:00~14:30	(1)按时起床； (2)按顺序穿衣服、袜子、鞋； (3)学习叠被，整理床铺； (4)如厕； (5)洗手； (6)吃午点	(1)打开窗帘，播放轻音乐； (2)指导帮助幼儿穿衣服，叠被子，整理床铺； (3)检查幼儿着装，可让幼儿互相检查； (4)提醒幼儿如厕、盥洗、喝水； (5)照顾幼儿吃午点； (6)给女孩子梳头	(1)准备好午点、水； (2)寝室开窗通风； (3)整理被褥； (4)做寝室卫生
晚餐	17:00~17:30	同早餐	同早餐	同早餐
准备离园	17:30~17:45	(1)自选安静游戏； (2)穿戴整理衣服	(1)安排先吃完饭的幼儿自选安静游戏； (2)组织幼儿进行晚间谈话，帮助幼儿回忆一日活动的主要内容； (3)检查幼儿仪容、仪表，帮助幼儿整理衣服	(1)餐后整理，做好活动室、盥洗室的卫生； (2)便池用洗消净消毒； (3)洗毛巾、水杯，做好消毒工作； (4)协助教师帮助幼儿整理衣服
离园	17:45~18:00	向家长问好，同老师、小朋友说"再见"	(1)使用礼貌用语，态度和蔼地把幼儿交给家长，有计划地与家长进行简单交流； (2)检查班级安全工作，锁好门窗	(1)关好各教室的门窗和水电； (2)协助教师送孩子

第四节　游戏活动评价

游戏是幼儿的日常活动，能够满足幼儿身心发展的需求，并促进幼儿的全面发展。游戏活动的评价，是指一切与游戏相关的评价活动，包括对

游戏活动评价

游戏的环境、材料、内容、过程、结果的评价。评价幼儿教师有关游戏活动的组织与实施，是幼儿教师工作评价不可或缺的部分。评价幼儿教师的游戏活动组织与实施时，可从游戏材料的提供、游戏中教师的观察记录、游戏中的组织与指导等几个方面来进行。

一、游戏活动评价的原则

一是发展性原则。《幼儿园教育指导纲要(试行)》关于"教育评价"部分明确指出："教育评价是促进每一个幼儿发展，提高教育质量的必要手段。"也就是说，在评价的过程中，我们需要在了解幼儿原有发展水平的基础上，给幼儿提供更加适宜的帮助、机会和指导等，促进幼儿游戏水平的不断提高，最终促进幼儿的身心全面、健康、和谐地发展。

二是过程性原则。《幼儿园教育指导纲要(试行)》明确指出，幼儿的行为表现和发展变化具有重要的评价意义，教师应视之为重要的评价信息和改进工作的依据。也就是说，我们在对幼儿的游戏活动进行评价时，应当更看重幼儿在游戏中所表现出来的能力与倾向，而不是仅仅关注活动的结果。

三是个体性原则。在同一游戏活动中，不同的幼儿发展水平处于不同的层次；同一幼儿在不同的游戏中，其行为表现也有很大的差异。这就要求我们在对幼儿的游戏进行评价时，要尊重幼儿的个体差异性，从多个维度描述并记录幼儿游戏中的表现，使我们的评价更加符合幼儿的实际。

四是整合性原则。在对幼儿的游戏活动进行评价时，我们需要对幼儿的认知、情感、身体动作、自主性和社会交往能力等做多方面的考察，从而对幼儿做出较为完整和全面的评价。

二、对教师游戏活动中的材料提供的评价

游戏材料是保障幼儿游戏活动正常开展的前提条件，材料的适宜性、充足和安全有利于游戏活动的组织与实施。评价教师游戏材料提供是否合理主要看以下几个方面。

(一)游戏材料的数量

一定数量的游戏材料是保障幼儿游戏活动进行的物质基础。教师在游戏材料的准备过程中，应确保游戏材料充足，在幼儿需要时，能够依据活动的性质提供相应的材料，且材料的提供需要符合幼儿的年龄特征。

(二)游戏材料的安全性

游戏材料的安全性是不容忽视的，其目的在于保障幼儿的安全和健康。提供给幼儿的材料须符合国家安全卫生标准，尤其是一些废旧材料的使用更应注意安全卫生。与此同时，材料的安全与否需要结合幼儿年龄判定，如小班幼儿就不应提供较小的游戏材料，以免误食等。

(三)游戏材料的可操作性

游戏材料是否具有可操作性决定了材料能否很好地激发幼儿的创造性和想象力。教师

提供给幼儿的游戏材料应富有可操作性和针对性,能够有效激发幼儿与材料之间的互动,充分发挥游戏活动的作用。

三、对教师游戏活动中的观察记录的评价

教师能否有效观察幼儿的游戏活动并进行分析是评价教师专业能力的一个重要方面。教师的观察有助于其他教育活动的开展,同时也为适时介入幼儿游戏活动提供了依据。

对幼儿游戏的观察记录可以采用事件描述式、指标评价式、分类表述式、表格统计式等多种方式,在此仅列举指标评价式和分类表述式记录表式样(见表6-13～表6-14)。借助教师的观察记录,可以对教师游戏活动中的观察能力与问题分析能力进行评价。

表6-13 指标评价式游戏观察记录

幼儿游戏行为实录

教师分析																			
好奇与兴趣				主动性				想象与创造				坚持与专注				合作与互动			
I	II	III	IV	I	II	III	IV	I	II	III	IV	I	II	III	IV	I	II	III	IV

表6-14 分类表述式游戏观察记录

日期: 班级:

分类	观察要点	幼儿游戏行为
角色游戏		
结构游戏		
表演游戏		
体育游戏		
音乐游戏		
其他游戏		

四、对教师游戏活动中的组织与指导的评价

(一)对教师游戏活动组织的评价

幼儿园游戏是幼儿的基本活动,游戏的环境和材料都是经过人设计与安排的。幼儿教师作为幼儿园游戏的组织者,其组织能力直接反映了教师的专业能力,并决定了游戏能否有效开展。游戏活动的组织可从幼儿及教师两个方面进行考察,通过具体评价,对教师的游戏组织能力做出客观的评价,如表6-15所示。

表 6-15 游戏活动组织情况评价

内容		评价等级	分值	结果
游戏活动组织	幼儿表现	能积极、愉快地参加游戏活动	10分	
		能根据游戏发展，自主、创造性地解决游戏中遇到的问题	10分	
		能积极投入游戏，坚持完成自己的游戏	10分	
		角色意识强(角色语言、角色动作及主题情节)	10分	
	教师指导	保障为幼儿游戏活动的开展提供充足的时间和合理的场地	10分	
		材料提供合理，幼儿能有效地使用	10分	
		能从幼儿年龄特点出发，促进游戏主题的发展和情节的丰富	10分	
		在过程中对游戏规则进行有效的指导	10分	
		在观察的基础上进行有效的讲评指导	10分	
		能关注个别幼儿的需求并促进其发展	10分	

(二)对教师游戏活动指导水平的评价

幼儿园游戏活动按照学者的观点可以划分为创造性游戏和教学游戏，其中，创造性游戏包括角色游戏、表演游戏、建构游戏等，教学游戏是教师利用游戏的形式为完成一定的教学任务而组织的活动。教师在不同的游戏活动中均应从游戏组织的目的、游戏时间的安排、游戏材料的准备及指导方式等多方面进行思考，进而有效地组织和指导相关活动。本书仅以角色游戏为例，展示教师指导水平评价表(见表6-16)。

表 6-16 角色游戏中教师指导水平评价

评价项目	评价等级	评价方法	说明
游戏组织的目的性与计划性	(1)无计划，指导目标不明确； (2)有计划，但目标模糊，重点不突出； (3)计划完整，目标明确，重点突出	查阅教师游戏计划本和记录本	
游戏时间的安排	(1)时间安排不合理； (2)时间安排较合理，但是效率不高； (3)时间安排合理，并能根据情况做灵活的调整	查看活动时间安排表，观察游戏	
游戏材料的准备	(1)游戏材料很少； (2)有较丰富的游戏材料，但针对性不强； (3)游戏材料类型多样，储备充足，摆放合理，符合本班幼儿的实际需要	观察游戏	
指导方式及效果	(1)无指导或指导方式单一，对促进幼儿的发展不起作用； (2)有一定的指导，但是干预时机把握不够好，对幼儿游戏水平有一定的了解，指导效果一般； (3)指导方式多样，有针对性并能把握好时机，对幼儿游戏水平有深入、具体的了解，指导效果好	观察教师的行为,教师的自我反思	可举例说明

第五节 保育活动评价

幼儿园保育评价,是指依据一定的标准和程序,有目的、有计划、有组织地对幼儿园的保育工作现状进行调研,在占有事实材料的基础上做出价值判断,这有助于保育工作不断改进。

保育活动评价

幼儿园保育评价是整个幼儿园管理工作的重要组成部分。对幼儿园保育进行科学评价,首先,通过各种方法尽可能地了解、掌握相关的事实材料,这是评价的基础和前提;其次,根据已经掌握的资料,对幼儿的生长发育状况和幼儿保育工作的实施情况做出判断和结论;最后,通过评价指出幼儿园的保育工作中存在的某些问题并提出建议,帮助幼儿园改进。

一、幼儿园保育评价的要求

幼儿园保育工作是一项十分重要的工作。它的工作性质对幼儿园保育评价提出了以下几个要求。

(一)树立全面的保育观

为促进幼儿身心和谐、健康的发展,并保障幼儿园保育工作的顺利进行,幼儿教育工作者要树立全面的保育观。保育,是指成人为幼儿提供生存与发展所需的良好环境和条件,给予幼儿精心的照顾和培养,以保护和促进幼儿的正常发育和发展。它包括对幼儿身体保育和对幼儿心理保育两个方面。

身体保育和心理保育包含两层含义:一是对幼儿身体和心理的保护和照顾,使幼儿能正常发育,不受伤害;二是对幼儿身体机能和心理能力的促进,使其能更好地发展与完善。具体地说,身体保育是对幼儿身体及其机能的保护、照顾与促进。其既包括对幼儿的身体进行保护和照顾,使其不受伤害,正常发育,同时也包括通过各种有效的措施,逐渐促进幼儿身体机能的发展与完善。心理保育则是对幼儿心理及其能力的保护与增进。它既包括对幼儿心理加以保护,使其不受伤害,正常发育,同时也包括对幼儿心理能力进行适当的培养,不断地增强幼儿的心理能力。

身体与心理是相互关联的,在对幼儿进行保育的过程中,应将身体保育和心理保育视为一个整体,不能忽视任何一方。只有将这两者有机地结合起来,才能真正、有效地维护和促进幼儿的健康,促使幼儿身心和谐发展。

(二)认识保育评价的重要性

幼儿园保育工作贯穿幼儿生活的方方面面,如幼儿体检、生活作息、膳食营养、锻炼与安全、环境卫生、疾病预防、个性发展和社会适应能力等,可以说,幼儿在幼儿园的一切活动都在保育工作的范围内,可见保育工作在幼儿园工作中的重要地位。如此一来,就要保障保育工作的质量。因而,作为衡量保育工作实施效果的保育评价制度,就必定成为工作的焦点。也就是说，基于保育工作的重要性，要做好保育工作，就离不开保育评价。

一个运行良好的幼儿园，一定拥有一套优良的幼儿园评价体系。作为评价体系组成部分的保育评价制度是必不可少的，且保育评价制度对幼儿园其他评价工作起着极大的促进作用。保育评价制度保障了幼儿园运行的物质条件，为其他工作创设了优越的环境，是各项评价工作的基础，也是幼儿园整体前进的基础。缺少了保育评价的幼儿园评价体系，就不能称其是完整的，而各项工作的开展也会受到限制。因此，作为幼儿园评价体系的一个有机组成部分，保育评价不可忽视。

(三)促进幼儿园保育工作的改进

之所以建立幼儿园保育评价，其目的就是监督保育工作的实施情况，诊断工作中的问题，检验保育工作的效果。幼儿园保育评价就像一把尺子，衡量保育工作的效果。一系列的保育评价标准，说到底，是为了找出工作中的缺失和错误，有针对性地制定相应的改正措施或完善措施，进一步促进幼儿园保育工作，从而使幼儿园整体前进。所以，要不断改进保育评价工作，使其发挥应有的作用。

幼儿园保育工作注重在操作层面加以落实，要实现改进保育工作的目的，就必须把理论付诸实践，在实际工作中求得进步。因此，为了保障保育工作的质量，必须在评价内容、评价方法、评价标准等方面有一套行之有效的新规则。这就要求各个幼儿园要有敏锐的国际眼光，密切注意此领域在国际上的新动向，此外，还要结合本园的实际情况，因地制宜，不断地在评价内容、评价方法等方面进行改革，建立一系列符合幼儿身心发展需要的评价体系。只有评价技术有所提升，并切实地立足于幼儿，保育评价的作用才会真正发挥出来，保育工作才会得到真正的改进。

二、幼儿园保育评价的内容

1985年8月，卫生部颁发了《托儿所、幼儿园卫生保健制度》，对幼儿园的各项卫生保育工作(饮食、身体锻炼、健康检查、卫生消毒及隔离、预防疾病、安全、卫生保育登记、统计、家长联系等九个方面)做出了明确的规定。1996年6月，国家教育委员会颁布并施行了《幼儿园工作规程》，进一步指出，幼儿园必须切实做好幼儿生理卫生和心理卫生保育工作，贯彻保育与教育相结合的原则，对幼儿实施体、智、德、美诸方面全面发展的教育，促进其身心和谐发展。基于幼儿园保育工作内容及保育评价的要求，保育评价的内容主要包括卫生制度评价、健康制度评价、生活制度评价、健康教育评价、保育设施评价和保育人员评价六个方面。

(一)卫生制度评价

1. 疾病预防制度评价

幼儿处于生长发育期，对外界环境的适应能力和对疾病的抵抗能力都比较弱，所以，疾病预防是幼儿园保育工作的重要内容，需要从制度上加以保障和落实。疾病预防制度的评价内容涉及常见传染病的预防和非传染性常见病的预防两个方面。要求保教人员掌握一定的幼儿疾病知识，如致病原因、主要症状、预防方法、护理知识等。

2. 消毒制度评价

消毒是预防疾病发生以及切断传染病传播途径的一项重要措施。幼儿园要建立并严格执行消毒制度。对消毒制度进行评价，首先是检查其内容是否全面；其次要对消毒的用品、消毒方法，消毒周期或频率，消毒时间等进行评价。表 6-17 所示为幼儿园消毒制度评价表。

表 6-17 幼儿园消毒制度评价

评价指标			评价标准		
一级指标	二级指标	消毒材料	消毒方法	消毒周期或频率	消毒时间
生活用品	餐具				
	饭桌和抹布				
	被褥和床单				
	厕所和便盆				
文娱用品	玩具				
	图书				
其他	空气				
	呕吐或排泄物				

(二)健康制度评价

1. 健康检查制度评价

健康检查，是指对幼儿和工作人员进行的定期或不定期的体格检查。通过健康检查，了解幼儿的生长发育和营养状况是否达到正常的标准，以便尽早发现幼儿的疾病和生理缺陷；对检查出的不利于幼儿生长发育的因素，及早进行干预和矫治；对体弱儿建立档案，并加强管理。

幼儿的健康检查时间上包括：入园前的健康检查、定期的健康检查、每日的健康观察等；内容上包括：体重、身高、头围、胸围、肺活量、脉搏、血压、眼睛、耳朵、鼻子、口腔与咽喉、扁桃体、胸部、背部、四肢等。

健康检查制度除了对检查时间和检查内容进行规定以外，还包括对各种检查项目的检查方法做出规定。因此，对幼儿园的健康检查制度进行评价时，考察重点是其内容是否全面，落实是否到位，对检查结果的分析处理措施是否及时、合理。

2. 预防接种制度评价

预防接种是预防和消灭传染病的重要途径。在幼儿园中建立预防接种制度，严格按照规定的接种种类、剂量、次数、间隔时间等进行预防接种，并防止漏种、错种或重复接种，以有效地预防幼儿疾病。预防接种制度评价，主要是对预防接种过程的诸环节执行情况进行判断。

3. 隔离制度评价

隔离制度是幼儿园控制传染病传播和蔓延的一项重要措施。隔离制度评价如表 6-18 所示。

表 6-18　隔离制度评价

隔离对象	评价内容		
	隔离内容	隔离方式	隔离时间
患病幼儿			
可疑患儿			
外出归来的幼儿			
患病工作人员			

(三)生活制度评价

1. 生活作息制度评价

幼儿园必须严格遵守规定的作息制度。幼儿园制定生活作息制度主要有两个依据：一是充分考虑幼儿园条件和幼儿的具体情况；二是根据本地的气候、习俗、地理环境等。

幼儿园生活作息制度最主要的是一日生活作息制度。幼儿一日生活中的环节有：晨(午、晚)检、进餐、睡眠、盥洗、如厕、上课、游戏和户外活动。生活作息制度的评价要围绕这些方面来展开。

2. 安全制度评价

幼儿园的安全防护和检查制度包括房屋、设备、消防、交通等方面。

定期检查幼儿园的全园环境、设备、房舍、场地、大型玩具，以及防火、防电设备、交通安全等，要由专人负责，并做好记录。可成立安全小组(由园长、支部书记、副园长、安全干部组成)，每月检查幼儿园设施、设备安全完好与否以及安全制度的落实情况等。

检查维修全园设施(墙、屋顶、下水道、厕所管道、门、窗、自来水龙头等)、电器设备(空调、电话、报警器、电扇、电视机、插座、电脑等)，以及用电线路、运动器械等，并做好记录。

关注食品、药物等管理和幼儿接送等问题。以加强幼儿接送制为例，幼儿离园时，幼儿园要查看家长有无幼儿的接送卡，有接送卡的可直接入园接幼儿；对未带接送卡的家长，确认无误后方可允许其入园接幼儿；在非接送幼儿时间，门卫在接到班主任或医务室的通知时，家长才能准予接出幼儿，从而防止发生各种意外。

建立并严格执行各班的交接班制度。交接班时，负责人员的责任主要有清点幼儿人数、交接幼儿健康情况，并在交接本上记录幼儿在园时发生的异常情况，无论大小、后果如何。

加强对幼儿安全教育。经常对幼儿进行安全教育，使他们积累生活经验，知道哪里有危险，有什么危险，应当怎样做才可以避免意外的发生等。

(四)健康教育评价

幼儿健康教育评价是对幼儿健康教育实施过程以及效果的全面审核过程。要采用幼儿园保教人员和妇幼保健人员共同参与、协同合作的方式，以幼儿、家庭及社区人员为对象，在基础调查的基础上，分析存在的问题和相关因素，确定重点干预对象，组织规划实施、收集信息反馈和组织评估考核。幼儿园健康教育能否有效实施往往取决于幼儿园、家庭和幼儿园健康教育的内容主要有：平衡膳食和合理营养；良好的生活规律和习惯；安全教育；预防接种；预防常见病；生长发育监测和心理卫生。

根据对象的不同特点，可以选择不同的健康教育方法：游戏、儿歌、角色表演等比较适于幼儿；而个别咨询、讨论会、家访、群众性媒介等则比较适于家长。

(五) 保育设施评价

保育设施条件的好坏不仅影响保育效果，还与教育效果、幼儿身心的发展都有密切的关系。保育设施的评价主要针对保育设施的完善程度和服务质量。一方面，按照相应的规定，设置幼儿园的建筑、设备，并配有专门的医务室和隔离室，完善设施。另一方面，保障各类保育设施能切实发挥应有的作用，真正服务于幼儿。幼儿园保育设施具体如下所示。

(1) 活动室、幼儿厕所、盥洗室、保健室、办公用房和厨房等。有条件的幼儿园可单独设音乐室、游戏室、体育活动室和家长接待室等。寄宿制幼儿园应设寝室、隔离室、浴室、洗衣间和教职工值班室等。

(2) 与幼儿园规模相适应的户外活动场地，例如，必要的游戏和体育活动设施，创造条件开辟沙地、动物饲养角和种植园地，等等，还可根据幼儿园的特点，进行绿化与美化。

(3) 适合幼儿特点的桌椅、玩具架、盥洗卫生用具，以及必要的教具、玩具、图书和乐器等。幼儿园的教具、玩具应有教育意义并符合安全、卫生的要求，不对幼儿造成心理伤害。

(4) 参照国家有关部门的规定，规划幼儿园建筑面积定额，要符合设计要求并配备教具、玩具等。

(六) 保育人员评价

对幼儿的保育工作贯穿于幼儿一日生活的各环节。所以，保育人员的范围是十分广泛的，既包括专职的保育员，也包括教师、医务人员、护士、营养师、厨师、点心师、采购员、门卫、清洁工等工作人员。这些人员均应符合《幼儿园工作规程》规定的任职资格。

由于保育人员的分工不同，因此在保教结合的任务实施过程中，保育评价的权重也应有所不同，这些差别应该在不同人员的保育评价标准中有所体现。例如，对于教师来说，针对普遍存在的"重教轻保"的现象，应增加其教育活动中的保育评价的权重；而对于保育员来说，则应针对其普遍存在的消极保护的保育现象，增加其积极保育的权重。因此，在幼儿园的工作中，如何处理好保教之间的关系是十分关键的问题。如表 6-19 所示为保育员工作评价表。

除以上所述幼儿园保育工作评价内容，近年来，我国还流行着一套新的保育质量评价体系，即 ISO 国际标准质量管理体系，希望借此规范幼儿园内部的质量管理体系，提升保教服务质量，增强竞争能力。实施标准质量管理体系，既是提升质量和教职员训练及专业发展的一个途径，又可以全面地指导幼儿园的管理工作。其评价内容包括幼儿招生计划；家长要求的确定和评审；管理层的承诺；保教方案的策划；教师的配备、培训；教材的选订；课程的设置；环境的创设；幼儿活动设施设备的配备；幼儿档案的标识和管理；文件和资料的管理；幼儿物品的采购、标识、验证、储存和保管；保教服务过程的策划、运作、测量和监控;幼儿在保教、接送过程中的防护;餐饮安排;清洁;卫生保健;不合格服务的确定、纠正和预防措施以及采取的改进措施的策划、运作;等等。

表6-19 保育员工作评价

保育员职责	评价要点	等级					备注
		5	4	3	2	1	
生活管理	妥善保管班上幼儿衣物及本班设备、用品						
	负责领取和保管本班所需物品						
	每天幼儿起床后整理并清洁好睡房,周末整理好幼儿离园的衣服和背包						
	午睡和夜间睡眠时多加巡视,注意纠正幼儿的不良睡姿,及时给幼儿接尿、抹干和盖被						
医疗保健	经常观察幼儿的情绪、食欲、睡眠及大小便情况,并做好记录,发现病情应及时报告医务人员						
	发现有传染病时要及时对玩具、被褥、用具进行消毒,对体弱幼儿要特殊照顾						
	做好日常消毒工作						
	能处理几种幼儿常见的意外损伤及简单护理,能鉴别幼儿常见病(传染病)						
卫生保洁	做好卫生包干区的卫生工作和保洁工作,每天下班前必须清倒垃圾						
	定期换洗被褥、枕套、桌布、窗帘等物品						
	保持班内环境和设备的清洁、整齐,做好餐前、餐后的准备和收拾工作,负责指导幼儿值日生工作						
	指导幼儿洗脸、刷牙,帮助幼儿洗头、洗澡、剪指甲,负责幼儿的个人卫生						
安全管理	每天及时统计幼儿人数						
	下班前关好门窗,关闭电源,保障水电安全						
	定期检测园内设施,定期维护						
	有一定的防火急救知识及相应的应对措施						
教学活动	关心幼儿,耐心、细心、热心地对待幼儿,配合正、副班主任教师,全面、细致地照顾幼儿每日的生活;做好保健、教育工作						
	熟悉本班教育计划,做好活动前的准备和收拾工作						
	根据教育要求自制玩具、并协助教师搞好环境布置						
	协助教师组织各项活动和游戏						
	教师因公外出时负责本班的带班工作						

三、幼儿园保育工作标准内容示例

(一)卫生消毒工作

(1) 班级卫生工作在保健医生的指导下,由各班教师负责,具体范围包括活动室、卧室、盥洗室的地面、门窗、桌椅、灯、电扇、空调、橱柜、游戏区、自然角、便池、水池、杯子架、壶、盆、桶、消毒柜等清洁卫生。班级室内环境应每天一小扫,每周一大扫;要求班级整体卫生清洁,物品摆放整齐、有序;要会正确配比 1∶200 的消毒液。

(2) 保持班级室内空气流通,要求每天早晨早班老师入园时开窗通风 2~3 次,每次 10~15 分钟;开空调时应注意室内外温差不宜过大,夏季室温不低于 27~28℃,冬季暖气开放,室温为 15~18℃,幼儿进出房间应及时增减衣服。

(3) 盥洗室内所有盆、桶、壶应洗净晾干后放入橱柜,以免柜内产生潮气和霉菌。

(4) 每天下班时,晚班教师负责关闭饮水机电源、门窗等。

(5) 注意培养幼儿良好的生活卫生习惯,及时纠正幼儿不良的卫生习惯(咬指甲、吮手指、挖鼻孔、揉眼睛等);每周检查幼儿指甲一次。

(6) 保护幼儿的视力,读写光线不宜过强或过弱;看电视距离为电视机对角线的 5~7 倍,每次看电视时间不应超过 30 分钟,电视机的高度与视线平行。

(7) 每餐餐前应规范消毒餐桌(包括幼儿餐桌、开饭桌、垫子及餐车):先用清水擦一遍,再用消毒液擦一遍,最后用清水擦一遍。每擦一张桌子,抹布就要冲洗一次(消毒液按 1∶200 配比)。

(8) 每天用消毒水将盥洗室、厕所地面及拖把消毒一次。

(9) 每天中午用消毒水消毒便池;遇有特殊情况(遇幼儿腹泻、呕吐),应随时用消毒水消毒。

(10) 每天对幼儿擦手毛巾进行消毒。将毛巾清洗干净后,放入专用毛巾袋内,用高温蒸气消毒后晾干,保证幼儿每天用干毛巾(最好准备两条毛巾)。

(11) 每周用消毒液对水杯架、毛巾架、水龙头、门把手等进行消毒。

(12) 每周用紫外线消毒灯对活动室空气消毒一次,每次 30 分钟;传染病高发时节要每天消毒。

(13) 每周清洗塑料玩具并对其进行消毒,可利用双休日将塑料玩具放在室内朝阳的窗台上沥水晒干;对不宜消毒水消毒的物品(图书、被褥等)可放在太阳下曝晒或放在消毒灯下消毒,注意要摊开消毒。

(14) 每月晒被褥一次;每两周要将床单、枕套、被套换洗一次;遇有特殊情况(遇幼儿尿床、呕吐等)应随时清洗。

以下为班级各种物品防止消毒后再污染的措施。

(1) 杯子。教师在取拿已消毒好的水杯前,应首先用流水和肥皂清洗双手;取拿时手握水杯把手,切忌拿杯口;将杯子杯口向上放入清洁的杯子架上。

(2) 擦手毛巾。各班按规定时间将擦手毛巾清洗、高温消毒后,教师用清洁的双手将擦手毛巾挂在班内专用毛巾晾晒架上,放在太阳下晒干备用。

(3) 点心盘。每次吃完点心后要清洗点心盘,并用消毒柜高温消毒,然后将其放在餐桶中保洁；使用前，教师用清洁的双手从餐桶中将点心盘取出，取拿时注意手托盘底、拿盘边缘，切忌将大拇指伸入盘中。

(二)幼儿饮水工作

(1) 幼儿新陈代谢比较旺盛，教师应保障幼儿能够随时饮水。早晨幼儿入园前，教师应将杯子及时从消毒柜中取出放在杯子架中。

(2) 饮水机应保证随时有水，以方便幼儿随时饮水。

(3) 掌握好杯子消毒时间，保证幼儿随时饮水都有杯子用。

(4) 遇有特殊情况(体育锻炼后、冬季暖气开放时、呼吸道疾病高发季节等)，保教人员应提醒并鼓励幼儿适量饮水。

(三)洗手如厕工作

(1) 幼儿集中洗手时，盥洗室内一定要有教师。此时，教师的职责如下所示。
① 防止幼儿意外事故的发生。
② 帮助幼儿提裤子、卷袖子。
③ 督促幼儿正确洗手、擦手和使用毛巾。
教师必须等最后一位幼儿洗完手后，方可离开盥洗室。

(2) 幼儿洗手时间如下所示。
① 入园时。
② 饭前便后。
③ 使用完蜡笔、油泥或玩沙子等之后。
④ 体育锻炼后，尤其是使用或接触过体育器械后。
⑤ 传染病高发期，应适当增加洗手次数。

(3) 幼儿洗手步骤如下所示。
① 卷袖子(小班幼儿及中班、大班部分卷衣袖困难的幼儿由教师帮助卷袖子)。
② 流水洗手，从手指洗到手腕，双手必须搓出泡沫，然后用流水冲洗干净。应提醒幼儿打肥皂的时候节约用水。
③ 洗完后双手在水池内甩三下，防止水落在地上。
④ 擦手时应打开自己的毛巾将手心、手背都擦干。
⑤ 教师帮助洗完手的幼儿拉下袖子。

(四)幼儿加餐工作

(1) 餐桌常规消毒，幼儿餐前洗手。

(2) 教师将加餐放到桌上，中班、大班幼儿自己倒取；小班幼儿围坐在桌边，教师将加餐分到他们的盘(杯)中。

(3) 喝完牛奶后，幼儿直接将餐具放到指定的位置，教师要及时将餐具送往厨房并冲洗干净，然后将餐具放入消毒柜中消毒，以备午餐时使用。

(4) 提醒幼儿用漱口杯漱口。

(五)幼儿进餐工作

1. 教师开饭要求

(1) 餐前首先规范擦餐桌(包括幼儿餐桌、放饭菜的桌子、垫子及班级餐车);先用清水擦一遍,再用消毒液擦一遍,最后用清水擦一遍;每擦一张桌子,抹布要冲洗一次。特殊活动(在桌面用油泥、水彩等)后,首先用肥皂水擦洗餐桌,再用清水擦一遍,最后用消毒水擦一遍;餐桌消毒后,要防止再污染(幼儿趴在桌子上乱摸等)。

(2) 教师取拿饭菜前,要用流水和肥皂洗净双手。

(3) 所有餐具应放在开饭桌或餐车上,不要直接放在地上;饭菜及餐具进班后,老师可先将餐盘及筷子(勺)分别放在每组餐桌上,然后组织幼儿分组洗手。

(4) 盛菜顺序:教师推餐车分组盛饭菜,先盛正在洗手这组幼儿的饭菜,保证进餐不等待;冬天饭菜不宜过早盛出;小班第一学期盛饭菜应一半饭一半菜,不应将菜盖在饭上;遇到有刺、骨头的菜时,不应将这类菜与其他菜混放在一起,应分开盛放,以免发生意外。

(5) 幼儿进餐时,教师要帮助幼儿添饭,在幼儿中间巡视,以帮助进餐困难的幼儿,观察并督促幼儿的进餐情况,尽量避免吃饭慢的幼儿吃凉饭。

(6) 餐后,教师应督促幼儿将碗盘内的残羹倒入垃圾桶,将所有的筷子(勺)干净、整齐地放在餐桶内,便于食堂清洗。

(7) 餐后,教师用洗洁精或肥皂水擦一遍桌子,然后再用清水擦干净;地面要先扫后拖(建议用半湿拖把)。

2. 幼儿进餐要求

(1) 饭菜、餐具进班后由教师组织幼儿洗手;幼儿先将自己的椅子搬到餐桌前,需要注意的是,椅子不要放进餐桌内;先让体弱和吃饭慢的幼儿洗手。

(2) 幼儿洗完手后直接到餐桌上进餐,保证洗手后进餐不等待。

(3) 培养幼儿良好的饮食习惯;让幼儿学会细嚼慢咽,进餐时间控制在 20~30 分钟;鼓励幼儿不挑食、不撒饭菜、不剩饭菜。

(4) 餐后,教会幼儿正确使用餐巾纸擦嘴,用温开水漱口。

(5) 午餐后,组织幼儿散步,散步时不宜做剧烈运动。

(六)幼儿午睡工作

(1) 提前将幼儿床铺整理好。

(2) 幼儿午睡时必须脱掉外衣裤,并将其叠放整齐。

(3) 午睡房间光线适宜,既利于幼儿睡眠,又利于观察、护理幼儿。

(4) 值班教师应加强对幼儿午睡的护理和观察,以便及时发现异常情况。教师不能靠或坐在幼儿床上,更不能使用孩子的寝具。

(5) 认真做好午睡记录。

(七)安全工作

(1) 保教人员工作时要坚守岗位,全神贯注,不聊天,不串班,不玩手机,不做与工作无关的事。

(2) 对幼儿要和蔼，严禁体罚和变相体罚幼儿。

(3) 各种物品应放在固定、安全的位置。

① 各种消毒液、洗涤清洁用品必须妥善保管，放在相应的橱柜里。如果橱柜低，幼儿易拿到，就应上锁。

② 教师教学用的剪刀、裁纸刀、大头针、别针、药品等危险用品应放在幼儿够不着的地方，用后及时将它们收起来。

③ 较烫的食物(牛奶、汤、面条、稀饭等)应放在幼儿够不到的地方。天气炎热时，最好在厨房待食物温度适宜后再进班。

(4) 不给幼儿玩体积小、锐利、带有毒性物质的玩具及物品；自然角不放带刺的植物(仙人掌、仙人球等)；自然角的玻璃缸有破损时要及时处理；角色游戏区不用玻璃制品；表演区幼儿自带的各种瓶罐(药品的瓶子)要清洗干净，确保安全、无污染；随时检查活动区域有无安全隐患(地面不平、木制品有刺、电源线暴露等)，发现问题及时向安全员报告，并及时采取处理措施。

(5) 进餐时，保持安静，不催促、不硬塞；幼儿哭闹、咳嗽时勿喂食；分菜时，应注意不要将有骨头 (特别是碎骨)或带刺的食品与其他菜放在一起；加餐时，带皮的水果建议削皮，带皮的香蕉不能与糕点同放在一个点心盘内；餐后散步不做剧烈运动。

(6) 午睡前，应检查幼儿口中是否含有食物；值班人员应加强对幼儿午睡的巡视，及时发现幼儿异常情况。

(7) 不安排幼儿端饭盆、汤桶及碗桶的事务；不让幼儿进入厨房、开水房、洗衣房；不安排幼儿做力所不能及或有安全隐患的事情。

(8) 幼儿上、下楼梯尽量靠右走；外出活动排队时，队伍前、中、后最好均有教师跟着；带队教师应时刻留意队伍中的每一位幼儿；进行户外活动时(包括散步)，保教人员应随时监护幼儿，保障幼儿的安全。

(9) 保教人员不携带私人的危险物品(尖锐棱角、金属物品、有壳核食物、外用化学药水等)进班；私人药品应妥善保管、不乱放；个人装饰应简单，不佩戴长耳环，不留长指甲，不穿高跟鞋。

(10) 严格落实交接班制度，交接班时清点人数，交代安全情况；下班后要关好门窗，拔掉电源插头，关好水龙头、电灯及空调等。

(11) 药物管理。

① 由晨检医生亲自登记、管理。

② 配合医生做好晨检和全日观察，服药时，值班教师配合医生做到"三对"，即对药名、对姓名和对口杯，幼儿服药后协助医生对其观察 3~5 分钟后方可离开。

③ 服药后由值班老师、值班医生签字。

(八)做好登记工作

(1) 每天应注意观察患病幼儿、肥胖儿和体弱儿的精神、食欲、睡眠等情况，每天下班前及时、准确地填写"全日观察记录"。

(2) 按要求对玩具、擦手毛巾、被褥、床单、茶杯架、毛巾架等物品进行消毒，每天下班前按要求填写"物品消毒记录表"。

第六节 教育活动评价

《幼儿园教育指导纲要(试行)》中提到,幼儿园的教育活动是教师以多种形式有目的、有计划地引导幼儿生动、活泼、主动活动的教育过程,强调教育活动的组织与实施过程是教师创造性地开展工作的过程。《学前教师专业标准(试行)》对学前教师在教育活动计划与实施能力方面提出了明确的要求:制订阶段性的教育活动计划和具体活动方案;在教育活动中观察幼儿,根据幼儿的表现和需要调整活动,并给予适当的指导;在教育活动的设计和实施中体现趣味性、综合性和生活化,灵活运用各种组织形式和适当的教育方式;提供更多的操作探索、交流合作、表现的机会,促进幼儿主动学习。

一、幼儿园的集体教育活动评价

(一)集体教育活动评价的内容

幼儿园的集体教育活动是一个相对比较模糊、有争议的概念。《幼儿园工作规程》实施以前,幼儿园会有"上课""作业"时间。该规程实施以后,人们通常较少使用"上课""作业",而更多地采用了"集体教育活动",用以指代那些目的明确、全班儿童共同参加的活动。这样的活动通常每半天1~2次,活动指向健康、语言、科学、社会、艺术五大领域中的某一或某些领域。对于大多数的老师和家长而言,集体教育活动仍然是大家心目中最重要、最看重的活动,对这样的活动评价也相对更多。事实上,集体教育活动容易引起混淆,比如,午餐、午睡等活动是集体性的,也具有教育价值,但不是通常所说的集体教育活动;而通常所说的集体教育活动,也未必采用集体的方式,常常采用大组、小组、个别等多种方式。

幼儿园集体教育活动的评价应遵循如下原则:是否以幼儿为中心,是否体现了交互主体性,计划实施是否有灵活性和开放性,资源与环境是否得到有效利用。

幼儿园集体教育活动评价表通常采用定量式(打分、打等级)和定性式两种。当采用打分的方式时,不同的标准、指标会有不同的权重。比如,有的指标总分为 5 分,有的指标总分可能为 15 分。当采用打等级的方式时,等级可能是三等级、四等级、五等级或其他。而定性的评价表则会更加开放一些。

幼儿园集体教育活动的评价可以结合《学前教师专业标准(试行)》的相关要求,从教学活动的目标、内容、教学方式方法、组织形式、幼儿参与等几个方面进行,具体的教育活动评价如表 6-20 所示。

在对幼儿园的教学活动进行评价的过程中,既可以采用等级式评价表,也可以运用分数式的评价表,如表 6-21 所示。

除了以上两种具体评价表之外,美国幼儿教育协会从"适宜的做法"和"不适宜的做法"两个方面对教师教学活动在教学策略的运用、动机和指导等方面进行了具体的描述,为学前教师教育活动评价提供了内容依据,如表 6-22 所示。

表 6-20　幼儿园教育活动评价

评价要点		评价等级		
		A	B	C
目标	目标的年龄适当性			
	目标的可落实性			
	目标的和谐性			
	目标实际的达成度			
内容	内容的年龄适当性			
	内容与目标的一致性			
	内容的科学性			
	内容的生活性			
	相关环境材料的适当性			
	内容的实际完成情况			
教师	教师讲解的适宜性			
	教师教学策略的适当性			
	教师对幼儿的关注			
	教师评价的适当性			
幼儿	幼儿的投入程度			
	幼儿的互动机会			
	幼儿面临的挑战			
	幼儿的学习习惯			

表 6-21　幼儿园教学活动评价

评价项目	分数			
	1～2 分	3～4 分	5～7 分	8～10 分
教学环境				
教学目标				
教学内容				
教学过程				
教学方法				
教学手段				
师生互动				
学生主动性				
教学特色				
总分				

总体述评:

评价者:
评价时间:

表 6-22 "教学要促进儿童的发展"适宜的做法与不适宜的做法

	适宜的做法	不适宜的做法
教学策略	在所有情况下都注意每个儿童和所有小组并使之相互作用,以最大限度地了解每个儿童在教师的指导、训诫或其他方式的支持和帮助下能够做什么、哪些事情可以单独完成而无须教师任何形式的帮助	总是不参加儿童的游戏、探索和活动,认为自己的作用就是保护儿童
		儿童坐在座位上进行大量的铅笔画或写的学习活动,这些活动只有唯一正确的答案,教师不了解儿童解决问题的过程,或者在此过程中儿童遇到的困难或表现出的特别能力
	鼓励和支持儿童参与自己选择的游戏和活动	不帮助儿童好好选择利用时间
		对儿童的游戏和学习极少给予帮助或没有给予帮助
	给儿童许多机会计划、思考以及重温自己的经历,鼓励儿童参与讨论或表演性活动	绝大多数时间期望儿童回答问题时给出唯一的正确答案
		每一主题或内容只呈现一次,不给儿童提供重新学习的机会
		低估儿童的能力,不给儿童时间和帮助以培养其能力和形成概念
动机和指导	给儿童许多机会学习与他人协同工作,并在社交过程中掌握知识,同时也培养儿童的其他社会交往技能	希望儿童绝大多数时间坐在桌子旁单独学习
		很少运用儿童的社会关系作为其达到学习目的的工具
	充分利用儿童的好奇心和想要了解周围世界的渴望之心,激发儿童积极参加有趣的学习活动	组织的多数学习活动都不能令儿童感兴趣,或没有挑战性,或太难,这些都会削弱儿童的内在学习动机
		经常地、不加辨别地运用赞扬,使得赞扬在激发儿童学习动机方面变得毫无意义
	运用正确的引导技术,促进和帮助儿童养成社交能力、自控能力和自我节制能力	花费大量的时间惩罚儿童的不良行为
		没有为儿童规定不能做什么,也没有对儿童说明好的行为标准是什么

在教育实践过程中，教师教育活动的评价也可依据教师教学活动组织与实施的基本要求和行为细则开展。

(二)集体教育活动组织与实施的基本要求

(1) 根据教育目的、幼儿的实际水平和兴趣，以"循序渐进"为原则，有目的、有计划地组织幼儿参与学习活动，保障学习活动的平衡性与整体性。

(2) 积极发挥幼儿多种感官作用，充分利用周围的有利条件，提供充足的动手操作材料，保证幼儿拥有充分的活动机会。

(3) 遵循幼儿学习特点，注重活动的过程，注重幼儿的实践活动，采用合作、交流、探索等方式开展活动。

(4) 灵活地运用集体联合活动、小组合作活动、结伴互动活动等组织形式，为幼儿提供交流和表现能力的机会与条件。

(5) 学习活动时间次数严格按照幼儿园课程规定，每周不能超过12次，每次活动小班为15~20分钟，中班为20~25分钟，大班为25~30分钟。

(三)集体教育活动组织与实施的行为细则

(1) 根据本班幼儿的实际需要和已有经验，同时结合本园实施课程的要求，修改、补充、调整，并制订切实可行的活动计划。

(2) 根据活动目标准备必需的教具，提供满足幼儿活动需要的活动材料，并在当班前做好分发准备。

(3) 活动前向保育员讲明需要配合的事项。

(4) 根据活动类型设置便于幼儿活动与交流的空间场所。

(5) 耐心倾听，理解幼儿的想法与感受，支持、鼓励幼儿大胆地活动；关注幼儿在活动中的表现与反应，敏感地发现幼儿的需要，并及时应答。

(6) 关注活动中的个别幼儿，因人施教，以满足不同幼儿的需要。

(7) 活动中注重培养幼儿的良好行为习惯。

(8) 关注活动中幼儿是否在原有水平上有所发展。

(9) 活动后，回想活动过程中幼儿的实际发展，并收集实证材料。

二、区角活动评价

(一)区角活动

区角活动，也称区域活动、活动区活动、兴趣区活动等，是幼儿园普遍采用的一种儿童活动方式。区角活动是教师通过有目的、有计划地投放各种材料，创设活动环境，让幼儿在宽松和谐的环境中，按照自己的能力和意愿自主地选择学习内容和活动伙伴，主动地进行探索与交往的一种活动方式。

活动区通常是小组活动或个别活动。因此，教师有更多的机会观察、了解幼儿，并对不同水平的幼儿进行个别辅导，这有利于促进幼儿在原有水平上有所提高。同时能增加教师与幼儿直接接触的机会，使幼儿更多地感受到教师的关注，增进双方感情的交流，形成积极的自我形象。

区角活动形式上表现为在幼儿园的活动室、走廊等地设置相对固定的区域，时间安排上通常与游戏活动同时进行。有的幼儿园区角活动与游戏活动(尤其是创造性游戏)是有严格区别的，有的幼儿园区角活动与游戏活动又是混用的。区角活动是一种活动形式，而游戏活动既可能是一种活动形式，也可能是活动内容。因此，完全混用二者会导致不必要的混乱。

(二)区角活动的设置与规划评价

区角的设置直接影响幼儿活动的效果。教师在规划、设置区角时，应改变传统的桌椅、板凳插秧式地摆在教室中央，而应该用矮凳、小屏风、桌椅等把活动室分隔成各种区角，把玩具和材料分门别类地放到各个区域，并让幼儿明确活动室有哪几个活动区，让幼儿根据自己的兴趣从事各种活动，并从中学习，从而为幼儿自主的学习创造理想的活动天地。与此同时，还应尽可能地利用走廊、过道、寝室等可以利用的地方来设置区角。

在评价教师的区角设置时，可以考虑如下几个方面。

一是是否围绕目标设置区角。教师是否认真分析、了解了本班幼儿发展水平和兴趣需要，是否根据阶段性教育目标和主要任务(学期班务工作计划)设置区角。

二是区角的数量问题。数量的多少主要依据活动的空间和幼儿的人数而定，有些教师认为区角设置得越多，种类越丰富，孩子的选择性越大越好，这是不恰当的。

三是区角的分隔问题。区角既开放又相对封闭。区角的分隔如果科学，有利于形成一种和谐、宁静的氛围，如果区角过于封闭，不仅影响幼儿的相互交往，而且容易使幼儿产生单调、沉闷的感觉。若是没有适当的分割和隔离，则容易让幼儿感到杂乱无序，进而产生不稳定的情绪。而活动区是半封闭的，可以为幼儿创造一个较温暖的小天地，容易使幼儿产生安全和温暖的感觉，特别适合年龄较小及较害羞的幼儿。活动区的开放有利于幼儿自由选择以及相互交往，在开放的环境里也要为幼儿创设宽松、没有压力的气氛，满足幼儿的活动兴趣和需要。

四是区角设置和规划是否调动了幼儿的参与性、积极性。比如，在设置哪些区、区角叫什么名字、投放哪些材料、材料叫什么名字时，是否有倾听儿童的意见？儿童是否参与到这个过程中来？

五是投放的材料是否适宜、恰当？是否考虑到儿童的年龄特点等。

六是是否根据区角的特点、特殊需要等有针对性地设置、安排区角。是否考虑到动、静区域的干扰问题；科学区、自然区需要选择向阳，且离水源较近的地方；图书区、美工区属安静区域，应设置在安静、光线适中的地方；积木区、角色扮演区、表演区活动量大，声音嘈杂，则应选择较宽松的地方。

幼儿园游戏区的创设应根据幼儿的数量和年龄特点来定。室内活动区一般包括图书角、积木区、角色扮演区等，其具体的评价项目和评价标准如表6-23所示。

表6-23 室内活动区设置评价

评价项目	评价标准	得分
*占用面积	与室内总面积之比：达50%以上	1
	与室内总面积之比：达70%以上	2
	与室内总面积之比：达80%以上	3
*活动区内容的丰富性(不同活动区的数量)	4个区	1
	6～7个区	2
	8个区以上	3
*活动内容的合理性(活动区的总体特征)	符合班级特征	2
	符合教育要求	2
*活动区数量的适宜性(班内人数与可使用面积之比)	数量适宜	2
	数量较适宜	1
活动区的外部结构	有区域划分但不明显	1
	有明显的区域划分	2
	区域安排合理	1
	有明显的交通要道，利于幼儿活动交往	1
	无教师观察上的死角	1
活动区的内部结构	材料与物品的设置具有层次性、系统性	1
	材料与物品的设置便于儿童取放及游戏开展	1
	具有暗示性	1
	有封闭，但程度不适宜	1
	有适宜的封闭	2
	具有相应的游戏心理氛围	2
活动区的安全、卫生状况	区内设备和材料与其空间大小相匹配	1
	区的性质与其所处的位置相匹配	1
	区内没有锐利、有毒、易破碎、易对幼儿身体造成伤害的物品	1

注：根据实际情况选择分值，除*项外，可多项选择；最高得分为29分。

(三)区角活动中教师的观察与个别指导评价

区角活动是一种小组活动、个别活动，是教师观察儿童、了解儿童、向儿童提供个别指导与支持的良好机会。教师在区角活动中是否在观察、了解儿童，观察、了解了哪些方面？观察、了解是否有针对性、是否适宜？教师是否在观察、了解的基础上提供指导，若提供指导，又提供什么指导？所提供的指导是否有针对性、是否适宜……这些又是评价教师组织开展区角活动的主要内容。

教师在区角活动中对幼儿的观察与指导本身具有很强的评价性，对教师区角活动观察与指导的评价就具有"评价"的性质，有其一定的特殊性。事实上，教师的观察与指导是有着很大差别的。这种差别既有水平的差别,也有风格、类型的差别。比如,有的教师观察仔细、指导有针对性,这是水平的差别;有的教师喜欢用表格帮助自己观察,最后用数据说明问题(统计出一周内某幼儿到了哪些区角、使用了哪些材料);而有的教师喜欢结合儿童的各方面表现来综合性地观察、评价孩子,不喜欢用数据,这样的差别就更多地体现为类型、风格的差别。表 6-24 所示为美工区观察记录表。

表 6-24 美工区观察记录

项目	评价标准		儿童表现	教师是否了解	教师是否有相应指导?
兴趣	绘画	兴趣浓,积极主动参与,自己进行选择			
	粘贴	兴趣浓,积极主动参与,自己进行选择			
	泥工	兴趣浓,积极主动参与,自己进行选择			
能力	绘画	造型	是否有可被别人理解的形象?形象可达到理解的程度			
		用色	是否有目的用色?是否丰富			
		创造	构思是否有独特之处?是否有新意?是否有自己的思想			
	粘贴	是否粘出画面,有相应的形象,是否美感?有无目的			
	泥工	能借助工具捏出简单物体,或者只是简单地玩泥巴			
品质	遵守规则	能否自觉遵守规则,是否需要成人提醒			
	合作性	有无合作行为,是共同使用材料还是独立操作,是否与人交流等			
	持久性	是否持久?遇到困难是否坚持?是否频繁更换活动			

(四)区角活动材料评价

区角活动的一个很大特点是,教师将教育目的内含于材料中,儿童的发展更多是在与材料的互动中实现的。因此,区角活动中材料的提供是对区角活动评价的一个重要方面。

当前幼儿园的区角活动材料中,存在两种较为极端的倾向:一是材料极度缺乏,儿童缺乏操作、摆弄的材料,区角成为一种形式;二是材料很多,但这些丰富的材料存在这样或那样的问题。比如,有的老师是为了提供材料而提供材料,"供"与"用"分离,尤其是在幼儿园要进行评比、检查时,区角活动中的材料骤然增加,异常丰富,对儿童如何使用这些材料、使用这些材料过程中可能会出现什么问题、需要哪些指导缺乏预先的考虑;

好多材料仅仅是课堂教学教具、学具的简单重复或延伸；对成品玩具的简单模仿，如看到市场上幼儿喜欢的、流行的玩具，就学着做一个；理论中经常强调一物多用、多功能，导致一个材料承载的功能过多，以致最主要的功能不够突出；材料小学化倾向；等等。

教师在提供区角活动材料时，应该遵循一些基本的原则。教师是否遵循这些原则，可以是评价的基础。这些原则如下所示。

第一，卫生、安全。所提供的材料必须是卫生、安全的，这是最基本的原则。比如，要考虑到幼儿的年龄特点，要防止年幼儿童吞食等。强调利用废旧材料自制区角活动材料的同时，也要注意并非生活周围所有的废旧材料都可以作为区角活动材料，安全、卫生是首先要考量的。

第二，可玩性。这个材料是否可玩？儿童可以怎么玩这个材料？成人期望儿童怎么玩、儿童可能会怎么玩？不同年龄的儿童、不同性别的儿童是否都可以玩？

第三，趣味性。材料是否有趣、是否能够吸引儿童？对于区角活动中的材料来说，"有趣"并不一定是要有很大的创新、要非常精致，相反，"有趣"可能表现为某一个突出特点。比如，小班儿童喜欢"抠"这个动作，老师便创新了一个专门供幼儿"抠"的区角，那里的墙上贴着厚厚的吹塑板，孩子们非常喜欢这里，也觉得很有趣。

第四，教育性。孩子在玩耍教师提供的材料时，哪些方面能够得到锻炼、促进？教育价值在哪里？虽然不需要老师用这些教育价值去评价儿童是否达到，但如果教师没有对材料教育有预期价值也是不恰当的。如上面提到的"抠"墙，不仅是让儿童觉得好玩，还因为孩子在此过程中发展了小肌肉力量。如果过分强调"可玩性""趣味性"，可能失去对"教育性"的关注，教师会在此过程中迷失方向。

第五，简易性。如果区角活动材料的提供非常复杂，需要教师花费大量的时间、精力去制作，就会增加教师的工作负担。

思考练习

1. 请简述幼儿园教育活动评价的内涵。
2. 请简述教师在生活活动环节应遵循的基本要求。
3. 你认为当前我国幼儿园教育活动评价存在哪些问题？
4. 经调查，目前有很多幼儿园班里只配备教师，不配备保育员，保育工作由教师轮流来做。教师在做保育工作时，总觉得孩子上幼儿园只要玩得开心，活动中能养成良好的学习习惯，就是幼儿教师的最大成功了。于是，他们在带领孩子进行活动时，重点关注孩子学习习惯的养成。

请评价这类幼儿教师的观念和做法存在的问题。

参 考 文 献

[1]李凌艳，李勉. 从西方教育评价理论发展的视角看我国学校评估研究[J]. 教育理论与实践，2010(2)：25-29.

[2]杜瑛. 西方教育评价理论发展的社会文化基础探析[J]. 教育测量与评价(理论版)，2012(10)：22-27.

[3]鄢超云. 学前教育评价[M]. 北京：高等教育出版社，2010.

[4]金娣，王钢. 教育评价与测量[M]. 北京：教育科学出版社，2007.

[5]王景英. 教育评价理论与实践[M]. 长春：东北师范大学出版社，2002.

[6]涂艳国. 教育评价[M]. 北京：高等教育出版社，2007.

[7]霍力岩. 学前教育评价[M]. 北京：北京师范大学出版社，2000.

[8]杨瑾若. 幼儿同伴支配——服从行为研究[D]. 南京：南京师范大学，2012.

[9]陈远铭. 开启心灵智慧的金钥匙：幼儿心理健康教育[M]. 长沙：湖南少年儿童出版社，1999.

[10]陈向明. 质的研究方法与社会科学研究[M]. 北京：教育科学出版社，2000.

[11]杨世诚. 学前教育科研方法[M]. 北京：科学出版社，2007.

[12]单志艳. 如何进行教育评价[M]. 北京：华语教学出版社，2007.

[13]刘晶波. 学前教育研究方法[M]. 北京：人民教育出版社，2007.

[14]李雁冰. 课程评价论[M]. 上海：上海教育出版社，2002.

[15]瞿葆奎. 教育评价[M]. 北京：人民教育出版社，1989.

[16]胡惠闵，郭良菁. 幼儿园教育评价[M]. 上海：华东师范大学出版社，2009.

[17]顾荣芳，薛菁华. 幼儿园健康教育[M]. 北京：人民教育出版社，2004.

[18]李季湄，肖湘宁. 幼儿园教育[M]. 北京：北京师范大学出版社，1997.

[19]王坚红. 学前教育评价[M]. 北京：人民教育出版社，2010.

[20]傅芳芳. 幼儿园班级常规教育研究——以上海市某一郊区幼儿园为例[D]. 上海：上海师范大学，2011.

[21]赵丹婷，段竹. 教育评价与课堂考评的概念分析——基于教育评价史的新视角[J]. 现代交际，2013(4)：213-215.

[22]叶澜. 教育概论[M]. 北京：人民教育出版社，2006.

[23]王萍，高凌飚. "教育评价"概念变化溯源[J]. 华南师范大学学报(社会科学版)，2009(4)：39-43.

[24]李自璋. "教育评价"概念辨析[J]. 泸州职业技术学院学报，2007(2)：29-33.

[25]乔卫平. 略论西周的选士制度[J]. 人文杂志，1984(3)：68-74.

[26]秦黎. 两汉察举制浅析[J]. 文教资料，2009(28)：105-106.

[27]姜夏妮. 九品中正制对门阀政治的作用和影响[J]. 今古文创，2020(31)：48-50.

[28]李琳. 学前教育评价的历史发展轨迹及其未来发展趋势[J]. 幼儿教育：教育科学，2012(10)：42-47.

[29]许祖云，廖世承，陈鹤琴. 《测验概要》：教育测验的一座丰碑[J]. 江苏教育，2002(10A)：43.